PUEBLOS DE ESPAÑA

CATALUÑA, ISLAS BALEARES, COMUNIDAD VALENCIANA

COLECCIÓN DIRIGIDA POR
FEDERICO PUIGDEVALL

EDITORIAL
© 1995 Ediciones Rueda J.M., S.A.
Los Mesejo, 11
28007 – MADRID

DIRECTOR EDITORIAL
Federico Puigdevall

© TEXTOS
Jacoba Van der Wal (Cataluña)
Carmen Álvarez Lozano (Islas Baleares)
Mercedes Martín Luengo (Comunidad Valenciana)

© FOTOGRAFÍAS
Alberto Cañagueral
Federico Puigdevall

COORDINACIÓN EDITORIAL
Nuria Claver

ILUSTRACIÓN, DISEÑO Y MAQUETA
Rosana Naveira y Alberto Barragán

FOTOMECÁNICA
RS Color

IMPRESIÓN
Mateu Cromo, S.A.

ENCUADERNACIÓN
Mateu Cromo, S.A.

PAPEL
Nymrod, 170 grs.

I.S.B.N. de la Colección «Pueblos de España»: 84-87507-18-2
I.S.B.N. del Vol. Cataluña, Baleares y Comun. Valenciana: 84-87507-21-2
Depósito legal: M-448-2001

PUEBLOS DE ESPAÑA

CATALUÑA, ISLAS BALEARES, COMUNIDAD VALENCIANA

EDICIONES RUEDA J.M., S.A.
(91) 433 64 84

CATALUÑA

Cataluña es, sin duda, una de las comunidades autónomas españolas que mejor cultiva el arte de la diferencia. Sus habitantes están orgullosos de su historia y de las particularidades de su carácter, y en cada uno de sus pueblos y ciudades se rinde culto a las viejas tradiciones con una pasión que denota el gran interés con que los catalanes viven sus costumbres, su lengua, su folklore, su arte, su paisaje, su gastronomía... todo aquello, en fin, que conforma la personalidad de un pueblo.

Y el catalán es, en algunos aspectos, un pueblo afortunado. En su paisaje, por ejemplo, cabe de todo: grandes cadenas montañosas y playas de finísima arena, bosques, sierras y estepas, marismas, lagos y calas inaccesibles en costas rocosas... la naturaleza se mostró aquí generosa, y conformó un fértil y variado país de 32.113 kilómetros cuadrados que sus más de seis millones de habitantes tienen a gala cuidar con esmero. No en vano Cataluña es también una de las comunidades autónomas más ricas del Estado (no debemos olvidar que por aquí sí pasó la Revolución Industrial), lo que ha proporcionado a sus habitantes un elevado nivel de renta, un fenómeno que se percibe en las calles y barrios de sus poblaciones, ya sean pequeñas aldeas o grandes metrópolis.

Digamos finalmente que Cataluña, donde es tradición amar y conservar el arte, es pródiga en esta clase de bellezas. El arte ha dejado aquí importantes testigos desde los tiempos más remotos, aunque sean particularmente famosos los periodos románico y gótico de la arquitectura y la pintura catalanas, y no es extraño: arte y luz mediterránea se miran en el mismo espejo.

CASINO

ALELLA (Barcelona)

A poca distancia del mar Mediterráneo, en la comarca del Maresme, se unen los torrentes de la *coma Clara* y la *coma Fosca* (la hondonada clara y la oscura) para forma la llamada riera de Alella. En otra época este torrente seco, transformado en una lengua de agua amenazante y desbocada que se lanza directamente al mar en los días de fuerte lluvia, era el único acceso al pueblo desde la costa.

Quien dice Alella dice vino. Es fama que los griegos y sobre todo los romanos, ya apreciaron los finos vinos layetanos. Pero a lo largo de muchos siglos la Barcelona medieval escogía el vino de Alella entre todos los caldos del Maresme. Antiguamente, las abundantes viñas de toda la comarca del Maresme eran la base de un gran comercio de exportación de vinos y aguardientes. Hoy en día, sólo los viñedos de la zona de Alella han resistido el paso del tiempo y son el botón de muestra de una pequeña industria vinícola de gran calidad.

Hay varios motivos para explicar la preponderancia de Alella en las cosas del vino. Por un lado está su situación geológica y geográfica: el suelo arenoso de granito degradado facilita la penetración de las raíces de las vides y garantiza un buen drenaje, obteniendo como resultado un vino fino y aromático. Y tampoco hay que olvidar el factor humano: la destreza y sabiduría de los alellenses con el vino es legendaria. Por si fuera poco, una escuela enológica se mantuvo contra viento y marea en el pueblo desde tiempo inmemorial.

La producción vinícola es pequeña y el 80% corresponde a vinos blancos. Merece destacarse el tipo «marfil». Sin embargo, también existe una variedad de vino rosado y tinto. Se elabora principalmente en la cooperativa «Alella Viní-

Alella, tierra de buen vino. A la derecha, viñas y masías, un vecino catando el caldo en la calle Mayor, y los famosos gigantes de la villa.

cola», fundada en el año 1906. Es la primera bodega cooperativa de Cataluña y forman parte de ella la mayoría de los cosecheros de la zona. El edificio de esta cooperativa pionera fue construido por Jeroni Martorell. El tercer domingo de septiembre se celebra la fiesta del vino. Es el momento solemne en el que se produce el primer mosto. Para la ocasión, se fabrica un porrón de vidrio cuyo tipo varía cada año. Por aquí no faltan porrones a la entrada de muchas tiendas de la calle principal donde uno puede beber libremente lo que le plazca y poner a prueba su pericia de bebedor sin mancharse la cara y el vestido. Beber vino a chorro por el largo pitón no deja de ser un arte.

El cultivo de la vid acabó con todo lo demás. De los naranjos y limoneros nunca más se supo. También desapareció la industria del algodón. Hoy sólo se mantiene una de perfumes. El pueblo creció de forma vertiginosa en poco tiempo. Y del veraneante barcelonés se pasó al trabajador barcelonés de clase media y clase media alta que eligió Alella como lugar de residencia. El cartel de ciudad–dormitorio con casas pareadas y otras construcciones de lujo que ganaron terreno al monte y limpiaron no pocos viñedos acompaña a un pueblo que se llama a sí mismo «la bodega del buen vino».

A principios del siglo IV, un tal Félix llegó como simple mercader en un barco procedente del norte de África y se dedicó a predicar el Evangelio. Con la muerte llegó a santo, y Alella no tardó en apropiarse de su memoria y nombrarle protector del pueblo. La primera iglesia primitiva de Sant Feliu fue construida entre los siglos XI y XII. De aquella primera construcción románica sólo quedan restos en la parte inferior del campanario, donde aún se pueden ver unos arcos originales. Como consecuencia del aumento de la población, se decidió ampliar la iglesia a mediados del siglo XV. Unos doscientos años más tarde volvió a resultar pequeña y se amplió de nuevo en 1611. No lejos de la iglesia se encuentra la capilla del Santísimo, de estilo gótico, que comenzó a construirse en el año 1886. Un ventanal con las imágenes de Melquisedec y de Jesucristo ilumina su interior. La puerta de entrada es la misma que hubo en la iglesia construida en el siglo XV.

El pueblo estuvo siempre bajo jurisdicción real, pero los señores de la Casa d'Alella , llamada actualmente *Les Quatre Torres,* se beneficiaron de una parte de los diezmos de la parroquia. Hay numerosas masías y casas de reposo, entre las que destaca el magnífico complejo de «Cal Governador», hoy sede del colegio de las Escuelas Pías. Otras se han convertido en restaurantes. En uno de ellos se puede degustar las peras rellenas *bon cristià,* también llamadas de Alella: un relleno de carne de ternera o de cerdo, aromatizado con canela, donde se mezclan sabores dulces y salados y uno navega entre dos aguas. ¡Ah!, no se debe perder el rumbo así como así. Hay que embarcarse en la aventura de atacar una botella de vino blanco de Alella para rematar la faena gastronómica. Si es día de fiesta mayor, no verá visiones sino gigantes y cabezudos de buen ver.

En los años en que estuvo en boga el estilo modernista (1910–1920) se levantaron numerosas casas de indianos.

ARENYS DE MAR (Barcelona)

Vista general de Arenys de Mar desde el puerto, de actividad muy intensa.

El día que llueve copiosamente uno no tiene otra alternativa que alejarse a toda prisa del arenoso y polvoriento paseo con plataneros que cruza el pueblo. En un santiamén, se oye el rugido del agua que baja de los torrentes de las montañas de Montnegre-Corredor y ya es tarde para emprender la huida. Esta rambla de Arenys de Mar, que en Catalunya se llama riera, arrambla con todo: la riada se lleva al mar una media de veinte automóviles al año, provoca daños en casas y tiendas y ha acabado con más de una vida. Al parecer, tiene los días contados. Un proyecto contempla su cubrimiento desde la playa hasta el edificio Xifré.

Ya se sabe: nunca llueve a gusto de todos. Pero en Arenys de Mar la lluvia es una maldición pasajera. Aquí manda el puerto pesquero. A finales del siglo XV había cuatro casas conocidas como el poblado del Mar de Arenys o la Riera del Mar. En 1575 ya tenía ciento treinta casas. Al construirse la iglesia dejó de ser el barrio marítimo de Sant Martí d'Arenys (el actual Arenys de Munt), y tuvo entidad propia. Desde el siglo XVI el pueblo desarrolló una actividad marítima muy intensa: cuatro astilleros y un gran número de industrias auxiliares de la construcción naval eran la prueba irrefutable. Al abrirse los puertos de América a los catalanes a finales del siglo XVIII fue fundada la Escuela Naútica, la primera de carácter privado y transformada más tarde en escuela oficial. En aquella época, el puerto de Arenys tenía cuarenta y cinco barcos que hacían la ruta de América.

Las incursiones piratas motivaron la construcción de diez torres de defensa, cuyos restos se pueden ver en «En Llovet» y la calle Ancha. La decadencia vino a mediados del siglo XIX, con la pérdida de las colonias y la introducción de la

navegación de vapor. Además, el ferrocarril de Barcelona a Francia acabó con la navegación de cabotaje, pero la pesca, tanto de costa como de alta mar, dio un nuevo impulso a la actividad marinera. Arenys de Mar es actualmente el puerto de pesca más importante de la costa del Maresme, un puerto que es la empresa más fuerte del pueblo, con unos ochocientos trabajadores. Está en proyecto la construcción de una piscifactoría, gestionada por una cooperativa. En el Club Naútico se organizan numerosas competiciones deportivas, de modo que no es extraño que Arenys de Mar disponga de un magnífico Paseo Marítimo, que va desde el puerto hacia la amplia playa de Levante, donde uno encuentra numerosos restaurantes.

La agricultura, que hasta hace poco era bastante importante, se redujo de forma considerable. La producción manual de encaje de bolillos es cosa de museo. Los productos típicos por excelencia eran la *ametlla d'Arenys*, una almendra tostada y dulce de gran tamaño, y el popular licor *Calisay* de las destilerías Mollfulleda, una especie de castillo construido por Cèsar Martinell a principios de siglo en el lugar donde hubo un antiguo molino. La tradicional almendra ya no se hace y la licorería pasó a mejor vida.

Arenys de Mar bien vale un paseo sosegado. El edificio del mercado municipal, obra modernista de Ignasi Mas en 1928, con un puerta de entrada decorada con ladrillos y azulejos, está de buen ver. La iglesia de Santa María fue construida a finales del siglo XVII por Dionís Torres y muestra un esbelto campanario octagonal. Conserva aún su retablo mayor, uno de los más espectaculares del barroco catalán, obra realizada por el escultor Pau Costa entre 1706 y 1711, quien se inspiró para la ejecución de los relieves en los grabados de Carlo Maratta. Son muy interesantes la complejidad y la riqueza de la iconografía: la exaltación de Santa María y de San Zenón, el patrono de Arenys de Mar.

En 1849 fue inaugurado el Hospital Xifré, un edificio neoclásico levantado por el financiero indiano Josep Xifré i Cases. En una capilla se encuentra la tumba del fundador, obra del escultor francés Charles Alphonse Gumery. En el edificio se encuentra el Museo Marès de la Punta,

Monumentos funerarios modernistas en el cementerio de Arenys. A la derecha, el Ayuntamiento de la ciudad.

Monumento a la familia del pescador, erigido por la Cofradía de Pescadores San Telmo en 1981, y la iglesia parroquial de Santa María.

que enseña toda la historia de la industria y confección de bolillos (encajes). En el museo y archivo de Fidel Fita se guardan todos los documentos históricos de la villa, entre otros los de la batalla de Arenys (siglos X y XIII) y de la escuela naútica (siglos XVIII y XIX). La granja avícola «El Paraíso», fundada en el siglo XIX en el lugar donde se levantaba antiguamente un convento de capuchinos, merece un alto en el camino. Y la torre defensiva *Dels Encantats* del siglo XIII, aunque reformada en el XV y el XVI, le deja a uno encantado de la vida.

Sinera es otra historia. El poeta catalán Salvador Espriu dio vida a un camposanto que se levanta sobre un cerro y ciega de luz de mar a los mismísimos cielos. Uno entra en Sinera con las palabras de Espriu grabadas en la pared del cementerio y siente que el destello de los mármoles con sabor a salitre es cosa fina. Salta a la vista la desmesura de los pudientes: esculturas y panteones modernistas de Llimona y otros maestros del arte funerario. El poeta Espriu, que recreó el lugar con palabras inolvidables en *Cementiri de Sinera* y *Ronda de mort a Sinera,* no quiso ser enterrado en el panteón familiar. Prefirió una lápida sencilla: con una crucecita, su nombre y su tiempo de vida: 1913-1985.

Sinera está llena de historias. Como la de Rafael Martínez, que emigró a Francia huyendo de la pobreza y regresó a Arenys de Mar convertido en hombre rico. Lo malo fue que Emilia, el amor de su vida, había muerto. Sin dudarlo, contrató los servicios de un escultor para que levantara un monumento funerario en su memoria. En vano intentó convencer a los padres de Emilia para que pusieran los restos de su amada en aquella hermosa tumba de mármol. El nuevo rico no era bien visto por aquellos ricos de toda la vida. Y así sigue vacía la tumba de Emilia Rovira (1859-1892) a la que Rafael dedicó unas palabras: «A su memoria dedica este recuerdo su amigo de la infancia». Hasta hace poco, nunca faltó un ramo de flores.

Pero no decaiga el ánimo. A falta de licor y almendra genuinos que llevarse a la boca, siempre cabe apuntarse a la fiesta de San Roc, el 16 de agosto para ver la Dansa d'Arenys, una típica muestra de baile tradicional.

BERGA (Barcelona)

En el valle alto del río Llobregat y al comienzo del prepirineo está Berga, la capital de la comarca de Berguedà. Por su variedad cultural y folclórica es una ciudad de gran interés turístico. En Berga se celebra cada año, el jueves de Corpus, una de las fiestas más conocidas de Cataluña: *la Patum*. *La Patum* consiste de una representación sacro–histórica popular a través de unos personajes míticos y simbólicos que saltan y bailan al sonido de un timbal, acompañados por una música enardecedora, un gran resplandor de fuegos artificiales y una intensa participación del pueblo. En alusión al bullicio que creaba, tomó el nombre de *la Bulla*. Más tarde, se llamó *Patum* por el sonido del timbal: pa–tum, pa–tum.

Los inicios de la fiesta se remontan a mediados del siglo XIV y poco a poco, quedó definitivamente institucionalizada y vinculada a la fiesta del Corpus. Antes se hacía en la iglesia. Pero esto fue prohibido en 1723. Desde entonces se celebra en la Plaza Mayor, frente al Ayuntamiento. Es difícil dilucidar el significado de la fiesta. En los documentos antiguos se observa que la fiesta se celebraba al gusto de cada época. Pero hay un factor siempre presente: la personificación de la lucha del bien contra el mal. Mosén Josep Armengou dio en el clavo: «No es una representación sagrada, ni un baile popular, ni exclusivamente una fiesta de calle bulliciosa y primitiva. Es todo eso y mucho más».

La región de Berguedà también es famosa por su gran riqueza micológica. A poca distancia de Berga, se encuentra el pueblo de Guardiola de Berguedà: la capital catalana de la seta. Desde hace algunos años, cada mes de octubre se celebra allí el *Mercat del Bolet*, con exposiciones, charlas y conferencias, concursos

Panorámica de Berga, capital de la comarca del Berguedà famosa por su fiesta del Corpus.

Edificio de inspiración modernista y detalle de una capilla en el centro de Berga.

de fotografía y de cocina. Todo gira alrededor de la seta y no es de extrañar que se encuentre hasta en la sopa. Berga también es la sede de la denominación de calidad *Carne Natural de Berguedà*, que ampara los excelentes corderos, los terneros, nacidos y criados en libertad y alimentados con leche materna y piensos naturales, y los pollos de granja, criados en parecidas condiciones. En toda la comarca se elaboran excelentes embutidos. Un plato característico son las patatas «enmascarades» –tiznadas– con sangre de cerdo y pedazos de tocino.

El origen de Berga es posiblemente el *Castrum Bergium* de la tribu ibérica de los bergistanos. Fue centro de un *pagus* en la época romana y un siglo después de su reconquista los Condes de Cerdaña establecieron a principios del siglo X la capital de un condado independiente. Den-

tro de su antigua familia de vizcondes destaca el trovador Guillem de Berguedà (siglo XII), famoso por su vida de aventurero y por sus 31 composiciones poéticas. De su castillo, llamado el castillo de Sant Ferran, que era el centro de la Berga primitiva, sólo se conservan unos muros reconstruidos.
En 1338 fue fundada extramuros la abadía de monjes cistercences de Montbenet, que posteriormente se instalaron en la iglesia hospital de Sant Joan. Este edificio, que tiene elementos románicos, góticos y barrocos, quedó en poder de Poblet entre 1461 y 1699. Desde 1708 hasta 1835 fue residencia de una comunidad de mercenarios. Durante la *Guerra dels Segadors* la ciudad fue ocupada por los castellanos, retomada por los franceses en 1654 y recuperada una año después por Josep Calcerán de Pinós en nombre de Felipe IV. En la lucha fue destruida la iglesia parroquial de Santa Cecilia, que estaba dentro del castillo. Es un edificio poco característico construido entre 1641 y 1687 y ampliado más tarde. Conserva dos grandes telas atribuidas a Antoni Viladomat.

Un paseo por la calle Mayor muestra al visitante edificios de los siglos XVI hasta XVIII, mezclados con algunos modernistas y eclécticos. De las antiguas murallas conserva el portal de Santa Magdalena del siglo XIV. Un monumento curioso y digno de ser visitado es la «Historia de Cataluña en Piedra», situado en la Plaça Catalunya. Es una obra reciente del escultor Carles Planes y representa, en 38 piedras, todos los acontecimientos y las fechas importantes de la historia del pueblo catalán. El entorno monumental de la obra fue diseñado por el arquitecto Ramon Masferrer. El Museo Municipal alberga colecciones de materiales prehistóricos hallados en la comarca y otras secciones interesantes, como una de arqueología medieval.
Es recomendable una visita al santuario de Queralt, en los alrededores de Berga, situado sobre una montaña a 1.180 metros de altitud y que ofrece una vista espectacular de gran parte de la comarca y de horizontes más lejanos: se lo conoce como el Balcón de Catalunya. Su acceso, desde la parte norte de la montaña, es de una gran belleza, con bosques frondosos y fuen-

Arquitectura popular en Berga. En la página siguiente, la iglesia de Santa Cecilia, un rincón de la villa y un vendedor de setas, que abundan en la comarca.

tes muy ricas, como La Font Negre. El santuario fue reedificado en el siglo XVII y ampliado en varias ocasiones. La imagen que se venera es de transición del románico al gótico, una Virgen sedente de bonitas facciones. La capilla de la Santa Cova, cercana al Santuario, es un edificio reciente del año 1916. Al extremo este de la Sierra de Queralt se encuentra la iglesia románica de Sant Pere de Madrona del siglo XII, con una sola nave y ábside liso.

Ya desde el siglo XVI en Berga había cobrado importancia la industria de la lana. Pero a mediados del siglo XVIII empezó a ser sustituida por la del algodón, gracias al perfeccionamiento de las antiguas cardas realizado por los hermanos Serra. A finales del siglo XVIII se introdujo la berguedana, la máquina de hilar más avanzada de su tiempo. La industria textil tuvo su perla en la *Fàbrica del Canal,* construida por la Sociedad del Canal Industrial de Berga en 1900 y muestra del patrimonio industrial, con sus amplias naves sostenidas por columnas de hierro. El canal industrial fue construido entre 1886 y 1899 con la finalidad de aprovechar el agua del río Llobregat, que discurre tres kilómetros al este de la ciudad. Tiene más de veinte kilómetros de largo, tres saltos y un desnivel total de ciento noventa metros.

En los últimos años, la crisis de la minería y de las colonias textiles del Llobregat ha dejado a la comarca casi sin aliento y con una gran mancha de paro. La empresa «Carbones de Berga» que empleaba en 1960 a más de tres mil quinientas personas, ya no da trabajo, y con la apertura del túnel del Cadí, la comarca del Berguedá, dicen algunos, se ha convertido en una tierra de paso hacia la Cerdanya. Por aquí se oyen voces amargas: «La gente sigue su camino y deja a un lado Berga. Esto se está convirtiendo en un pueblo de jubilados y parados».

Pero esta es tierra de invierno y aquí se cuenta todavía con las pistas de esquí de Rasos de Peguera, que además de proporcionar ocupación, concentra numerosos visitantes. Si uno cae por aquí en Navidad, además de esquiar puede tomar el *plat de la pau* o plato de la paz, que es una sopa a base de maíz. Aunque, eso sí, siempre hay embutidos y carnes cerca.

Los tejados de Berga y vista de la planta en cruz latina de su iglesia parroquial.

CARDONA (Barcelona)

Vista de Cardona desde el Castillo de los duques del mismo nombre, convertido hoy en Parador de Turismo.

Cardona era la sal de Barcelona. Corrían otros tiempos. Ya en el siglo II, el escritor romano Auli Geli se quedó de piedra ante la maravilla del pueblo y escribió: «Una gran montaña de sal pura que crece a medida que se extrae». Por aquí ya desfilaron los íberos y los romanos. Los primeros le dieron el nombre: *Quer*, que significa roca o montaña escarpada. Los segundos iniciaron la explotación minera. El castillo se construyó mucho antes que la villa, y ya en el año 801 servía de frontera entre la España musulmana y los terrenos despoblados de la Segarra. La villa, fundada por una carta de población del año 986, se construyó amurallada. Está situada en el valle del río Cardener, en el límite de las comarcas del Bages, de la que forma parte, y la comarca del Solsonès.
En la época de Wifredo el Velloso, allá por el siglo IX, los hombres de la villa tenían que trabajar una jornada para reconstruir el castillo y sus torres. El trabajo servía para reducir penas de cárcel y otorgaba el privilegio de hacer uso cada jueves de la sal de las canteras. Con la llegada de la familia de los Cardona en el siglo XIII, se empezó a desarrollar la tierra. Estos representantes de la corona catalano–aragonesa llegaron a ostentar más de treinta villas, veinticinco castillos y cuatro puertos de mar.
El castillo de estilos románico y gótico es, desde 1976, el Parador Duques de Cardona. Su extensión alcanza los sesenta y dos mil metros cuadtrados y se comunica con el pueblo a través de dos caminos. La torre Minyona es su joya. Se la llamó así por los amoríos de la jovencita Adalés, hija de los vizcondes Ramón Folch y Enguncia, con el alcaide moro del castillo de Maldá. Era el siglo XI y el moro enamorado llegó a abjurar de su fe en Mahoma para

casarse con Adalés. Pero los padres de la joven la encerraron en una torre y no la dejaban salir ni por asomo. El moro llegó a construir una cruz con las piedras del río para que nadie dudara de su fe cristiana. Ni por esas. La familia no cedió y la pobre Adalés murió enferma y apenada, encerrada en su torre.

En el mismo castillo se encuentra la Colegiata de San Vicente, consagrada en 1040 por San Eribaldo, obispo de Urgell, vizconde de Ausona y señor de Cardona. Es un bello ejemplo del románico primitivo catalán y alberga en su subsuelo una cripta en la que se conservaban los restos de San Sebastián, Úrsula e Inés, hoy en la catedral de Solsona. Toda la saga de los Cardona permanece en los sepulcros de la iglesia. Ni siquiera falta la capilla de San Ramón Nonato, muerto en una habitación del castillo ducal. Del fantasma mejor no hablar. Pero Orson Wells durmió a pierna suelta mientras rodaba la película *Campanadas a medianoche* en los años 50. Toda la villa de Cardona anduvo con trabajo extra en aquel rodaje. El fantasma del paro todavía no andaba suelto.

La sal de Cardona resultó muy amarga. El hombre primitivo escarbó el vientre de la tierra y de aquella herida milenaria fue brotando una gigantesca formación de sal blanca y roja. Por oscuras causas geológicas, la potasa se cristaliza y forma paredes de líneas curvas que se repliegan incesantemente en las que se forman agujeros por donde corren vientos despavoridos y discurren hilos de agua, estatuas de erosión y pequeñas crestas muy afiladas. No es un cuento fantástico, sino el ombligo visible de la cuenca potásica. La riqueza de ayer.

Aquí, uno se siente atraído irremediablemente por la cima cónica en la que está asentado el castillo de los duques, situado a quinientos cuarenta y seis metros de altura, y la montaña de sal. En las colonias mineras, que son barrios de las afueras de Cardona, nadie olvida la sal de su vida. Hay quien llegó cuando los franceses empezaron el pozo Alberto el 1 de mayo de 1925. Vida de perros. La voz de un fantasma de carne y hueso: «Antes no se ganaba nada. Del 49 para atrás, hambre pura. En el 40, la empresa nos daba suministro de alimentación y

El imponente castillo de los Duques de Cardona, de transición del románico al gótico, alberga en su interior la colegiata de San Vicente.

Plaza del Ayuntamiento y escenas de mercado callejero en Cardona.

muchas veces había que venderlo para sobrevivir. Cuando mecanizaron la mina, se empezó a ganar dinero. Trabajando los sábados y domingos se ha llegado a ganar hasta seiscientas mil pesetas al mes. Pero el gozo en un pozo. En el año 1990, todo se acabó, todos a la calle, al paro». De los seis mil setecientos habitantes de Cardona, aproximadamente dos mil estaban relacionados directamente con la empresa de potasa. Y a su alrededor habían crecido tiendas, empresas constructoras, sucursales de ventas de automóviles, bares y cajas de ahorro que sin sal perdieron por completo su razón de ser. El *Hombre Moco* ingresó en la fama del pueblo como uno de los primeros depredadores de la montaña de sal. Arrancaba los pedazos más hermosos de sal mineral y los vendía al maravillado turista de fin de semana. Vio clara la alternativa turística. *La Piquito* se conformaba con hacer figuras de sal para regalarlas a sus compañeros y participar en los concursos artísticos que se celebraban cada año. Una muestra de

belleza efímera. Todo el mundo sabe que al subir o bajar la temperatura, la piedra de sal empieza a sudar y se derrite y que sólo aguanta en un vitrina sin aire, lejos de la humedad. A *La Ceregumina* se le escurrió de las manos hacer de la montaña de sal y del valle salino un centro de atracción turística. Pero la inversión requiere demasiados millones en un proyecto en el que nadie quiere poner la carne en el asador.

Tan sólo Ramona Arnau sigue con su fe salada, contando historias como las citadas. Su padre Josep fundó el museo de la Sal de Cardona en el año 1934. Con paciencia infinita, reunió una colección de objetos de sal hechos por él mismo en la que destacan las reproducciones del castillo y la maqueta de la empresa de potasa. La señora Ramona recuerda: «El primer museo de sal lo estableció mosén Joan Riba en 1894 en Cardona. Murió en la pobreza y su obra pasó al museo diocesano de Solsona. Mi padre tomó el relevo. A los ochenta años todavía sacaba fuerzas de flaqueza para ir a pasear por la montaña de sal. Era algo que le fascinaba».

En este pueblo donde nació Ramón Martí d'Eixalá en 1807, el pensador que introdujo en Catalunya el concepto del *seny,* o de cordura, la fiesta de toros del *correbou* en la céntrica plaza de la Fira desata la pasión y la polémica. Aunque uno pierde el juicio en cualquier época del año al descender a los pies de la montaña de sal que se levanta junto a un valle de aspecto lunar. Sólo las criaturas que han herido las entrañas minerales conocen los oscuros y profundos secretos de las galerías donde caben catedrales de sal góticas. En este pozo de saber la montaña de sal sigue creciendo a velocidad geológica. Y no hay nada, ni el fin de la explotación minera, ni los presuntos turistas, ni siquiera el *seny,* que la detenga.

Dos aspectos del impresionante Valle Salado, de donde se extrajo sal hasta mediado el siglo.

CASTELLAR DE N´HUG (Barcelona)

En Castellar de N'Hug la natutaleza,la alta montaña, se impone en el paisaje.

El río Llobregat rompe aguas debajo de un pueblo de piedra que casi toca el cielo con sus casi mil quinientos metros de altura y apenas cien habitantes. Son esas fuentes originales las que dan vida a un lugar casi encogido entre la desmesura montañosa que crece a su alrededor. En el extremo norte del Berguedà, Castellar de N'Hug invita a la contemplación del nacimiento de un río y de una orografía majestuosa. Sus iglesias románicas pasan a segundo plano ante la fuerza de la naturaleza. Sólo por la noche se iluminan durante unas horas las fachadas de la parroquia de Santa María y del Ayuntamiento y uno queda prendido de ellas como si se tratase de la pantalla de un cine. Pero aún así el rumor del agua desbocada y la sombra fantasmal de los picos cercanos no pierden protagonismo.

De La Pobla de Lillet se sube a Castellar de N'Hug mientras el río Llobregat baja fresco y saltarín ajeno a lo que le espera después. Aunque las colonias textiles y as minas de carbón que dieron color a su curso son ya agua pasada. Hoy, en las orillas del Berguedà parece que sólo hay lugar para los paseantes. Menos mal que los jardines Artigas, atribuidos a Antoni Gaudí, y la Font de la Magnèsia de la Pobla de Lillet ponen brillo modernista a un periodo sombrío. Una copita de anís y moscatel, que aquí se llama *barreja* (mezcla), ayuda a levantar el ánimo y afrontar la subida con un poquito de energía espirituosa.

La vista del Clot del Moro empeora las cosas. Es de una belleza aterradora. Dicen que allá se puede visitar la escuela de restauración de vehículos antiguos y soñar con el futuro museo del transporte. Lo cierto es que esta antigua fábrica de cementos *Portland,* la primera que hubo en Catalunya, pasó a mejor vida en 1975 y lo

demás son cuentos. Eusebio Güell i Bacigalupi, mecenas de Gaudí, encargó el proyecto de construcción del edificio fabril a Rafael Guastavino, quien construyó una obra faraónica. Hizo varias naves techadas con bóvedas de grandes dimensiones escalonadas en cascadas que seguían el relieve del terreno. Incluyó tres gigantescos hornos rotatorios movidos por la presión del agua suministrada por una tubería que recogía parte del caudal del Llobregat en una presa situada cinco kilómetros más arriba. Un chalé de apariencia gaudiniana completó el cuadro arquitectónico. Guastavino, por su parte, emigró en el año 1881 a los Estados Unidos, donde introdujo la bóveda tabicada o catalana hecha con cemento *portland*.

Al Clot del Moro también llegaba un ferrocarril de vía estrecha. Fue construido entre 1914 y 1924 para llevar el cemento a lo largo de once kilkómetros hasta Guardiola de Berguedà, la lla-

El conjunto urbano, con la parroquia de Santa María (arriba) y detalle de una balconada típica. En la otra página, el monumento al perro pastor, un rebaño, y una vista panorámica del pueblo y del valle.

mada capital de la seta. En 1963 dejó de funcionar. Y ahora hay un proyecto para que vuelva al servicio como atracción de consumidores de arquitectura industrial. Corren tiempos de creer ciegamente en que el maná no llueve del cielo, sino que viene de la mano del turista salvador. Por aquí se creó en 1992 una Asociación de Agroturismo del Berguedà: casi veinte payeses que tienen sus casas abiertas a los urbanitas amantes de lo rústico por un rato. La cosa va en serio. Los payeses hicieron un cursillo de seis meses de duración antes de empezar su nuevo trabajo. Y en el programa escolar no faltaron materias tan poco agrarias como mercadotecnia, decoración, restauración y fiscalidad.
Un perro pastor monumental da la bienvenida al caminante que llega al pueblo donde nace el río Llobregat. No es un cancerbero peligroso, sino una escultura inmóvil levantada como recuerdo a una raza muy querida en estas montañas. Desde 1961, no deja de celebrarse en Castellar de N'Hug el tercer domingo de agosto un concurso internacional de *gossos d'atura* o perros pastores. Aquí se saca partido a todo. Incluso las treinta y cuatro casas para colonias y vacaciones con capacidad para dos mil niños. Que hay en todo el Berguedà lo demuestra la apuesta de un pueblo dispuesto a morir con las botas puestas. Nadie se rinde ante la crisis. Uno puede atacar con toda confianza un pedazo de ternera nativa: engordada de forma natural y sin aditivos. Una cooperativa de ganaderos la comercializa bajo el sello de *Vedella del Berguedà* (Ternera del Berguedà).
Sin el turismo de río, Castellar de N'Hug tendría los días contados. A duras penas se aguantan los rigores de un invierno que resta visitantes y multiplica la soledad. Es un pueblo de montaña modélico: en su restauración prevaleció el respeto por la piedra milenaria. En medio de un parque natural del Cadí-Moixeró donde la vista cae por los acantilados y se pierde entre los hayedos y robledales, este pueblo es un balcón único. A lo lejos, se dibuja el imponente macizo del Pedraforca con sus dos picos separados a causa del legendario combate librado entre ángeles y diablos. Aquellas alturas de dos mil cuatrocientos noventa y siete metros despiertan la imaginación. Y aquí, soñar no cuesta nada.

MONISTROL DE MONTSERRAT (Barcelona)

No hay otro pueblo catalán que se encuentre tan protegido por lo sagrado como Monistrol de Montserrat. El curso del río Llobregat, ya contaminado sin remedio, y la crestería aserrada de la montaña de Montserrat abrigan a un pueblo que es una bellísima postal visto desde lejos. Su historia está ligada estrechamente al monasterio benedictino que alberga la imagen de *La Moreneta*, la virgen patrona indiscutible de la Catalunya creyente. Su nombre viene de *monasteriolum*, que significa lugar de monasterios. Aquí hubo dependencia religiosa durante siglos.

Monistrol es Montserrat. Aunque Sant Sebastià desata la pasión de un baile ancestral cada 20 de enero. Un rito festivo que se celebra en la plaza porticada del *Bo–Bo*. Lo suelen ejecutar tres parejas que representan el poder: el abad, el alcalde y el prior. Es obligado que esta última pareja sea soltera y las otras dos parejas casadas. Así las cosas, se saca al santo y las autoridades bailan en su honor. Pero el resto del año, los monolitos gigantescos no quitan ojo a un pueblo de dos mil quinientas almas sometido a la influencia de su monasterio de toda la vida. Monistrol vive a la sombra de la montaña mágica y de su Moreneta.

Montserrat es un conjunto montañoso muy abrupto entre la base y la cumbre de Sant Jeroni –de 1.236 metros hay 1.100 de desnivel–, situado junto al margen derecho del río Llobregat, a unos cuarenta kilómetros al norte de Barcelona. Esta montaña es conocida por la espectacularidad que presenta su relieve, con numerosos pináculos de roca conglomerada de formas caprichosas. La explicación debe buscarse en la combinación de factores como la dureza de sus rocas, el hundimiento de la depresión prelito-

Monistrol de Montserral, con el impresionante macizo del mismo nombre al fondo.

El trenecito de vapor que va de Martorell a Monistrol siempre está muy concurrido.

ral catalana y la erosión diferencial. Si algo caracteriza a la vegetación de Montserrat es el predominio de los encinares, de bosques densos y siempre verdes con un sinfín de arbustos, como el madroño, los aladiernos, el lentisco, el durillo y el boj. En las imágenes que se conservan de principios de siglo se puede ver que en el macizo montañoso predominan las superficies rocosas, los pequeños manchones de bosque claro, matorrales y pastizales, alternando con cultivos en la parte media e inferior de la montaña. La extracción de carbón y el pastoreo de ovejas dejaron la vegetación esquilmada. A partir de 1950, el aprovechamiento por parte del hombre ha disminuido de manera notable y los procesos de regeneración vegetal han sido notorios. La encina *(Quercus Ilex)* el árbol más característico de Montserrat, está en expansión, como la aulaga *(Ulex parviflorus)*, un arbusto muy espinoso que florece de noviembre a abril. La oreja de oso *(Ramonda myconi)* es una de las especes rupícolas más significativas y llamativas de Montserrat. Vive en las vertientes más elevadas, enraizándose en las grietas y los peñascos cubiertos de musgos expuestos al norte.

En Montserrat, a la presencia de los benedictinos se unen dos elementos que han magnificado su simbolismo: la devoción a la Moreneta y la singularidad geográfica de la montaña. Esta excepcionalidad se reforzó a finales del siglo pasado al convertirse en símbolo de la *Renaixença* catalana. Jaume Collell escribió en 1880: «Montserrat es el monumento eterno de la patria catalana y permanecerá siempre en pie, como el gigantesco obelisco donde las generaciones irán grabando la leyenda de Catalunya». Antes de la consagración de la basílica dependía de la Congregación de Valladolid, pero esta relación se truncó a principios del siglo XIX. La ocupación de las tropas francesas arrasó en 1811 las dependencias y más tarde la desamortización alejó a los monjes. En 1844 se reemprendió la vida monástica y los nuevos inquilinos se unieron a los benedictinos de la congregación italiana de Subiaco. Este cambio dio más libertad a Montserrat y el abad Muntadas le confirió un aura de catalanidad que llegó a su máxima expresión con las fiestas del Milenario de 1880. Una condición que se acrecentó con hechos como la fiesta de la entronización de la imagen de la Virgen (1947), considerada la primera manifestación pública del catalanismo después de la guerra civil; con las declaraciones al diario *Le Monde* (1962) del abad Aureli M. Escarré contra los «25 años de paz» y con el encierro de 287 intelectuales en el monasterio (1970) en protesta por el juicio de Burgos. El informe policial decía: «Los recluidos decidieron continuar su encierro en la fortaleza catalanista de Montserrat».

Los cambios históricos han influido poco en la vida interior de Montserrat. Se han suprimido algunos rezos y han desaparecido muchos trabajos de artesanía o de la huerta que permitían una autosuficiencia económica. La muerte de los monjes de más edad ha acabado con el laboratorio de fotografía, el taller de zapatería, la imprenta, que fue una de las primeras de España, incluso con el oficio de encuadernación. El único taller que se mantiene es el de cerámica. La mayoría de los monjes se dedican hoy a la atención espiritual de los peregrinos. Unos pocos dan clases en la Escolanía o incluso fuera de Montserrat y el resto tiene algun trabajo más intelectual. Sólo queda un monje ermitaño, el dom Basili, que hace vida de anacoreta en la capilla de la Santa Creu. El bibliotecario mayor tiene a su cargo una impresionante biblioteca con doscientos setenta mil volúmenes, cuatrocientos incunables y dos mil manuscritos. Hay también un archivo y un museo que se acaba de ampliar con una donación de pinturas de principios de siglo del arquitecto Xavier Busquets. En la Escolanía, cincuenta niños estudian de quinto a octavo de EGB, más conocimientos de solfeo, canto y dos instrumentos. Aunque no existe continuidad entre la Escolanía y la formación de sus estudiantes como monjes, que suele empezar en torno a los veinte años, han sido muchos los escolanos que han acabado integrandose en esta comunidad.

En Montserrat brilla por sí sola la Moreneta: una Virgen negra que siempre apareció vestida de modos muy distintos. Durante los siglos XIV y XV se la representó como una princesa gótica. Luego pasó a ser una *madonna* renacentista, representada en una escultura de alabastro del siglo XVI. En el periodo barroco del siglo XVII apareció como una reina, con vestidos ampulosos y magníficas coronas de oro. A finales del siglo XIX fue considerada como la patrona de Catalunya y unos vestidos acampanados escondían sus formas. El paso de la *Virgen Bruna* del siglo XVIII a la virgen negra de la actualidad no es como lo pintaban. La leyenda de que la faz de la imagen se volvió negra como consecuencia del humo de las velas del santuario es falsa. Lo más cierto es que después de la invasión francesa de principios del XIX se afrontó la restauración más radical de la imagen y se le dio una policromía negra.

La montaña de Montserrat, meta de dos millones de turistas anuales, es un embudo circulatorio. Dos estrechas y sinuosas carreteras, desde el Bruc y desde Monistrol, son transitadas diariamente por centenares de vehículos, a los que hay que sumar decenas y decenas de autocares de gran turismo. El camino a Montserrat, que tiene como única alternativa de transporte un aéreo desde Monistrol, es uno de los problemas pendientes de resolver. Pero nadie parece tener prisa en dar el primer paso.

Monistrol de Montserrat con su iglesia parroquial. A la derecha, la reina de sus fiestas locales o *Pubilla*, junto a su Dama de Honor.

MONTSENY (Barcelona)

Montseny, muy próximo a la ciudad de Barcelona, es centro de una montaña de microclima muy particular.

Hoy, la montaña del Montseny, tan próxima al área urbana de Barcelona, habitada por cerca de cuatro millones y medio de personas, es el lugar de mayor preferencia de los barceloneses. Miles de ciudadanos se lanzan los fines de semana en coche a la conquista de un espacio natural que aún continúa poniendo a prueba a los habitantes de la urbe. Pero la mayoría desconoce los secretos de uno de los espacios naturales más importantes de Catalunya y la afluencia de personas se concentra en sólo el cinco por ciento del territorio del parque.

El puñado de casas que da nombre al pueblo de Montseny es un lugar apropiado como punto de partida hacia el Pla de la Calma, mirador privilegiado del Turó de l'Home, Les Agudes y Matagalls, los tres picos más sobresalientes del Parque Natural del Monseny, con una altitud que ronda los 1.700 metros. En el suave altiplano del Pla de la Calma habitan desde pastores de ovejas hasta los payeses de masías situadas en verdes laderas que son los mejores balcones del Montseny. Y en medio de la falda de la montaña se levanta la masía de El Molar, una de las más populares del lugar.

El pasado del Montseny no estuvo exento de violencia. A pocos metros de la cima de Collformic se encuentra una cruz que recuerda la muerte de cien liberales fusilados por el ejército carlista a finales del siglo pasado. Desde este lugar se gana el pico de Matagalls.

La subida al Turó de l'Home permite descubrir otro de los parajes más seductores del parque natural. Si las condiciones atmosféricas lo permiten, podrá atisbar la isla de Mallorca en el horizonte blanquecino. Las probabilidades son escasas y sólo se presentan cuando el viento del Mediterráneo sopla fuerte y limpia la atmósfera.

Pero el Turó de l'Home ofrece un punto de observación privilegiado para contemplar los densos bosques de hayas que cubren el lomo montañoso donde se encuentra Santa Fe, el lugar más visitado de la zona. Allá se levanta una ermita (y, junto a ella, un hotel) en honor a Santa Fe, una doncella de la Edad Media martirizada por no renunciar al cristianismo.

Desde finales del siglo pasado hasta nuestros días, hubo movimientos populares destinados al descubrimiento, estudio y conservación del medio ambiente del Montseny. De ahí que en 1922, concretamente, la «Crònica Oficial de la Mancomunitat de Catalunya» presentara una memoria sobre un «posible parque nacional de Montseny», solución protectora que surgió del doctor Font i Quer, basada en una ley de 1916. En 1928, el rey Alfonso XII firmó un Real Decreto Ley en la Embajada española en Estocolmo estableciendo parcialmente un régimen de vigilancia para la conservación del macizo.

En 1963, la Ley Ministerial sobre el Plan de Ordenación de la provincia de Barcelona incluía al Montseny dentro de un catálogo de Parques Provinciales, aspecto que vino refrendado seis años más tarde por el encargo de la Comisión de Urbanismo de Barcelona a la Diputación en el tema de la ordenación y limitación de los Parques Naturales. De ahí que en 1971 las diputaciones de Barcelona y Girona elaboraran un Plan Especial para el Montseny a través del cual se consolidaba el macizo como reserva natural. Tras la publicación del mencionado Plan en el BOE, el Montseny fue declarado Reserva de la Biosfera tras un acuerdo con la UNESCO en abril de 1978.

La singularidad del macizo del Montseny reside en su relieve original, que se eleva como un abrupto bloque entre los llanos del Vallés, Osona y La Selva. El Montseny presenta una gran veriedad de materiales y formaciones geológicas: desde los despeñaderos calcáreos del Congost hasta los granitos de Gualba, pasando por las altiplanicies de la Calma y los relieves de pizarra de Les Aguedes. La importante diferencia de cota entre la base y las cimas más altas hace que el Montseny presente una diversidad extraordinaria de climas. Encontramos el clima mediterráneo de las partes bajas, que a partir de los mil metros de altitud se convierte en centroeuropeo, con inviernos muy fríos y veranos subhúmedos. El aumento de la humedad y la disminución de las temperaturas, en función de la latitud, hacen que la vegetación se presente en forma de bandas paralelas, denominadas pisos. En el Montseny encontramos los del encinar, el robledal, el hayedo y la vegetación de las cumbres. Estas franjas de vegetación se ven modificadas por despeñaderos y peñascos, por las aguas corrientes y por la exposición al sol. En el hayedo encontramos una gran riqueza de especies, con plantas de particular interés como el acebo, el mecereón torrisco, la anémona de los bosques y la campanilla de invierno. Las islas de abetos del Montseny son las más meridionales de la Europa occidental. Entre las rocas de los despeñaderos y los peñascos cre-

Detalle de una vieja techumbre de teja y de construcciones más recientes en piedra del lugar.

cen algunas plantas exclusivas, como el bálsamo del Montseny, y otras muy raras, como el arándano, la asarina y la consuelda mayor.
Las grandes masas boscosas están habitadas por una fauna muy variada. En las zonas bajas viven los animales típicos del área mediterránea, como el jabalí, la jineta, la paloma torcaz, el arrendajo, la culebra bastarda, etc., mientras que en las altas es de destacar la presencia de animales de origen centroeuropeo, como el lirón gris, el camachuelo, la culebra de Esculapio o el lagarto verde. Como ocurre con muchas especies vegetales, para estos animales el Parque Natural del Montseny constituye el límite sur de su distribución en Europa. Algunos de ellos se han diferenciado y han adoptado formas propias, como en el caso del tritón pirenaico, la musaraña de agua y la rana bermeja.

La iglesia parroquial, construida en piedra, del pequeño lugar de Montseny.

Aprovechando sus recursos naturales, el hombre ha vivido desde tiempos remotos en el Montseny. Un buen ejemplo de esto lo forman los restos ibéricos de Montgros, en Brull. La iglesia románica de Tagamanent, la ermita de Sant Marçal o el mismo castillo de Montsoriu son un testimonio medieval. Los campesinos ocuparon primero los sectores más bajos, donde los suelos eran fértiles y el agua abundante. A partir del siglo XVI, se instalan también en las tierras más altas aprovechando los bosques y las zonas de pastos. En estas masías de montaña se desarrolló una rica tradición cultural que aún perdura. En los últimos decenios se produjo una gran despoblación de la montaña.
Una sorpresa mayúscula: hoy el Montseny vuelve a recuperar el verdor. En el punto donde se originó el grave incendio que en 1994 consumió 9.000 Ha. de superficie arbolada, en el cerro conocido como Can Mata, entre Gualba y Campins, pueden observarse claramente las diferentes estrategias de la flora mediterránea para sobrevivir a un desastre de semejante magnitud. Algunas especies, como encinas, madroños, brezos y estepas, rebrotan de su propia cepa aprovechando la fortaleza de un sistema radical que resiste la acción del fuego. Otras, como el alcornoque, se visten de un traje ignífugo (la corteza de corcho) que les permite resistir altas temperaturas. En este caso, los brotes nacen de las ramas. La tercera estrategia consiste en la dispersión de semillas resistentes. Es el caso del pino y buena parte de las herbáceas de este enclave. Los brotes muestran una gran vitalidad y, en ocasiones, los procesos se aceleran. Un enclave de especial interés entre los afectados por el incendio es el llamado Sot del Duc. Está considerado como uno de los puntos de mayor interés ecológico por su biodiversidad. Sólo para citar un ejemplo, en él se encuentra la preciada *Osmunda regalis* (helecho real) y el que hasta el día del incendio se consideraba el mayor ejemplar vivo de madroño. El fuego se cebó en este madroño, que se consumió lentamente durante dos días hasta que su tronco quedó hueco. Pero en la cepa del madroño ha nacido un brote con una fuerza inusitada. Todo un símbolo de la potencia y de la singularidad de esta montaña.

VIC (Barcelona)

El niño con su palma de domingo de Ramos y el Mercat del Ram, que es una de las ferias agrícolas y ganaderas más importantes de Catalunya, reflejan el carácter comerciante y religioso de esta antigua capital de la comarca de Osona. La Catalunya vieja y profunda tiene aquí su valor más preciado, aunque a decir verdad, del seminario de Vic salieron iniciativas muy innovadoras, como la organización durante varios años de los Juegos Florales de Cantonigrós, y también hombres políticos que hoy en día agitan las banderas de la independencia. De la economía hay que significar especialmente el equilibrio entre los distintos sectores, industria, servicios, agricultura y ganadería, y la coexistencia de la tradición y de la modernidad a partes iguales. Destaquemos también que la mayor concentración ganadera española se da en la Plana de Vic.

Antiguamente, Vic era la capital de un condado catalán y después fue la sede de una veguería. De su importancia histórica le queda hoy el privilegio de ser la capital de una extensa diócesis. Hubo un tiempo en que fue la capital de la tribu ibérica de los ausetanos, que se resistió a la ocupación romana entre los años 218 y 183 antes de Cristo. Sometida y pacificada por Roma, se convirtió pronto en centro de un municipio romano, con una curia y culto imperial, del cual le queda el testimonio de antiguas lápidas y un pequeño templo romano que más tarde fue englobado en un castillo medieval. La ciudad de Ausona, nombre derivado de la primitiva Ausa, fue sede de una diócesis cristiana documentada desde el año 516. Hacia el año 715 pasó a ser dominada por los árabes y, como consecuencia, se disolvió la diócesis y el país cristiano quedó desorganizado hasta la efi-

La Plaza Mayor de Vic.
En la otra página, de arriba a abajo, la catedral, su torre románica y dos buenos edificios modernistas.

mera restauración del conde Borrell en el año 798. Sin embargo, la revuelta de Aissó en el 826 dejó las cosas aún pecr.
Recuperada definitivamente por el conde Guifré el Pilós, en el año 879 se organizó un nuevo agrupamiento urbano al pie del núcleo antiguo, cerca de la catedral de San Pere, llamado *Vicus Ausonae,* del cual deriva el nombre de Vic. Fue centro de un condado subsidiario del de Manresa y la diócesis restaurada en 886 conoció una gran expansión hasta llegar a Santa Coloma de Queralt y, siguiendo el viejo camino de Lleida o de Aragón, hasta Uxafava, a unos dieciseis kilómetros de Lleida, incluyendo buena parte de la Segarra y del Baix Urgell. Vic siempre tuvo un papel destacado en la historia del país. Al perder en tiempos modernos la importancia política y administrativa de los siglos pasados pronto destacó en el aspecto cultural y religioso. Obispos, curas, fundadores de órdenes religiosas y santos dieron a conocer a Vic como lugar eclesiástico de primer orden. Sus poetas, escritores y eruditos contribuyeron a elevarlo en el campo de la cultura, al igual que el movimiento del Renacimiento catalán de mediados del XIX.
A partir del siglo IX, la ciudad de Vic se repartió en dos dominios: el sector condal o ciudad alta, centrado en el castillo condal construido sobre el templo romano, llamado desde el siglo XI Castillo de Montcada o de los Montcada, y la parte baja, de dominio episcopal, centrada en la catedral. Ambos sectores coincidieron en el Mercadal, que se erigió en la actual Plaza Mayor, que era, no obstante, de dominio episcopal. Cerca del Mercadal, se construyó en 1358 el edificio del Consejo de la Ciudad, que se convirtió en la actual Casa de la Ciudad en 1450 al pasar a dominio real. El obispo había vendido su parte de la ciudad al rey en 1315 y después de la creación del efímero condado de Osona (1356-1364), la parte de los Montcada pasó a favor de Bernat III de Cabrera, casado con Margarida de Foix–Castellbò, heredera de los Montcada, y fue recuperada o comprada a Gastó IV, conde de Foix, en 1450 y cedida el rey. El gobierno de la ciudad se creó gracias a un privilegio del rey Alfonso el Magnánimo. A pesar de aquel doble dominio, desde el siglo XIII toda la ciudad se encontraba rodeada por

una única muralla, que fue reedificada entre 1368 y 1378 por orden del rey Pedro III el Ceremonioso. Las obras de fortificación, ideadas por Juan José de Austria en 1695, fueron causa del derribo de las casas y los conventos que estaban adosados a la muralla y la formación de las actuales ramblas que rodean el núcleo antiguo. En el exterior se encuentran los arrabales a lo largo de los accesos a los antiguos portales, documentados en el siglo XIII.
Aquí, el monumento más importante por su antigüedad es el templo romano, que forma parte de un conjunto monumental con los restos del castillo de los Montcada y la iglesia de Sant Sadurní. El templo romano fue levantado a principios del siglo II y pasó inadvertido durante varios siglos por encontrarse rodeado y formando parte del castillo de los Montcada, erigido a finales del siglo XI. Las paredes de la celda del castillo formaban un patio interior y allá estaba el templo. En 1882. cuando se demolió el edificio que había sido residencia del Veguer, Sede de la Curia Real, granero de la ciudad y prisión, se recuperó la vista del templo romano.

El núcleo turístico más relevante es el conjunto de edificios que rodean la catedral de Sant Pere, como el Palacio Episcopal, la antigua escribanía o Curia Fumada y la calle de l'Albergueria. Aquí se mezclan los estilos desde el románico hasta el neoclásico. De la época románica hay que citar la cripta, el campanario y los restos del claustro inferior que sirvieron de base para el claustro gótico, construido en el siglo XIV. También es de la época gótica el retablo mayor de Pere Oller, realizado en alabastro entre 1420 y 1427. De la época barroca sobresale la capilla dedicada a Sant Bernat Calbó, empezada en 1633, y una urna de plata donde se guarda el cuerpo del Santo, acabada en 1728 por el orfebre barcelonés Joan Matons. La reja que cierra la capilla fue construida en 1685 según un proyecto de Fra Josep de la Concepción. Entre los años 1781 y 1803 se realizó la transformación más importante de la catedral, una ampliación de la nave y conllevó el traslado de los claustros. La nueva catedral es obra de Josep Morató i Codina y es el edificio neoclásico más importante de la ciu-

El Palacio Episcopal y arcos góticos del claustro de la Catedral de Vic, que guarda las pinturas de Jose Mª Sert.

El puente románico de Queralt, arriba, y detalle de una bella balconada.

dad. Las pinturas murales de Josep Maria Sert, que son un espectáculo de arte social y una forma de ver el mundo del artista, enriquecen el interés monumental del conjunto.

El Mercadal es la plaza Mayor. Un espacio ligado a los orígenes de la ciudad medieval que ha expresado mejor la vocación de centro comercial de la comarca que tiene Vic. Cada martes y sábado se celebra un mercado en el centro arenoso de la plaza. Los edificios que la rodean son una síntesis de los estilos producidos aquí. Destaca la unidad de sus arcadas: aunque son muy diferentes en la forma. La Casa de la Ciutat, uno de los edificos de base gótica que da al Mercadal, está formada por una lonja con arcos en la parte baja y una sala en el piso superior conocida como la sala de la Columna. El patrimonio industrial de Vic es un valor añadido recientemente por los responsables del turismo local. Ir a la fábrica del Sucre (del azúcar) se presenta como un camino ineludible en este siglo de crisis que dejó a los edificios proletarios sin un alma y con la cara limpia. Un puente sobre la vía del ferrocarril le pone a

uno frente a una larga chimenea que domina un complejo fabril de 1893 con líneas neocistercienses, estructura de hierro y ladrillo y decoración exterior a base de ladrillo y cerámica vidriada. Tras el proceso de rehabilitación, aquella fábrica azucarera servirá como sede de una cámara agraria y para otros usos públicos. La ruta industrial no se acaba en el azúcar. La tenería Colomer–Munmany, la harinera Costa, una de las construcciones modernistas más significativas de la ciudad, y la fábrica de Pere Abel completan un recorrido ciertamente singular.
No hay que marcharse de aquí sin haber degustado religiosamente el fuet, que es una longaniza curada, larga y delgada, especialidad de Vic, como todo el mundo sabe, aunque los más tragones pueden echarse a la boca un plato soberano de butifarra con judías secas. La tortilla de judías, así como suena, sin más, acaso con la compañía de unos ajos tiernos, como aquí se prepara, da una mayor profundidad y sencillez a la aventura gastronómica. Pero las patatas a la vicense le hacen volver a uno a la esencia local: patatas cocidas en un buen sofrito, donde no debe faltar el pimentón rojo, con el añadido de una picada de ajo y perejil y la compañía de algunas setas recogidas en los alrededores. La sopa hecha con unas exquisitas setas otoñales llamadas *fredulics* se lleva la palma de la gastronomía del lugar.

Chimenea de una fáfrica modernista, hoy restaurada, y detalle del edificio.

SANT CUGAT DEL VALLÉS (Barcelona)

Plaza en el casco antiguo de Sant Cugat, uno de los centros económicos de mayor importancia de Catalunya.

De Sant Cugat salen cada día más de seis mil personas a trabajar a Barcelona. Esta ciudad de la comarca del Vallés Occidental se ha convertido en un municipio residencial de barceloneses de nivel social alto. Su renta per cápita es quinientas ochenta mil pesetas más alta que la media comarcal y quinientas veinte mil pesetas más que la media catalana. Así, hubo un tiempo en que se ganó el sobrenombre de capital *yuppie*. Aunque, en el fondo, muchos pretenden que siga siendo el pueblo que siempre fue: grande, moderno, rico, bien comunicado, pero pueblo al fin y al cabo.

Pese a ser una de las ciudades catalanas que más crece –treinta mil habitantes en 1981, cuarenta y cinco mil hoy–, uno todavía puede tomarse el café o el aperitivo tranquilamente, sin pagar el desagradable peaje urbano de las aglomeraciones, la prisa y el ruido constantes.

Sant Cugat también tiene fama de ser caro. Y lo es. La política urbanística modificó el plan general que preveía que la ciudad alcanzara los ciento ochenta mil habitantes y lo dejó en un objetivo más modesto: setenta mil en el año 2020. El método: limitar la altura de las construcciones nuevas. La consecuencia: la ciudad no se desborda, pero el precio de la vivienda está por las nubes. Es la tercera ciudad de más de cinco mil habitantes por nivel de renta y las grandes empresas optaron ya hace años por ella. Mucha gente se traslada cada día a trabajar fuera del municipio Pero es mucha la gente que entra en él desde las poblaciones vecinas.

El municipio de Sant Cugat es, sin duda, el centro económico de Catalunya y las comunicaciones viarias han jugado un papel determinante para que así fuera. El eje del Llobregat, que en su parte inicial lo constituyen los túneles de Vall-

vidrera y la autopista Sant Cugat–Terrassa, se cruza en el interior del municipio con la autopista A-7, enlace con Europa y el resto de la península. Son, sin duda, las dos avenidas principales de Catalunya. Este cruce viario hace de Sant Cugat el punto mejor comunicado de la región catalana. En ocho años ha multiplicado por tres el número de sus empresas.

Aquí, el futuro son los parques económicos, como el de Can Sant Joan, gestionado por la Generalitat a través de Incasol y los Ayuntamientos de Sant Cugat y Rubí o el *Augusta Business Park,* de iniciativa privada y con la pretensión de ser el parque de oficinas más grande del sur de Europa. Finalmente, en los terrenos que separan los centros urbanos de Sant Cugat y Cerdanyola, se encuentra en fase de expansión el Parque Tecnológico del Vallés. La mayor concentración de multinacionales de toda Catalunya está en el Vallés Occidental. El precio del suelo industrial es asequible, las ayudas de las administraciones públicas, generosas y la mano de obra, cualificada. Además, se encuentra con un tejido industrial y de servicios auxiliares. La

importancia del establecimiento de grandes empresas en los polígonos industriales no debería hacernos olvidar que en el Vallés Occidental abundan sobre todo las pequeñas y medianas empresas, que ocupan al 75% de los asalariados.

En medio de este centro económico sobresale la Universidad Autónoma de Barcelona (UAB).

Conjunto y detalles de la abadía y monasterio benedictino de Sant Cugat, Monumento Histórico Artístico desde 1931 y hoy propiedad de la Generalitat.

Entre personal docente y administrativo, la UAB da trabajo a más de tres mil personas, buena parte de las cuales viven en la comarca, y de sus treinta y cinco mil estudiantes el 31% vive en el Vallés Occidental. La Autónoma se ha convertido en una universidad prestigiosa que imparte una enseñanza de calidad y tiene una intensa actividad investigadora. La relación de alumnos por aula es baja. En términos relativos es la universidad española que tiene más programas europeos Erasmus, más estudiantes haciendo el doctorado y más ayudas del Ministerio de Educación para programas de doctorado de calidad. Su presencia en la zona, junto a centros como el Laboratorio de Ensayos de la Generalitat y del Centro Nacional de Microelectrónica, es un aliciente más para las multinacionales.
La ciudad, con torres y casas modernistas y noucentistas de veraneo, se levantó alrededor del antiguo monasterio de Sant Cugat, la abadía benedictina más importante del condado de Barcelona, declarado monumento histórico–artístico en 1931. Situado en el emplazamiento del antiguo *castrum Octavianum,* construido cerca del octavo miliario de la vía romana de Barcelona a Egara (Terrassa), el monasterio se levanta en parte sobre los restos de esta fortificación, donde fue martirizado en el año 303 el cristiano Cugat, de origen nortecfricano. En su honor se edificó una pequeña construcción funeraria o mausoleo, ampliado con un ábside de herradura en los siglos VI y VII, cuya excavación se puede ver en el claustro. Probablemente entonces ya hubo una pequeña comunidad, pero los orígenes más antiguos documentados del monasterio benedictino se remontan al siglo IX. Jugó un papel importante en la colonización de nuevos territorios conquistados a los árabes.
Todo el conjunto monumental de Sant Cugat está amurallado. La iglesia del monasterio es de planta románica de tres naves y acabada en estilo gótico. Dentro de ella hay retablos renacentistas y barrocos y en la sala capitular un retablo gótico, obra de Pere Serra del 1375, dedicado a Todos los Santos. En el Museo de Arte de Catalunya se conservan dos tablas del retablo mayor, del germánico Aine Bru, con la representación del Degüello de Sant Cugat, obra renacentista realizada entre 1502 y

1507. El cuerpo principal de campanario de la torre es de finales del siglo XI y el claustro de finales del XII. Hay 144 capiteles, entre ellos corintios, ornamentales, con bestias fantásticas y escenas bíblicas. En el siglo XVI se construyó el segundo piso y el atrio que preside el claustro.

El monasterio fue exclaustrado en 1835 y salió a subasta pública como todos los bienes de la iglesia por la famosa ley de Mendizábal. Al no salir comprador alguno se inició el deterioro. En 1856, un grupo de amantes del arte decidió proteger el monumento. El arquitecto Elies Rogent se hizo cargo de la restauración, financiada por la Junta Provincial de Monumentos, aunque una lucha institucional retrasó el inicio de las obras. En el año 1909, después de haber sido utilizado durante años como cine, baile público, cuartel militar y sede del Ayuntamiento, la Junta de Amigos del Monasterio vendió un importante retablo al Museo de Arte de Catalunya y con los fondos conseguidos se pagó la restauración de las cubiertas de la iglesia, parte del claustro y el derribo del edificio que unía el palacio abacial y el claustro.

A partir de 1931, la Generalitat de Catalunya inició la primera campaña moderna de restauración con la consolidación del claustro, excavando todo su interior. El trabajo, bajo la dirección del arquitecto J. Martorell y los arqueólogos Bosch–Gimera y Serra–Ràfols, permitió la recuperación de restos románicos de los siglos IV, VI y VII. La labor restauradora, si bien no quedó totalmente interrumpida al iniciarse la guerra civil española, sufrió un excesivo retraso a causa del poco presupuesto. Hoy en día aproximadamente la mitad del claustro superior y dos naves que fueron antiguas celdas de monjes están ocupados por el Centro de Restauración de Bienes Muebles de la Generalitat (CRBM), departamento encargado de la restauración de retablos y cuadros. Durante las obras de rehabilitación del claustro cien metros cuadrados de techo con aluminosis, un defecto del hormigón para la construcción empleado en los años sesenta, se derrumbaron sobre la estancia que antes era el almacén de productos químicos del centro de restauración. El hecho no causó víctimas y fue silenciado de forma inexplicable.

Fachada y galería de columnas en el edificio del Ayuntamiento de Sant Cugat.

SANT SADURNÍ D'ANOIA (Barcelona)

Vista general de Sant Sadurní d'Anoia, conocido internacionalmente como el lugar de origen del cava.

El Alt Penedès es una comarca con uva y Sant Sadurní d'Anoia el pueblo del cava. El Penedès a secas es una zona de producción vinícola con denominación de origen que se extiende a municipios del Baix Llobregat, Anoia, Alt Camp y Tarragonès. Las grandes marcas de Sant Sadurní d'Anoia elaboran también cava en Estados Unidos y el mayor exportador de vino del Penedès tiene bodegas en Chile. Los cavas mediocres y malos pueden elaborarse con cualquier tipo de vino blanco siguiendo, eso sí, el método tradicional de fermentación en botella. Pero los puristas defienden que un cava como Dios manda debe hacerse con los tipos de uvas que se han convertido en clásicas de la zona: el *parellada*, el *xarel.lo* y el *macabeu*.

El aparente monocultivo de la vid no es como lo pintan algunos. En realidad, ha dado lugar a la creación de industrias auxiliares que diversifican un entramado económico relativamente estable que sitúa a esta comarca del Alt Penedès en la zona media–alta de renta per cápita y da nombre a la tercera caja de ahorros más importante de toda Catalunya, cuyos cuatrocientos mil millones de pesetas en recursos ajenos le permite situarse entre las veinte primeras entidades de este tipo que operan en España.

El Alt Penedès tiene media docena de pueblos en los que la industria ya se había asentado mucho antes de que José Raventós i Fatjó, de la masía Codorniu, produjera el primer vino espumoso de la comarca en 1872. La primera producción fue de tres mil botellas al año y alrededor de 1914 ya se llegó a las trescientas mil botellas. El hijo de José Raventós, Manuel, que aprendió el oficio trabajando en las cavas de la Champagne, tomó la dirección del negocio y lo engrandeció. El mismo pueblo siguió el progre-

so del cava, que por aquel entonces todavía no se llamaba así. En 1900, Sant Sadurní d'Anoia tenía dos mil ciento veintiséis habitantes. En 1960, llegó a casi cuatro mil quinientos. Y hoy en día roza los nueve mil quinientos. Con el cava ocurrió otro tanto. De las doscientas treinta cavas registradas actualmente con denominación de origen, sólo dos tienen proporciones de multinacional y facturaciones que rondan los veinte mil millones anuales –Codorniu y Freixenet–, una treintena son medianas y las restantes pequeñas. Lo mismo sucede con las cuarenta bodegas que producen vino. Buena parte de las pequeñas explotaciones son unifamiliares: en ellas colaboran desde los abuelos hasta los nietos y cada vez abundan más los payeses a tiempo parcial que cultivan sus viñas cuando concluye su jornada laboral en otro sector.

En 1987, Sant Sadurní d'Anoia celebró el centenario de la filoxera y el cava a través de una campaña emprendida por el Ayuntamiento, para realzar el municipio en los terrenos urbanístico, científico, ciudadano, económico, técnico, cultural y agrícola. Para tal fin se creó aquel año una entidad jurídica, la Fundación Pública Vila de Sant Sadurní d'Anoia, con el objetivo de llevar a cabo una serie de iniciativas y proyectos, como la Escuela de Viticultura y Enología Mercé Rosell i Domenech. La filoxera, que procedía de California, se introdujo en Europa por la ciudad francesa de Burdeos en 1863 y desde esta zona francesa se extendió rápidamente hacia otros lugares. En 1868 apareció en Portugal, en 1872 en Austria, en 1874 en Suiza y Prusia, en 1876 en Alemania y en 1879 en Italia. En Catalunya entró procedente de las viñas del Rosellón cuando en un principio se creía que no podría atravesar los Pirineos. Desde la comarca del Empordà fue descendiendo hasta llegar a afectar a todas las comarcas catalanas dedicadas a la producción de caldos.

La ruina del sector vinícola tuvo repercusiones importantes en la economía del país. Este sector había experimentado, con anterioridad a la plaga, un gran crecimiento en Catalunya por la demanda del mercado americano y por la destrucción de las viñas francesas a manos de la filoxera. Misterio: ¿Por qué se celebró el cente-

Plaza de Sant Sadurní (arriba) y el Ayuntamiento de la ciudad. Debajo, detalles de la Casa Formosa y de un antiguo reloj de sol.

Las bodegas de dos conocidos fabricantes de cava y, debajo, un pequeño Baco en Sant Sadurní.

nario de la filoxera cuando se trata de uno de los grandes desastres de la agricultura europea? Se diría que los catalanes tienen afición a mitificar la tragedia. Pero la plaga, a pesar de todo, tuvo su lado positivo; con la introducción de una especie americana inmune a la enfermedad, volvieron a florecer los viñedos del Penedès y surgieron variedades antes desconocidas, como los *parellada, xarel.lo* y *macabeus,* que propiciaron el renacimiento del cava.

La victoria sobre la filoxera en esta zona del Penedès conllevó una auténtica euforia, impensable cuando surgió la plaga. Pelegrí Torelló i Borràs, observador contemporáneo de aquel suceso y del espíritu con que se afrontó, en su *Monografía histórico–pintoresca de la villa de Sant Sadurní d'Anoia* afirma convencido que la localidad puede vanagloriarse de ser la primera en combatirla y detener la emigración de sus habitantes a otras zonas. Estas dos circunstancias elevan a la categoría de modélica la reconversión vinícola efectuada en el Penedès. A juicio de Torelló, la replantación de las viñas modificó su cultivo e incidió en el aumento de la producción de vino, dado que se buscaron nuevos mercados a través de las asociaciones agrícolas. Por otra parte, en Sant Sadurní se contaba con la afortunada experiencia de la familia Raventós–Codorniu que ya elaboraba el *champaña* y que dio lugar a la aparición, años después, de una legión de seguidores.

El cava ha sido una apuesta de futuro de los viticultores de Sant Sadurní. La elaboración del vino por el método que se utilizaba en la Champagne ha sido un valor añadido para la producción vinícola del pueblo y de toda la comarca del Penedès, que depende en buena parte de la riqueza generada por el producto. Un siglo después, el cava es el elemento esencial de la economía local. Durante décadas, la gente joven de la villa aspiró a formar parte de las plantillas de las principales cavas, siguiendo los pasos de sus padres. De hecho, en los años duros de la crisis de los setenta la gente de aquí disfrutó de una envidiable situación laboral con un índice de paro bajo, en contraste con la situación de los municipios vecinos. Aunque hoy la innovación tecnológica ha estancado e incluso ha reducido las plantillas de las cavas. Diversificar la actividad económica o seguir atados al cava: ésa es la cuestión en Sant Sadurní d'Anoia. Unos advierten que se está creando un lugar para personas que duermen en el pueblo y trabajan en otro lugar. Otros se alarman ante el éxodo de los jóvenes y la progresiva pérdida de las raíces y la cultura. En los aledaños del cava, las cosas se ven de otra manera: se apuesta por una ciudad residencial de comercio y servicios, atada al cava imperial.

Sant Sadurní y el cava atraen anualmente a unos doscientos mil visitantes, sin hacer promoción externa. Hoy se proyecta un parque temático del cava, con el objetivo de crear un polo de atracción turística que materialice para el gran público la cultura del cava, tanto como factor de atracción y de imagen turística como de difusión cultural y comercial. El parque ha sido diseñado como un centro interactivo que se concreta en un espacio expositivo espectacular sobre el mundo del cava con un conjunto de distintas ofertas que irían desde las visitas a las cavas del municipio hasta la potenciación de la riqueza gastronómica. Todo a la salud del cava.

SITGES (Barcelona)

Aquel día de octubre de 1891 en que Santiago Rusiñol se quedó a cenar en Sitges en casa de Rosendo Bartés cambió el signo de un pueblo blanco, mediterráneo, moderno, a una hora en tren de Barcelona y con una carretera de las costas de Garraf recién inaugurada. Sitges era un pueblo rico, lleno de una luz que empezaba a seducir a los pintores de la escuela iluminista y llamar la atención de los primeros veraneantes. El pintor Rusiñol no se lo pensó dos veces. Decidió quedarse a vivir y trabajar en Sitges. Y así empezó la fiesta modernista entre 1892 y 1899. Fueron cinco fiestas que le dieron carácter y fama a un lugar hasta entonces simplemente pintoresco.

De la noche a la mañana, todo un Rusiñol muy relacionado con las vanguardias europeas puso patas arriba a un pueblo con cultura de juegos florales. Falla, Ganivet, Pardo Bazán, Pérez Galdós y Salmerón viajaron a Sitges para participar en aquella iniciativa artística. Se representaron piezas de teatro simbolistas de Maeterlinck, premio Nobel de literatura; hubo conciertos con obras de Franck, Popper y Goerland; recitales de todo tipo y una banda de música dio la bienvenida a dos cuadros de El Greco. Desde su Cau Ferrat, dos casas de pescadores del siglo XVI reformadas a las que se añadieron puertas y ventanas góticas, Santiago Rusiñol dirigió aquella fiesta inolvidable.

Pero mucho antes de caer en la tentación modernista, Sitges había estado en manos de la Iglesia. Ya desde que sonó por primera vez su nombre, allá en el año 982, la mitra de Barcelona estuvo presente en su historia. Más tarde, en 1352, pasó a depender de la catedral de Barcelona. La corona no ejerció su control hasta 1802. El núcleo primitivo era una villa

Sitges es una de las villas turísticas por excelencia de la provincia de Barcelona.

amurallada situada en lo alto de una colina rocosa: la llamada villa vieja que se extendió alrededor de un castillo. La tribu de Santiago Rusiñol, al que Rubén Darío llamó «jardinero de ideas, jardinero del sol», rompió aguas a orillas del Mediterráneo y cultivó el amor al arte de forma poco convencional. Este Rusiñol, que probablemente hoy sería tildado de agitador cultural, se plantó en un Sitges donde, según sus propias palabras, «es malvasía el vino, oro la costa, fuego las mujeres y todo nada en una atmósfera de vida y amistad».

Hoy por hoy, Sitges ha cambiado de piel. En menos que canta un gallo, multiplicó su población hasta llegar a los dieciseis mil habitantes. Por si fuera poco, es la segunda residencia de unas ocho mil personas y en verano mejor no hablar. Tras la apertura del túnel y la autopista del Garraf en 1992, la población de la comarca pasó de casi setenta y siete mil habitantes a unos ochenta y tres mil. Y el vino dulce de malvasía, cuyas cepas fueron traídas de la isla de Creta en el siglo XIV, y el fuego de las mujeres se han transformado en sangría rompe–hígados

Vista de Sitges desde el mar y, junto a estas líneas, el Paseo de las Palmeras.

y en centro de la fogosidad homosexual europea. Pero esta comarca del Garraf, que es la más pequeña de Catalunya, despide un aire cultural que la coloca en los primeros lugares de la comunidad catalana: muy pocos la ganan en oferta de museos y actividades artísticas.

En Sitges, el temblor modernista dejó una huella de arte tras la que llegaron otros buscadores de gresca. Antes de la guerra civil española, el poeta J.V. Foix y Josep Carbonell crearon la revista *L'Amic de les Arts* (El Amigo de las Artes) en la que colaboraron Salvador Dalí, Federico García Lorca y el mismo escritor británico G.K. Chesterton. En los museos de Cau Ferrat y Maricel, uno al lado del otro, permanece la resaca de la gran borrachera cultural. En Cau Ferrat reina la memoria de Santiago Rusiñol: sus obras pictóricas, su colección de hierros forjados del Pirineo Catalán, sus dos famosos cuadros de El Greco, y piezas de otros artistas como Casas, Mas i Fontdevila, Picasso, Utrillo y Zuloaga. En el museo Maricel están reunidas las colecciones que el doctor Pérez Rosales donó a la Diputación de Barcelona. Este palacio de Maricel, con una parte de mar y otra de tierra, fue inventado por el pintor Utrillo y su primer propietario, el norteamericano Charles Deering, lo tenía como una especie de almacén para guardar las obras de arte que adquiría en España. Destacan por encima de todo los seis murales alegóricos de la primera guerra mundial que Sert pintó en el vestíbulo. Aunque las esculturas de Rebull y Llimona con el mar a sus espaldas componen un cuadro de intensa luz mediterránea que deslumbra al más pintado.

La fiesta parece ser patrimonio de Sitges. En 1992, incluso se celebró en la calle el centenario de la primera fiesta modernista de Santiago Rusiñol bajo el lema de «por amor al arte». Aquí no hay tregua posible. Ya se sabe: «en Sitges, pasada la Navidad. sólo se piensa en el Carnaval». Y el Carnaval no tiene freno ni lo tuvo siquiera en la época de la dictadura, cuando ese tipo de manifestaciones populares estaban prohibidas. Hoy es todo un acontecimiento para los gays europeos, que lo han convertido en su fiesta reina. El Rally Internacional de coches de Época Barcelona–Sitges, que se celebra desde 1959, acaba en una fiesta marítima

Detalles de una ventana y una puerta de origen gótico.

El Ayuntamiento de Sitges, arriba, y una de las puertas de entraca al antiguo recinto amurallado de la villa.

debajo de un entoldado ochocentista. En las fiestas de primavera del Corpus, las calles del pueblo son alfombras de flores y los claveles mandan en el corazón y las manos de la gente. Del 23 al 27 de agosto manda la fiesta mayor en honor del patrón Sant Bertomeu, que tiene una iglesia parroquial del siglo XVIII a medias con Santa Tecla, la copatrona, cuya fiesta es el 23 de septiembre, día de ingrato recuerdo (un día en que el agua de lluvia inundó buena parte del pueblo y que se recuerda como «el año de los aguaceros de Santa Tecla»). En la fiesta de la vendimia de septiembre hay una fuente del vino que mana durante horas y de la que cualquiera puede beber libremente. Las romerías al santuario del Vinyet no dejan de ser una fiesta. Y un plato como el *xató,* una ensalada de escarola, anchoas, atún, bacalao crudo y aceitunas arbequines bañada con una salsa de almendras, ñoras, tomate, pan, ajo, vinagre y aceite de oliva, también da pie para armarla buena: nunca falta en el Carnaval. El Festival Internacional de Cine Fantástico deja las cosas en su lugar. Aunque una copita de malvasía con Sant Bertomeu, que en este caso es un bizcocho de cabello de ángel y naranja, endulza la visión de ese Sitges que ha ganado a pulso su fama de fantasía festiva.

Los museos de Can Ferrat y Maricel, a la izquierda, y la iglesia parroquial de Sitges.

ALTAFULLA (Tarragona)

Altafulla, con el castillo de Tamarit y la iglesia neoclásica de Sant Martí.

A la orilla izquierda del río Gaià se extienden las tierras costeras y turísticas de Altafulla, un pequeño y hermoso pueblo formado sobre una loma, alrededor de la antigua villa amurallada, que hoy también tiene barrio marítimo y de pescadores. Como la mayoría de los lugares de esta comarca del Tarragonès tan próxima a la Imperial *Tarraco Augusta,* su origen se pierde en las excavaciones de un pequeño cerro llamado «els Munts» donde hay importantes restos de una población romana. Allá mismo se levanta la Tartana, una curiosa edificación que mantiene íntegra parte de su bóveda. Pero estas visiones de otro tiempo podrían quedar relegadas a un segundo plano ante el empuje constructor del tiempo turístico de hoy: La playa que va del Cap Gros a la Roca de Gaià es un reguero de hoteles y edificios de apartamentos, aunque el pueblo viejo, del que se conserva su estructura medieval y la mayoría de cuyas construcciones son de los siglos XVII y XVIII ha quedado, por fortuna, a salvo de desmedida fiebre constructora vivida aquí en los últimos años.

En el pueblo de Altafulla, con apenas mil setecientos habitantes, aún se respira el aire apacible de tiempos pasados, sobre todo si uno cae en cualquier época que no sea la de verano. En la antigua Vila Closa se levanta el castillo de Altafulla, que era de los marqueses de Tamarit. Un soberbio edificio con torres y almenas que se abre a un patio interior decorado en la parte alta por una galería renacentista. Frente a él se conserva una hermosa era medieval, y a su lado está la iglesia neoclásica de Sant Martí con una cúpula octogonal, construida entre 1701 y 1715. El barrio marítimo de Botigues de Mar se formó a partir del siglo XVIII, y en el estrecho conjunto original, una hilera de casas

Arriba y a la izquierda, dos vistas del casco antiguo de Altafulla. A la derecha, la torre del Homenaje del castillo de Tamarit.

que miran al mar, es de destacar la Casa de l'Arc. Desde la torre del castillo nunca se perdía de vista ese mar que desde el siglo XIII al siglo XVII trajo hasta aquí piratas de todas clases.
Entre la desembocadura del río Gaià y la punta de la Mora, uno puede ahogar el sudor del camino en las aguas de una playa que está a la sombra del legendario castillo de Tamarit. En su origen era una fortaleza árabe. Pero en el año 1049 fue conquistado por un tal Bernat Sendred de Gurb, que acabó vendiéndolo a Ramon Berenguer I, conde de Barcelona. El conde, que ya pensaba en la conquista y repoblamiento futuros de la ciudad de Tarragona, cedió el castillo con el título de vizconde de Tarragona a Bernat Amat de Claramunt. Muy pronto se inició la construcción de una iglesia románica y a su alrededor se establecieron los primeros habitantes. Se dice que en el púlpito de la iglesia había predicado Sant Vicente Ferrer y ya nadie más se atrevió a tomar su lugar. Al parecer, corrió la voz de que todo aquel que lo hiciera se iba a quedar ciego.
Así se forjó la historia y la leyenda de un castillo que durante largo tiempo sería el punto más avanzado en la conquista de la Catalunya nueva. En 1363, Pedro III el Ceremonioso mandó levantar la muralla que circunda el pueblo medieval. No tardó Tamarit en convertirse en un puerto muy concurrido por los barcos que se dirigían al sur de Catalunya y Valencia. Con el paso del tiempo, perdió su importancia mercantil y acabó despoblándose. En ello también influyó la proximidad con la pantanosa desembocadura del río, que era un foco permanente de paludismo. En 1916 el norteamericano Charles Deering, que ya era propietario del palacio Maricel de Sitges, compró el castillo, el pueblo y la iglesia. con todo, Altafulla y Tamarit nunca se han perdido de vista.
En los siglos XVIII y XIX algunos hijos ilustres de Altafulla se dieron una vuelta por el mundo. El franciscano Antoni Comajoncosa (1749–1814) dedicó su vida de misionero a velar por las almas de los indios chiriguanos. Joaquim Gatell (1826–1879) fue otro cartar: un aventurero como Dios manda que exploró Marruecos de punta a cabo y mereció ser conocido con el nuevo nombre de *Caid Ismaïl*.

De arriba a abajo, la playa de Altafulla, una de las torres del antiguo recinto amurallado, el patio de acceso a una vivienda del siglo XVIII y una vista panorámica desde el oeste.

AMPOSTA (Tarragona)

Vista general de Amposta, capital del Delta del Ebro.

En la desembocadura del río Ebro hay un triángulo de agua y barro que lleva el enigmático nombre de la cuarta letra del alfabeto griego: delta. Pero no valen las interpretaciones oscuras: la semejanza entre la figura de la letra delta y el paraje que forman los brazos del río en su salida da pie al empleo del nombre de delta. Aquí, la astucia del río lucha a brazo partido contra la fuerza del mar. Una batalla elemental y milenaria donde la corriente fluvial burla al viento y a las olas, desagua por el lado más débil y avanza victoriosa con toda su carga de aluvión. Antes, esto era el infierno. Ahora se vende como si fuera el paraíso. El delta del Ebro es, después de Doñana, el humedal más extenso e importante de España. Aquí, en la margen derecha de la ribera del Ebro y cerca de su desembocadura, se encuentra Amposta, capital de la comarca más meridional de Cataluña, el Montsià separada del resto del territorio por las lagunas de l'Encanyissada y la Tancada. Una gran variedad de aves migratorios y autóctonas hacen aquí sus nidos, lo que convierte a las lagunas en lugar de gran interés para los ornitólogos. Frente a la laguna de l'Encanyissada se encuentra el refugio de la Casa de Fusta, punto de información del parque y también importante museo ornitológico, con muestras de todas las especies de aves que habitan o cruzan el delta.

Uno entra en Amposta por un puente colgante, construido entre los años 1915 y 1919, destruido durante la guerra civil y restaurado unos veinte años más tarde. La distancia entre los pilares del puente es de ciento treinta metros. El núcleo antiguo de la ciudad, nacido a los pies del castillo de Amposta, se conoce como La Vila y estuvo amurallado hasta el siglo XIX. El castillo, del

que apenas se conservan vestigios en la actualidad, fue el centro de la famosa Castellanía de Amposta (1157–1851), nombre del priorato de la orden de los Hospitalarios de San Juan de Jerusalén, que gobernaba todas las casas y encomiendas de esta orden en Catalunya.
La importancia del castillo como defensa de Tortosa queda de manifiesto en la guerra contra Juan II: los hospitalarios, que lucharon al lado de Juan II, no pudieron evitar que los ampostinos, ayudados por los tortosinos, ocuparan el castillo. Atacados por las tropas de Juan II, los asediados opusieron dura resistencia pero al final se rindieron (1466). Durante los siglos siguientes, los turcos y los bereberes hicieron imposible la vida en el delta del Ebro. El castillo de Amposta fue destruido por los turcos en 1518.
Siguiendo río arriba la ribera del Ebro, en medio de la huerta y en lo alto de una pequeña colina, se alza la torre de la Carrova, una de las torres de defensa medievales del siglo XIV más majestuosas de Cataluña, con ventanales y contornos góticos. Al otro lado del río, dentro del término municipal de Tortosa, se alza la torre de Campredó, de la misma época. En tiempos, las dos torres gemelas defendían la entrada del antiguo estuario del Ebro.
En el Parque Municipal de Amposta está el museo del Montsià, en el edificio de las antiguas escuelas de Miquel Granell, obra modernista del arquitecto Ramón Salas. El museo explica de forma didáctica los tres aspectos imprescindibles para conocer la comarca. En la parte dedicada a la naturaleza se presenta un compendio de la vegetación y la fauna de la comarca en su entorno ecológico: el abrupto macizo de los Ports con sus pinares de pino silvestre, hayedos, cabras montesas y buitres, la Plana, donde el cultivo tradicional del olivo acoge una fauna característica con tordos, perdices y conejos y el delta del Ebro. En las dos salas sobre la arqueología se muestra la evolución, desde la Prehistoria hasta la Antigüedad, del arte, el hábitat, la economía y la tecnología. También hay una muestra interesante de los diferentes sistemas de enterramiento (rituales de inhumación o incineración, ajuares funerarios) a lo largo de los periodos neolítico, ibérico y romano. Y no falta una exposición sobre el desarrollo y la evolución a lo largo de los últimos cien años del cultivo del arroz. Incluye también la reconstrucción de una barraca, la antigua vivienda permanente de los payeses del Delta.
A mediados del siglo pasado, la economía y la demografía recibieron un impulso importante a caballo de la apertura del ferrocarril, las nuevas carreteras, el inicio de la colonización agrícola del delta y la construcción del canal de la Derecha del Ebro. A principios de nuestro siglo, un alza general de los precios agrícolas y, espe-

El puente colgante sobre el Ebro, construido entre 1915 y 1919 y restaurado tras la guerra civil. A la derecha, imágenes del Delta del Ebro y una calle de la villa.

cialmente de productos como el arroz, el vino y el aceite, favoreció la expansión económica y urbana de Amposta. Aquí está la sede del Consejo Regulador de la Denominación de Calidad del Arroz del Delta del Ebro.

Alrededor del delta gira toda la vida. Las comarcas catalanas del Baix Ebre y el Montsià se reparten la llanura de trescientos veinte kilómetros cuadrados del delta actual, que empezó a formarse hace cuatro mil años. Los arrozales ya ocupan unos doscientos kilómetros cuadrados y apenas ochenta están protegidos desde 1983 bajo la denominación de parque natural. Los términos municipales de L'Aldea, L'Ampolla, Amposta, Camarles, Deltebre, San Carles de la Ràpita y San Jaume de L'Enveja producen más del veinte por ciento de arroz de toda España. Los campos de cítricos y los olivares son los otros cultivos importantes de la zona. La pesca y la acuicultura completan una actividad económica anclada en el sector primario.

Tiempo atrás nadie daba un céntimo por un lugar tan insalubre. La explotación de la sal y la sosa se realizó a lo largo de muchos siglos en condiciones terribles. Hubo una época en que los presos eran enviados a las salinas en régimen de trabajos forzados. La agricultura se desarrolló con fuerza gracias a la construcción de los canales de la Derecha (1857-1861) y de la Izquierda (1907-1911) del Ebro. El financiero francés Isidore Pourcet obtuvo la concesión para llevar a cabo las primeras obras. Los banqueros de París y Londres pusieron el dinero y los ingenieros franceses a técnica. Jules Carvalho, un ingeniero francés director de la «Real Compañía de Canalización del Ebro» y autor de un pequeño libro publicado en 1867 sobre sus experiencias en el delta, ha pasado a la historia como el principal impulsor del cultivo de arroz en aquellas tierras.

El tiempo vuela y los recuerdos del pasado sólo están en la memoria de un puñado de viejos cuya voz se apaga de forma inexorable. Historia oral de un siglo de colonización agrícola. El payés arrendó ciénagas y las transformó en tierra fértil con sus manos desnudas. Pero la tierra no era para quien la había trabajado. El propietario exigía al colono el pago de un cánon para poder cultivar los nuevos campos. Las barracas

pintadas de cal junto a una higuera solitaria crecieron dispersas entre arrozales, acequias y canales. Cada casita tenía una era donde se secaban los granos de arroz. Pero nubes de mosquitos de agua estancada repartían el paludismo, que fue endémico hasta después de la guerra civil española. La población de aves acuáticas probablemente se sintiera en el paraíso, pero el hombre parecía sobrevivir en el infierno. Escaseaba el agua potable y abundaban las enfermedades intestinales.
Hoy los siglos de convivencia entre el hombre y el medio natural del delta parecen tener los días contados. Hace años que las distintas organizaciones conservacionistas y ecologistas deploran la ausencia de un plan de gestión integral y denuncian los peligros: la sobreexplotación de los recursos, la masificación del turismo, los cambios de prácticas agrícolas, la contaminación de las aguas, la destrucción de los espacios naturales, la caza ilegal. Los responsables del Parque Natural del Delta del Ebro insisten en que se está redactando un plan de ordenación del territorio para proteger el futuro de la zona.

La iglesia parroquial de la Asunción y junto a estas líneas, la Torre de defensa llamada de la Carrova.

ARNES (Tarragona)

Panorámica de Arnes, lugar de romerías en la *Terra Alta*.

Arnes, un pequeño municipio del extremo sudoriental de la comarca de Terra Alta, es el último pueblo al sur de Cataluña. Situado en la margen derecha del río Algars, forma parte de una comarca que se podría calificar como «tierra de romerías». Al margen de su carácter eminentemente agrícola, destaca por el arraigo que tienen entre sus gentes las tradiciones, lo que ha propiciado que la mayoría de los peregrinaciones a los santuarios de devoción popular hayan llegado a nuestros tiempos con todo su sabor, color y alegría. El 15 de marzo Arnes celebra su romería en la ermita de Santa Madrona, muy cerca de una magnífica piscina natural, el Toll de la Palanca.

La situación geográfica de la Terra Alta hizo que siempre fuera una región mal comunicada y de difícil acceso. En la prehistoria estuvo habitada y después fue poblada por las tribus ibéricas. Con toda seguridad, era la comarca catalana más influenciada por aquellos pueblos del sur. En los cercanos municipios de Calaceite, Cretes y la Gressera quedan aún muchos e interesantes vestigios de aquellos tiempos. Los romanos también estuvieron allí, como lo demuestra el sepulcro de Favara y la calzada *Edetona*, que unía Tortosa y Zaragoza *(Dertosa y Ceasaraugusta)* cruzando toda la región de norte a sur.

El edificio del Ayuntamiento de Arnes data de 1584 y fue obra de Joan Vilabona de Cretes. Se trata de un elegante edificio de tres cuerpos y sillares de piedra, decorado con elementos tipológicamente renacencistas, de estilo afín al de numerosas casas consistoriales de la vecina comarca del Matarranya. La Casa Santa Pau, en cambio, es heredera de una tradición arquitectónica más funcional y austera en cuanto al diseño de aberturas y lienzos de pared.

En esta tierra de romerías, Arnes bien merece una peregrinación o, mejor dicho, un sinfín de peregrinaciones. Aquí, uno tiene a un tiro de piedra cualquier lugar perdido por las montañas que de seguro despertará admiración. Armado de una bota de vino recio de la tierra, que en la Terra Alta se sube a la cabeza como si nada, hacer de peregrino o de excursionista, según sea nuestra disposición, no es nada del otro mundo. Horta de Sant Joan se divisa a lo lejos con un aire sobrenatural. Los Ports de Beseit parecen gigantes de una sola pieza. Ya se sabe: se hace camino al andar.

Este pueblo se hace pequeño enseguida. Pero sus alrededores son tan endiabladamente anchos y altos que da miedo dejar que la vista consuma de golpe tanta belleza suelta. Ponerse a la altura de la Horta de Sant Joan tiene su premio. En el antiguo hospital de la villa se exponen reproducciones de todas las obras que Picasso pintó durante su estancia en este lugar entre los años 1898 y 1909. Es, sin duda, un viaje alucinante. Colgado en esta tierra, uno es capaz de ver cualquier cosa. Pero lo de Picasso es real. Como la visión de Montserrat a la vuelta de la esquina. Pero es Santa Bárbara: un cerro de apariencia montserratina lleno de cuevas eremíticas y con el edificio del antiguo convento franciscano de San Salvador d'Horta a sus pies. Aquel monje santificado vivió entre 1547 y 1559, y sus artes de milagrero consumado y muy popular apenas le sirvieron para llegar a los tiempos del pintor de otro siglo. Este lugar tiene mucha miga. Es fama que perteneció a los templarios y en 1318 pasó a manos de la Orden de San Juan. Del siglo XVI a 1835, fue-

Un palacio renacentista y la torre de la iglesia de Santa Magdalena. A la derecha, detalle del exterior de esta iglesia y una pequeña plaza en el centro de la villa.

ron los franciscanos quienes se instalaron allá. El claustro con columnas toscanas del convento es una joya. El milagro de la reconstrucción cambió el estado ruinoso del lugar, que en 1983 fue declarado Monumento Histórico Artístico. Uno ya puede volver a Arnes con la bota vacía y los sentidos milagrosamente puestos en el camino.
Su miel totalmente natural, cuya gran calidad está reconocida, es una de las producciones más destacables de la comarca, junto con un aguardiente anisado de elaboración local. También se puede disfrutar de las muy saludables aguas minerales procedentes de las numerosas fuentes de la zona. Y a quienes se pirran por lo dulce, una sugerencia: no dejen de probar los *casquetes*, unos sabrosos dulces típicos rellenos con cabello de ángel que algunos hornos del lugar todavía preparan como hace siglos.

BATEA (Tarragona)

Aquí huele a vino en cualquier rincón. A orillas de la carretera se suceden los viñedos. Y al llegar al pueblo el edificio de la cooperativa de Batea de los años sesenta despide los aires densos y fuertes de unos caldos de la Terra Alta cuyo cuerpo y alta graduación sólo son comparables a los del Priorato. A la comarca de la Terra Alta se la llamó históricamente Castellanía. Ramón Berenguer la incorporó a sus dominios y encargó a la Orden de los Templarios el gobierno y la repoblación de estas tierras. Desde el castillo de Miravet, los templarios hicieron y deshicieron a su antojo hasta que el Papa Clemente V disolvió la Orden.

En 1317, los Hospitalarios de San Juan de Jerusalén se convirtieron en los nuevos amos y señores. Así, la dependencia pasó de un castillo a otro: del de Miravet al de Amposta. De ahí le viene el nombre de Castellanía.

Las catedrales del vino han apagado la fuerza original de los castillos. En estas tierras del Ebro donde el río pasa de largo y la agricultura es de secano, el vino parece agua. Y en su honor se levantaron espléndidos edificios modernistas a principios de este siglo. El arquitecto Cèsar Martinell, un discípulo de Antoni Gaudí, se dedicó a construir entre 1918 y 1923 una serie de cooperativas vinícolas que hoy conforman un patrimonio artístico de primer orden y son un hallazgo para quienes emprenden la ruta de la arquitectura industrial por la Terra Alta.

Antes de ganar la villa de Batea, uno no debe pasar de largo por Pinell de Brai. Alto: aquí se encuentra una de las catedrales del vino más hermosas de esta tierra. Y los frisos de la fachada, hechos por el pintor y grabador Xavier Nogués, reflejan escenas costumbristas con un aire de pintura grotesca: una maravilla.

Batea, uno de los municipios catalanes que dedica mayor extensión al cultivo de la vid.

La iglesia barroca de San Miguel y un bello rincón de la villa, que estuvo fuertemente amurallada.

El edificio de la cooperativa del vino de Batea no es una catedral. Pero pasa por ser una de las más activas de la comarca. Y la moderna prensa continua de impulsos es la primera de Tarragona: de ello alardean los ciento setenta socios que en los últimos cinco años pasaron de la venta a granel a comercializar el 70% de su producción. Está claro, además, que el pueblo no quiere quedarse al margen de la ruta de la arquitectura industrial. La antigua bodega de la cooperativa ya tiene aspecto de lugar de recepción de turistas con un depósito de barricas y botellas a la vista. Después del Alt Penedès esta comarca es la que más extensión de tierra de cultivo dedica a la viña. De siempre el vino de aquí se vendió a otras zonas vinícolas. El clima y la orografía determinaron que se produjera menos vino que en otros lugares. Pero los tiempos cambian: hoy los cooperativistas compran más tierras para producir vino y lo comercializan como producto propio de alta calidad.

En la Terra Alta más del 98% de la superficie agraria es de secano. El plan de aprovechar el caudal del río Ebro con la construcción de cana-

les para transformar diez mil hectáreas en tierras de regadío no acaba de salir adelante. Pese a ello, el 44% de la población activa vive de la agricultura y es, sin duda, la comarca catalana que presenta el porcentaje más alto. El factor demográfico no deja de ser preocupante: de 1929 hasta hoy perdió la mitad de su población. Es la mayor reducción de habitantes registrada en las tierras del Ebro. Pero ya se sabe que aquí el río Ebro es comc si no existiera.

El monolito en memoria del octavo centenario de la carta de población que Alfonso I el Casto donó en 1181 domina la plaza de España de Batea. La Vila Closa (villa encerrada), antes amurallada, es un pueblo dentro del pueblo con sus calles cubiertas y arcadas de todas clases: uno se siente en el medioevo. En la plaza y la calle Major los porches de los siglos XII y XV refuerzan esa impresión. Un arcángel que empuña la espada flamígera y tiene a sus pies a un

Batea es un pueblo de estructura medieval con numerosas arcadas, porches y soportales.

La ermita del Calvario, desde donde se divisa una magnífica vista del pueblo.

ángel caído, que no es otro que el demonio, pone las cosas en su sitio en lo alto del edificio barroco de la iglesia parroquial de Sant Miguel. El gran frontón y las tres puertas enmarcadas por columnas deslumbran a cualquiera en un día de sol. El Calvario está en las afueras: con capillas en mal estado encima de un montículo y una vista inmejorable sobre el pueblo.

Batea queda situada en el extremo más occidental de Catalunya. No muy lejos, La Torre Martí, una casona medieval reformada en 1445, y la Torre del Castellà, con ventanales renacentistas, residencia de los caballeros de la Orden de los Hospitalarios de San Juan de Jerusalén, dan fe de su castellanía. El río Algars separa al municipio de la comunidad autónoma de Aragón. Pero los límites administrativos no pueden impedir que a ambos lados se hable el mismo particular dialecto del catalán, con sus modismos y su acento característicos.

Tres vistas de las calles de Batea, siempre apacibles. En la fotografía inferior, un mosaico con la denominación de origen *Terra Alta*.

MONTBLANC (Tarragona)

La villa amurallada de Montblanc, el lugar donde según cuenta la tradición, Sant Jordi mató al dragón.

Si los treinta monjes vecinos del monasterio cisterciense de Poblet reciben cada año unos doscientos mil visitantes, el pueblo donde Sant Jordi, el patrón de Catalunya, mató al dragón monta una semana medieval con mercados, torneos y cenas pantagruélicas para no quedarse atrás. Poblet es patrimonio de la humanidad desde 1991. Sant Jordi da nombre a uno de los portales de un Montblanc amurallado y con ganas de pelea turística. Uno llega en abril y cree ver visiones: la gente va vestida de la época del santo y la bestia. Hay que echarse a la boca un buen trago de un tinto recio de la variedad *ull de llebre* (ojo de liebre) y las cosas se ven de otro modo.

Montblanc se extiende sobre una pequeña loma pelada y blanquecina que le dio el nombre. En el año 1136 el rey Alfonso I ordenó que se procediera a su fundación al lado de un antiguo portal prerromano. Los reyes sucesivos quisieron un pueblo fuerte para hacer frente a los señoríos beligerantes de los alrededores. En 1284 ya contaba con un régimen municipal de dieciseis jurados y consejeros. Las Cortes de Cervera de 1339 decidieron convertirlo en capital de veguería y así, fue después de Tarragona y Tortosa la tercera población más importante de estas tierras. También llegó a ser el importante centro de un decanato eclesiástico. Tanto el rey Jaime II como Alfonso III y Pedro III reunieron a las Cortes en Montblanc. A la muerte del rey Martí, el Parlament de Catalunya celebró aquí una sesión extraordinaria. En 1387 se creó el título de duque de Montblanc y por esa razón se tomó el nombre de villa ducal. Un título que hasta el año 1700 llevaron todos los primogénitos de la corona aragonesa, como después los de la Casa de Austria.

En Montblanc se respira el aire medieval a la vuelta de la esquina, sobre todo si es de piedra de sillería. No es necesario proponerse participar por encima de todo en la semana medieval de la fiesta de Sant Jordi para estar al día, aunque no deja de ser un acontecimiento festivo y, en consecuencia, interesante de ver. A Pedro III el Ceremonioso se debió la construcción del recinto amurallado en 1367. Una fortificación militar de mil quinientos metros de extensión, con treinta y cuatro torres de veinte metros de alto y cinco portales, de los que hoy sólo se conservan tres. En 1651, después de la «Guerra dels Segadors», el general Palavicino destruyó una parte de la muralla. La Guerra de Sucesión hizo que de una vez por todas perdiera su condición defensiva. En el año 1744 el Ayuntamiento cedió algunas torres a los vecinos del pueblo para que instalaran su vivienda. Montblanc fue declarado Conjunto Histórico Artístico en 1947. El casco antiguo del pueblo es un galimatías habitual en demasiados pueblos, donde lo nuevo y lo viejo se entremezclan sin orden ni concierto y lo moderno acaba con frecuencia con su supuesto contrario. Pese a todo, vale la pena esforzarse y buscar a pie esas calles cubiertas y plazas porticadas que eran moneda corriente en un tiempo encerrado entre viejas murallas. Hubo una época en que la comunidad judía era muy notable y llegó a tener dos sinagogas: hoy todavía se conserva el antiguo barrio judío que en 1489 quedó sin sus vecinos originales. En la iglesia gótica de Santa Magdalena de 1343, que forma conjunto con un antiguo hospital del siglo XV, se puede echar un vis-

Fachada de la iglesia de Santa María y la plaza de la iglesia, con el Hospital del siglo XV. Arriba, a la derecha, lonja de una céntrica casona gótica.

A POMPEV FABRA
ILLVSTRE GRAMATIC
A LA LLENGVA CATALANA

tazo a las páginas del ayer: hoy es la sede del archivo Histórico Comarcal de Montblanc.

Los orígenes de Montblanc están bajo la loma de Santa Bàrbara: las excavaciones arqueológicas sacaron a la luz restos del antiguo poblado prerromano que hubo aquí. Pero la fama medieval es la que manda. Y no faltaron las iglesias de rigor. En la de Sant Miquel, que tiene una fachada románica del siglo XIII, se llegaron a celebrar tres reuniones de las Cortes catalanas en 1307, 1333 y 1370. La de Sant Marçal, que alberga el museo Frederic Marès de arte litúrgico, se construyó en 1330. Y la de Santa María, que corona el pueblo, despide aires catedralicios: un edificio gótico empezado en 1352 y acabado en 1528. Consta de una fachada barroca, una gran nave interior con capillas laterales y un retablo gótico policromado dedicado a San Bernardo y San Bernabé. No hay que perderse la talla de madera del siglo XV de la Mare de Déu del Cor y un órgano monumental de 1607.

Contrafuertes de la iglesia gótica de Santa María, en la loma de Santa Bárbara.

Cubos almenados del recinto amurallado medieval, salpicado hoy de pequeñas construcciones adosadas al lienzo de la muralla.

El pasado aristocrático de Montblanc gira en torno a un edifico gótico del siglo XIV donde se alojaban los reyes cuyo nombre no ofrece dudas: Palacio Real. Cerca del antiguo barrio judío destaca la Casa Alenyà, una casona gótica con grandes ventanales y arcadas en la planta baja. En la Casa Josa o «cal portuguès», también de estilo gótico, se encuentra el museo de Montblanc y de la comarca de la Conca de Barberà. La Casa Desclergue, la Casa de la Vila y la Casa de Pere Tomàs Guarro completan un interesante recorrido por este estilo constructivo. En el sindicato vinícola de Montblanc, una construcción modernista hecha por Cèsar Martinell en 1919, el caminante se pone a otro nivel. El vino de esta comarca de la Conca de Barberá tiene denominación de origen y un alto valor. Aquí, donde confluyen los ríos Francolí y Anguera, no está de más tener una botella de la bodega modernista bien a mano para acompañar un buen plato de caracoles *a la llauna* o un exquisito *civet* de ciervo o jabalí.

PRADES (Tarragona)

¡Cómo sopla el Juanito de Prades!», suelen decir todavía los más viejos de las tierras bajas de la comarca del Baix Camp cuando se levanta impetuoso el viento del noroeste, que también se llama mestral. Este Juanito, que aquí es Joanet, bien poco tiene en común con esa gente de Reus, nada menos que la décima ciudad catalana, que menta su nombre en invierno pero nunca se atrevió a subir a Prades. Una cosa es Reus–París–Londres: así decían con orgullo en un pasado no muy lejano por aquello de fijar en su lonja, desde finales del siglo XVIII hasta la plaga de la filoxera, el precio mundial del aguardiente junto a las capitales de Francia y Gran Bretaña. Y otra cosa es ese Prades serrano y remoto allá en las alturas de la frontera con el Priorat , la Conca de Barberà y el Alt Camp. Pero Prades existe, tiene su historia, despide un aire limpio y no se anda con trucos publicitarios de tres al cuarto para darse lustre. Por aquí se encontraron restos neolíticos y de la edad de Bronce y sepulcros romanos. Fue también feudo de los musulmanes hasta que, una vez conquistado por los cristianos, Ramón Berenguer IV lo cedió a Guillem de Castellvell. En 1159, Prades obtuvo la carta de población. Es fama que en tiempos de Jaime I los vecinos de la villa tomaron parte en las conquistas de Mallorca y Valencia. A comienzos del siglo XIII pasó a depender de la Baronía de Entenza. En 1324, Jaime II se sacó de la manga el Condado de las Montañas de Prades para su hijo que, a su vez, se lo pasó a su hermano Pere a cambio del condado de Empùries. Una tal Margarita de Prades llegó a ser reina al casarse con Martín el Humano. Las Casas de Cardona, Aragón, Segorbe, Empùries y Medinacelli se entroncaron con el linaje de Prades.

Vista general de Prades, un antiguo pueblo serrano en las tierras del *Baix Camp*. A la derecha, su iglesia parroquial y detalles de calles de la villa.

Preguntar por Juanito aquí carece de sentido. Por allá abajo, en Reus–París–Londres y aledaños, es otra historia. Pero en este altiplano de novecientos cincuenta metros de altura y con el Tossal de la Baltasana de mil doscientos un metros de altura como cumbre de la sierra, la vida sopla en otra dirección. Los ríos Montsant, Siurana y Brugent nacen en estas montañas: los dos primeros se juntan hasta decantarse por el nombre de Siurana y así, de mutuo acuerdo, riegan las tierras del Priorat, y el tercero se entrega al caudal superior del Francolí. Desde la Baltasana uno contempla los brazos montañosos que se alargan en todas las direcciones y adivina el juego serpenteante de los ríos y los caminos entre precipicios de vértigo, pinares, encinares, robles y castaños. No faltan las rocas erosionadas que llevan nombre: la roca del Gríngol, la roca del Corbs, la roca Foradada, la cova del Pere o la cova del Vidre.

En los tiempos en que el extenso bosque de Poblet era propiedad de los monjes del monasterio cisterciense del mismo nombre, los pobres payeses de Prades bajaban de su pueblo para visitarlo, cortar leña y largarse con viento fresco. Los monjes, dedicados a las tareas materiales de hacer vino y recoger madera, estaban cansados de aquellas incursiones en sus tierras. A un hombre que murió en defensa de su bosque, los monjes lo enterraron en el claustro del cenobio con los honores de un rey. Los de arriba y los de abajo o, mejor dicho, Prades y Poblet se enfrentaron durante un largo y violento tiempo. Uno puede pensar, a la vista de esta historia tan movida, que Prades recibió el sobrenombre de villa roja por su lucha contra los azules. Pero la verdad es que se debe simplemente a la piedra roja de terreno sedimentario de sus murallas medievales, sus dos portales adovelados y su hermosa iglesia de Santa María de transición del románico al gótico.

La roja Prades no asusta a nadie. Sus quinientos habitantes ven pasar al turismo de montaña con el aire simpático de estar de vuelta de todo. Aunque la Agrupación para la defensa forestal de la Sierra de Prades tiene su sede aquí, vela por la conservación de los bosques y persigue a domingueros que tratan la naturaleza con mal gusto. En la hermosa plaza porticada del pue-

blo hay una fuente esférica renacentista, reproducida en el Pueblo Español de Barcelona, que quita la sed sólo de mirarla. Uno puede quedar saciado de belleza convulsa y, si es así, es hora de tomar el camino que conduce a la ermita de l'Abellera para recobrar la pasión eremítica y serenarse. Fue en el año 1484 cuando Fra Bernat Boïl se instaló solo en esta cueva antes de acompañar a Cristóbal Colón en su segundo viaje a las Américas y ser el primer vicario apostólico de las Indias Occidentales. En 1570 se construyó la ermita dentro de la cueva. En estas sierras no debían faltar los ermitaños. A la vista está: abundan las ermitas y refugios. Aunque ahora este tipo de turismo serrano despierta el hambre. Prudencia, caminantes. Por estas tierras la miel de romero y tomillo es de primera, la patata tiene denominación de calidad, la castaña no es gallega pero como si lo fuera y la avellana merece un poema. Luego viene el Juanito o Joanet de Prades y sopla fuerte: es el momento de un plato de costillas de cordero con *allioli*, una coca de *recapte* con tomate, cebolla, pimientos, butifarra o arenques, y la longaniza del pueblo. Y claro, no tarda mucho en desatarse la imprudencia pantagruélica.

Entrada medieval a la villa, con matacán sobre el arco de medio punto. A la derecha, una de las numerosas masías del lugar.

SANT CARLES DE LA RÀPITA (Tarragona)

Si Carlos III viera hoy Sant Carles de la Ràpita, a buen seguro que no le gustaría. El monarca español, cuando llevó sus naves en 1769 a la Ràpita, en la desembocadura del Ebro, para dar refugio a sus barcos y potenciar este pequeño puerto catalán del Mediterráneo, pensó en levantar una ciudad cosmopolita, con grandes edificios, fuentes públicas y bellísimos palacios. La Ràpita tenía entonces algo menos de mil habitantes.

En la actualidad, Sant Carles tiene unos diez mil habitantes, de los que el 38% está formado por pescadores y el resto de la población debe todo lo que tiene al mar, y en menor medida a la agricultura. Muchos de ellos son descendientes de los centenares de albañiles, herreros y picapedreros que, llegados de todas partes, se resistieron a abandonar el pueblo hace doscientos años y se dedicaron a la pesca, oficio casi desconocido para ellos, que les permitió construir un pueblo paralelo en las orillas del mar.

En 1780, Carlos III inició las obras encaminadas a convertir aquel pequeño núcleo de pescadores y agricultores en una gran ciudad. El mencionado rey fue un precursor de los modernos planes de desarrollo, como lo fueron otros monarcas contemporáneos suyos. En el siglo XVIII, la idea de impulsar desde el poder el progreso técnico, la industria y el bienestar fue general en las cortes europeas. Las obras públicas de Carlos III se extendieron a todo el territorio español, y algunas tuvieron gran alcance: la colonización de Sierra Morena implicó la creación de varias nuevos poblaciones. Otro proyecto importante fue la fundación de Sant Carles de la Ràpita. Hasta entonces el Delta del Ebro había estado deshabitado y el paludismo lo hacía insalubre.

Sant Carles de la Ràpita, un pueblo que quiso convertirse en ciudad en el siglo XVIII.

Al parecer, los árabes españoles habían cosechado arroz en el delta. Pero este cereal fue muy impopular entre los cristianos. Creían que era causa del paludismo. Los católicos tenían claro que ellos debían comer pan y no arroz, cuyo cultivo llegó a ser prohibido por los reyes. Afortunadamente las supersticiones de esta clase empezaron a desaparecer en el siglo XVIII. También surgió una vieja idea: hacer navegable el Ebro desde Navarra hasta su desembocadura. Jerónimo de Uztáriz lo expuso así en su libro *Teórica y práctica de comercio y de marina*, publicado en 1724. Este escritor, un militar que ocupó altos cargos en la administración del estado, trazó en el libro un verdadero programa de obras públicas, que fue tenido en cuenta por los gobernantes y el mismísimo Carlos III.

Uztáriz tenía el plan de hacer más navegable el Ebro con la instalación de un astillero en el puerto natural de los Alfacs. Éste podría utilizar las maderas procedentes de la cuenca del Ebro para la construcción de buques, que serían transportadas por el río hasta su salida al mar. La consecuencia de todas estas ideas y planes de Uztáriz fue que en 1780 mandó construir Sant Carles de la Ràpita. Pero un día las obras fueron bruscamente interrumpidas. Se cuenta que Carlos III quiso visitar las obras. Sus médicos, sobornados por los contratistas que temían la inspección real, trataron de disuadirle con el miedo al paludismo. El rey hizo caso omiso de los consejos, viajó al pueblo y con su bastón rascó una de las casas de la plaza que hoy lleva su nombre. Sus acompañantes le pregunta-

La iglesia parroquial de Sant Carles, en una gran avenida.

ron por qué lo hacía y él contestó que intentaba averiguar los materiales de que estaban hechas las casas. Le respondieron que con piedras, ladrillos y mortero. Se cuenta que el rey replicó: «A juzgar por el dinero que me cuestan, se diría que están hechas de oro».
Hoy Sant Carles de la Ràpita es el tercer puerto pesquero de Cataluña, tras Barcelona y Tarragona. Cuenta con ciento setenta barcos y más de seiscientas personas se hacen cada día a la mar. Una flota pesquera que en poco más de diez años dobló sus efectivos. Agunos la consideran excesivamente numerosa. Dos meses al año, la pesca del arrastre está sometida a veda. Sin ella, los ricos caladeros estarían ya esquilmados. El desarrollo de la acuicultura parece ser una solución para ese tiempo de paro forzoso.

Ruinas de un edificio neoclásico construido en tiempos de Carlos III.

Pero los pescadores, de momento, insisten en no tragar ese anzuelo que les pone el futuro. Cierto que los mejillones, los ostrones, las doradas y las lubinas se crían de forma controlada en las aguas del delta. No es menos cierto que esta técnica creció mucho menos de lo esperado.
En el saco que el delta forma en su pared meridional está Sant Carles de la Ràpita. Hoy corren tiempos de euforia naturalista por todo el delta del Ebro. El llamado turismo ecológico se abre camino a pie, en bicicleta y con prismáticos: es la nueva ola de este final del milenio. Aunque eso sí: La fauna y la flora son únicas. En los terrenos salinos, los arenales, los pantanos, los arrozales, las riberas, las lagunas, los canales y las acequias salta a la vista cualquier especie común o extraordinaria.

«Todo era tierra yerma y ahora ya ve», dice un viejo pescador sin nada de pena. Y añade: «Este turismo de naturaleza y de pájaros parece que tiene futuro». Los tiempos cambian, sí. Y no hay motivo para echarse a llorar. Aunque nuestro pescador pinta un cuadro realista del delta que más que otra cosa, induce a la preocupación: «Antes, el río era cristalino y ahora está feo. Hace diez años salía por las mañanas a buscar angulas. Hoy han desaparecido del agua. Incluso se mueren las carpas. El Ebro anda contaminado hasta la cabeza. Todos dan la culpa a los pesticidas. Con esto de los pantanos, el Ebro ya no arrastra limos y el mar va ganando terreno al río».

A la sombra de una morera torda que espanta los insectos el tiempo queda suspendido entre el croar de las ranas en los arrozales y el canto de las cigarras en los olivares. Este sueño del tiempo muerto puede acabarse de golpe bajo el ruido de alguna máquina inevitable que liberó al hombre del fango y lo metió en la vía tecnológica. La imagen de los braceros de Valencia, Andalucía y Extremadura no deja de ser una pesadilla de otro tiempo. Hoy en día nadie agarra la hoz ni se mete descalzo en el fango con la espalda curvada y los pantalones arremangados hasta las rodillas. Eran tiempos en que los hombres podían pasarse de abril a octubre trabajando en el arrozal y durmiendo en

Astilleros y varaderos siguen siendo importantes en la economía de Sant Carles.

Vista del pueblo nuevo desde la rada de su hermoso puerto de pescadores.

las barracas. «Ya sé que estás en el Serrallo, bajo un techito de cañas, si no vienes por Todos los Santos, no te guardaré castañas», cantaban con voz tan pícara como amenazante las chicas del pueblo a sus novios.

El paso del tiempo alteró la vida a derecha e izquierda de la desembocadura del Ebro: de infierno a paraíso. El mismísimo Villa Franco del Delta, que hoy también se llama Poble Nou y está situado a un tiro de piedra de Sant Carles de la Ràpita, perdió la memoria de su creación, negó su nombre auténtico de origen franquista y se pasó al bando del turismo ecológico. Este pueblecito de la orilla derecha se levantó a finales de la década de los 40 por la gracia del llamado Instituto Nacional de Colonización con el objetivo de acoger a campesinos que transformasen los yermos en tierras productivas. Hoy parece un oasis africano, con sus casitas bajas y blancas y sus calles llenas de palmeras de la época del Plan Badajoz.

Pero Sant Carles de la Ràpita todavía vive de cara al mar. Sus langostinos tienen la fama de ser los mejores del país. Y se pagan a precio de oro. La anguila tampoco es desdeñable. El plato más conocido es el *xapadillo,* nombre que procede de la anguila xapada, abierta y secada al sol. Los *peracotes,* higos envueltos en una masa de harina y agua, fritos y cubiertos de miel, son una delicia.

SANTES CREUS (Tarragona)

El monasterio de Santes Creus se encuentra situado en la comarca del Alt Camp, en el término municipal de Aiguamúrcia, en el sector más septentrional del Camp de Tarragona, amplia llanura costera circundada por un anfiteatro de montañas. Se levanta en medio de un valle recoleto, cerca del río Gaià, en un armonioso paraje en el que alternan las alamedas y los avellanos junto al río, con campos de viña y almendros rodeados de olivos donde el valle se abre, con rodales de bosque, en un paisaje claramente mediterráneo. En los alrededores del monas-terio, hoy sin vida monástica, creció todo un pueblo, hoy con vida propia.

La aportación de las órdenes religiosas en la vida y en la sociedad medievales fue decisiva, no sólo en el ámbito espiritual sino también en el cultural, artístico, científico y económico, especialmente a partir de la influencia de los benedictinos. En 1098, un grupo de monjes benedictinos fundó el monasterio de Cîteaux, o del Cister, en Borgoña, donde ensayaron un nuevo método de vivir la regla de San Benito, con la voluntad de volver a los orígenes y a la búsqueda de una mayor austeridad y alejamiento del mundo. Este movimiento se adaptaba plenamente a las nuevas corrientes de inquietud religiosa y de desapego de las cosas materiales, y triunfó por completo gracias a la gran personalidad de San Bernardo de Claraval, fundador y abad del monasterio de este nombre (1115).

El Cister supone una vuelta a la austeridad, sencillez y pobreza individual del monje, que se aisla voluntariamente del mundo y encuentra en el monasterio todo lo necesario para vivir por y para Dios. Los monjes cistercienses se dedicaron en especial a las labores de colonización agrícola desde las «granjas» en que se subdivi-

Vista general del conjunto de Santes Creus. A la derecha, de arriba a abajo, el rosetón románico de la iglesia del monasterio, la entrada al recinto y el claustro gótico.

dían las tierras del monasterio, donde un monje dirigía el trabajo de los «conversos», clase de religiosos llevada a su apogeo por el Cister que no estaba sometida a las obligaciones corales plenas y que se dedicaba básicamente al trabajo manual, dentro de la línea del *Ora et labora* que proclamaba San Benito.

El Real Monasterio de Santes Creus fue el primero de la orden del Cister en Cataluña. El magnífico conjunto arquitectónico, de gran interés por su belleza y monumentalidad y por su fidelidad a los mejores modelos de los monasterios cistercienses, se alza escalonadamente sobre la orilla izquierda del Gaià, rodeado por antiguas dependencias monásticas que con el tiempo han sido habilitadas como viviendas y forman el pequeño pueblo de Santes Creus. Su aspecto y su historia presentan claras analogías con el monasterio de Poblet, pero hay al mismo tiempo diferencias evidentes: la mayor amplitud y suntuosidad pobletenses quedan compensadas por la luminosidad que su situación da a Santes Creus y por las acogedoras proporciones de sus estancias, de refinada elegancia.

La cronología de las construcciones se extiende, como en el caso de Poblet, de los siglos XII al XVIII, de acuerdo con la dinámica y necesidades del monasterio. Hay tres recintos rodeados de muros, pero las fortificcciones que se hicieron también por orden del rey Pedro III entre 1376 y 1380 se limitan a los muros de la iglesia y a la fachada oeste del claustro, coronados por una sobria línea de almenas. Fue precisamente este rey quien derivó hacia Poblet la política de su antecesor Pedro II de convertir Santes Creus en mausoleo de la dinastía, hecho que limitó en parte la expansión monumental del cenobio, pero no la cultural ni la económica.

El primer recinto, con un portal muy simple, comprende la iglesia de Santa Llúcia, pequeña capilla de fachada esgrafiada edificada en 1741 sobre una anterior, románica. Tiene mayor importancia el segundo recinto, al que se accede por el bello Portal Real o de l'Assumpta, obra barroca de la segunda mitad del siglo XVIII, época en que finalizó la urbanización de la gran plaza alargada de Sant Bernat, que preside una fuente de piedra, barroca, dedicada al que fue abad de Santes Creus, San Bernardo

Calbó. Forman la plaza una serie de dependencias antiguas del monasterio con las fachadas decoradas con elegantes esgrafiados, hoy casas particulares, entre las que figura el Palacio del Abad, construido a partir de 1640 sobre el antiguo Hospital de Sant Pere dels Pobres, del cual procede, probablemente, el pequeño claustro interior. Actualmente es la sede del Ayuntamiento.
La iglesia, iniciada en 1174 y abierta al culto en 1211, cuando aún estaba inacabada, sigue el «plan bernardino», con planta de cruz latina y cinco capillas absidiales cuadradas. La nave central se cubre con bóveda de crucería y sus arcos torales descansan a medio muro sobre modillones acanalados de formas muy simples y elegantes. En la fachada oeste se abre la puerta románica y un gran ventanal gótico y, en la cabecera, un magnífico rosetón que conserva bellas vidrieras del siglo XIII. En el interior, son piezas muy destacadas los mausoleos reales del Pedro II y de Jaime II y Blanca de Anjou. El actual altar mayor posee un buen retablo barroco de Josep Tremulles (1640). El cimborio, de planta octagonal (1314), tiene una buena linterna barroca, y la Torre de las Horas es una obra renacentista del siglo XVI. El gran claustro de estilo gótico, situado a mediodía de la iglesia, fue construido siguiendo un trazado de época románica a partir de 1313. En sus galerías se encuentran sepulcros de miembros de la nobleza catalana protectores del cenobio.
La sala capitular, abierta al claustro por un majestuoso portal y ventanales románicos, es casi cuadrada, con bóveda de crucería sostenida por cuatro columnas y contiene varias sepulturas abaciales del s. XVI en el suelo. El espacioso dormitorio, en el piso superior, tiene arcos de diafragma apuntados y techo de madera a dos vertientes. Actualmente se utiliza como sala de conciertos y se comunica con el antiguo archivo. El llamado claustro de la enfermería o posterior, en el lado este del monasterio, de forma rectangular y arcos sobrios y apuntados, fue instalado en el siglo XVII y se convirtió en 1625 en el nuevo centro de la vida monástica. Dan al claustro el refectorio, la bodega (antiguo *scriptorium*), muy alta y sostenida por dos gruesas columnas, la cocina y la despensa. En el ala de levante de

El cimborrio (s. XIV, con linterna barroca) visto desde el claustro. En la página siguiente, la plaza de Sant Bernat, con su fuente barroca, dos tomas del hermoso palacio gótico junto al claustro viejo y detalle de los herrajes de una de las puertas del monasterio.

este segundo claustro se encuentran los restos de las edificaciones más antiguas del monasterio, con la capilla románica de la Trinitat, el primer templo del cenobio, hoy abierta al culto.
La fundación del monasterio tuvo lugar en el año 1150, cuando los nobles Montcada donaron a la abadía de la Gran Selva (Languedoc) unas tierras en Valldaura (Cerdanyola del Vallès) para la creación de una filial. La abadía ya funcionaba en 1152 pero muy pronto los monjes buscaron un lugar más apartado y se trasladaron a Santes Creus (1158). La gran vitalidad del nuevo cenobio se hace evidente desde los primeros decenios por el buen ritmo de las construcciones y la importancia de su biblioteca. En el siglo XIII dos grandes abades dieron un impulso definitivo a la comunidad: San Bernardo Calbó, consejero de Jaime I que acompañó al rey en las conquistas de Mallorca y Valencia, y el abad Gener (1265-1293), que obtuvo la protección de Pedro II, reemprendió las construcciones y dio gran impulso a la importante escuela historiográfica del *scriptorium*.
Santes Creus desempeñó un papel sobresaliente en la fundación de la orden militar de Montesa en 1319, orden que en la mayor parte de la corona catalano–aragonesa sustituyó a la de los templarios, y designó su prior hasta 1660. La explotación de granjas agropecuarias fue paulatinamente sustituida por tierras en aparcería y arrendamiento y por el dominio señorial sobre castillos, villas y pueblos del Camp de Tarragona y comarcas vecinas. Sus abades continuaron jugando un importante papel en la política catalana a pesar de la nueva condición de Poblet como panteón real. En el campo natural son de señalar los estudios humanistas realizados en el cenobio en el siglo XVI y la gran importancia que adquirió la biblioteca. Con la incorporación en 1617 a la nueva Congregación Cisterciense de Aragón, los abades dejaron de ser vitalicios. La exclaustración tuvo lugar en 1835. Actualmente el monasterio es propiedad de la Generalitat de Catalunya. En 1974 se creó el Archivo Bibliográfico y en 1975 la Obra Cultural Santes Creus, que potencia actividades como los Ciclos Anuales de música Clásica y Sacra, el Curso Internacional de Verano de Canto Gregoriano y los Conciertos de órgano.

Detalles de alguno de los famosísimos y fantásticos capiteles del siglo XIV que adornan el claustro.

Vista de Tortosa desde el castillo, con su impresionante catedral en primer plano.

TORTOSA (Tarragona)

La situación de Tortosa, capital de la comarca del Baix Ebre, ha sido determinante en su larga vida. Enclave del territorio ilercavón, dominaba el paso de río Ebro y los caminos entre las montañas. Con el tiempo, todos estos parajes formarían parte del territorio de la corona catalanoaragonesa. Primero ibérica y después romana, Tortosa se convirtió en municipio con César y en colonia con Octavio, bajo los diferentes nombres de *Municipia Hiberia Julia, Ilercavonia* y *Dertosa*.

Los numerosos restos arqueológicos hallados y el antiguo trazado de la muralla son testimonios de un pasado lleno de historia. Hasta nosotros ha llegado el valioso lapidario romano, que da conocimiento de la existencia en la *Dertosa* romana del colegio de *Dumvirus*, del culto a Mercurio y de naves de la marina imperial fondeadas en el puerto.

Los árabes convirtieron a Tortosa en un centro importante en el primer cuarto del siglo VIII y en un reino de taifas con la crisis del Califato. Fueron grandes impulsores de la cultura y las artes, y la población se extendió hacia poniente y al norte de la ciudadela, fortificada por una muralla construida por los Omeyas sobre otra anterior, con cuatro puertas de hierro según transcriben los geógrafos árabes. De gran importancia industrial, se han de resaltar los astilleros donde se hacían grandes naves para la navegación fluvial y marítima. Esta construcción se veía favorecida por la buena calidad de la madera de los pinares cercanos al puerto.

Tortosa fue conquistada por Berenguer IV en el año 1148 y desde este momento se convirtió en una de las ciudades más importantes de Catalunya. Fue el «Port Fargós» del Mediterráneo occidental. Esta actividad portuaria se reve-

El Palacio Episcopal y, debajo, uno de los puentes nuevos sobre el río Ebro.

ló como el motor económico de Tortosa. En 1149 se formuló una legislación especial: las *Costums* (costumbres) de Tortosa, que estructurado definitivamente el año 1272, constituyó el primer cuerpo jurídico en lengua catalana y uno de los más notables de su tiempo. Cabe resaltar que actualmente aún se conserva en buena parte. Con Berenguer IV se inició el plan para hacer de la naciente burguesía la aliada de la monarquía frente a los poderes de la nobleza y el clero. Así, las Cortes se reunieron allí en muchas ocasiones, como, por ejemplo, el día en que se convocó al Parlamento de Catalunya para elegir al sucesor del rey Martí. Aquí también se reunió el Papa Luna con los judíos en un intento de convertirlos al cristianismo. El esplendor de tantos siglos entró en una larga decadencia política y económica, que culminó con la pérdida de las libertades después de 1714 y de su capitalidad, en provecho del centralismo provincial vigente en el siglo XVIII.

En un paseo por la ciudad es imprescindible la visita al Castell de la Suda, acrópolis, fortaleza y punto de partida, el lugar donde se ha ido desarrollando el crecimiento de la ciudad. Está situado en un cerro estratégico que permite una bella vista panorámica. Actualmente alberga el Parador Nacional de Turismo. A sus pies, la Catedral de Tortosa es un magnífico edificio gótico, edificado sobre el templo romano, la mezquita árabe y finalmente una iglesia románica. La construcción del templo se inició en 1347 pero quedó inacabada. De especial interés es el claustro, de planta trapezoidal, el retablo mayor de Santa Maria, de madera policromada de 1351, y el retablo de la Transfiguración, hermosa obra gótica de pintura sobre tabla de Jaume Huguet del siglo XV, instalada en la sala capitular. El interesante tapiz medieval de la Santa Cena es una pintura atribuida a José Ribera que representa el entierro de Cristo. En la Catedral está ubicado también el Museo Catedralicio de Tortosa, que reune una buena colección de arte sacro. Otros monumentos de gran belleza del periodo gótico son el Palau Episcopal, del siglo XIV, y la Llotja (La Lonja), que era el punto donde se ponía precio al trigo de todo el Mediterráneo occidental.

Dos rincones de la villa de Tortosa, que ha cumplido los 2.000 años de historia.

El mejor conjunto del Renacimiento catalán es «Els Reials Col.legis» (Los Colegios Reales), que mandó construir Carlos I en 1564 para la educación de los moriscos. Luego se convirtió en Universidad. Del edificio destacan la puerta y el patio interior. Completa el conjunto la fachada del Colegio de Sant Domènec y Sant Jordi y la iglesia de Sant Domènec, hoy Museo y Archivo de la ciudad. En 1988, cinco años y medio después de que fuera colocada la primera piedra, se inauguró el puente de mayor luz de Europa realizado en estructura hiperestática, el del Mil.lenari o el «Pont Nou», como lo llaman los tortosinos. Este puente sobre el Ebro, con una longitud de trescientos ochenta y cuatro metros y ciento ochenta de luz natural, ha solucionado los graves problemas de tráfico que ahogaban el centro de la ciudad. Alrededor de catorce mil vehículos circulan cada día por él. El «Pont Vell», que data de 1941, se encuentra situado un poco más al norte. Antes tenía que soportar aquel intenso tráfico circulatorio y ahora se utiliza para trayectos cortos. Un tercer puente que cruza el Ebro en Tortosa es el del ferrocarril.

Arriba, la plaza de Ntra. Sra. de La Cinta. Junto a estas líneas, una de las calles del casco antiguo.

Arbotantes y pináculos en el gran ábside de la catedral gótica de Tortosa.

Tortosa, la capital de las tierras del Ebro, se encuentra hoy en día sumida en una sensación de crisis, marginación y aislamiento respecto a los grandes centros de decisión.

La ciudad, que celebró sus dos mil años de vida cuando Catalunya festejaba su primer milenario, contempló a mediados del siglo pasado cómo el ferrocarril acababa con su privilegiada posición estratégica: la de un puerto–mercado fluvial que daba salida al mar a los productos del valle del Ebro. Pero, en el fondo, sus habitantes saben que su ventaja más preciada y envidiada es la que siempre ha sido: el agua.

Seis años despúes de llegada el agua del minitrasvase del Ebro al campo de Tarragona, la mayoría de los tortosinos se opone a futuros trasvases porque el preciado íquido es el principal recurso de que disponen. Todo el mundo coincide en que la cuestión del agua debe plantearse como el elemento que asegure el reequilibrio territorial y el crecimiento de las comarcas del sur de Catalunya. Piensan que el agua debe ser utilizada como factor estratégico para su desarrollo y para atraer industria. En consecuencia, no debe enviarse hacia las áreas desarrolladas, sino que la industria y los servicios deben instalarse allá donde se encuentre el agua. El crecimiento industrial que, a partir de los sesenta, protagonizaron muchas zonas de Catalunya, no llegó a las tierras del Ebro y el comercio y los servicios precisan de urgente reactivación.

De ser la tercera ciudad catalana a principios de siglo, Tortosa ha pasado a rozar la trigésima posición en número de habitantes, con poco más de treinta mil. Un factor decisivo fue la pérdida de la mitad de su término municipal a partir de los años setenta, cuando se inició el proceso de segregración de los núcleos del delta del Ebro: Deltebre, Sant Jaume d'Enveja, Camarles y l'Aldea. Hay necesidad de promover un segundo polígono industrial, dado que el actual se encuentra saturado, aunque no de factorías, sino de almacenes, además de urgencia por reactivar el comercio local mediante la creación de islas peatonales y la rehabilitación del degradado casco antiguo. Dicen que también sería necesario dar un primer paso para iniciar la descentralización de la Universidad Rovira i Virgili implantando estudios universitarios, ya que ahora sólo cuenta con una escuela de Enfermería y el centro asociado de la Universidad Nacional Española a Distancia (UNED).

Los tortosinos se definen a veces como la periferia catalana, no únicamente en el sentido geográfico sino también en la poca atención que, a su juicio, reciben de su Gobierno. Nexo de unión de tres comunidades: la valenciana, la aragonesa y la catalana, Tortosa se relacionó con cada una de ellas, aunque hoy se decanta por Catalunya. Al parecer, ya pasó aquella época no muy lejana en que aquí se decía con rotundidad: «Somos tortosinos».

ARTIES (Lleida)

Situado en el Valle de Arán y perteneciente desde 1968 al municipio de Naut Aran, que se creó con la fusión de los antiguos municipios de Salardú, Tredós, Baguergue, Gessa y Arties, es el pueblo más bajo del municipio y punto de encuentro de los ríos Valarties y Garona. Junto al pueblo hay una central eléctrica que se alimenta de las aguas procedentes de las zonas lacustres de los «Estanys» Majors y Restanca, y de los ríos. Arties ha vivido varias inundaciones a lo largo de su historia. La última ocurrió en 1963, destruyó varios edificios y obligó a construir un nuevo barrio cerca del núcleo antiguo con una arquitectura que contrasta con el estilo tradicional aranés.

Durante la verbena de Sant Joan tiene lugar la *Festa d'eth Haro* que consiste en encender un tronco de abeto de cinco metros y arrastrarlo por las calles del pueblo hasta la casa del alcalde. Los jóvenes saltan por encima de las llamas hasta que el tronco se consume. El afamado «isard» –rebeco– es una de las piezas de caza con que los araneses preparan sus grandes platos, junto con las perdices y los jabalíes. Es frecuente el uso de frutos del bosque en la preparación de los platos. El *aigua de nodes* es un sobresaliente licor de nueces que no puede faltar en la sobremesa.

La iglesia románica de Santa Maria de Arties (XII–XIII) fue declarada Monumento Histórico Artístico en el año1978. Es una magnífica construcción románica de planta basilical de tres naves y tres ábsides, el mayor mutilado y otro restaurado después de suprimirse una antigua sacristía. Tiene dos entradas, al norte y al sur. La puerta norte es la más importante, con seis arquivoltas ornamentadas. La base del campanario es cuadrada, con tres pisos de ventanas y

Entre Viella y Baqueira, Arties, el pueblo de montaña más bajo del valle de Arán, recoge las abundantes aguas de los deshielos.

una elegante cubierta en forma de pirámide. La iglesia formaba parte del antiguo castillo de Entransaigües, del cual aún se conserva una torre semicircular en la parte delantera. Aparte de la belleza del edificio, éste guarda una importante colección de elementos artísticos: una talla románica de la Virgen (siglo XII) y otra gótica, paneles de un antiguo retablo gótico del siglo XV, pinturas murales que representan el Juicio Final, el Cielo y el Infierno (1580), el retablo mayor barroco, una pila bautismal de granito y otros elementos antiguos de culto.

A la derecha de la Garona se encuentra la Iglesia–Museo de Sant Joan d'Arties, inicialmente románica pero ampliada y transformada en gótica en 1385. Fue restaurada recientemente y habilitada como un museo que ofrece exposiciones itinerantes. Otros edificios de la villa que merecen destacarse son la torre y la capilla del «Casal dels Portolà» y la «Çò de Paulet», ambos declarados también Monumento Histórico Artístico. La casa Paulet tiene ventanales con relieves de piedra, cenefas, escudos y cabezas humanas grotescas, todo de canto renacentista, y es

Arriba y a la izquierda, conjunto y detalle de la torre de la iglesia de Sant Joan, habilitada como museo. A la derecha, la bella iglesia románica de Santa María de Arties (siglos XII–XIII) y uno de sus pórticos con arquivoltas.

obra del año 1549. La Casa dels Portolà tiene una gran torre cuadrada con matacán en todo en contorno y una cubierta de pizarra en forma de pirámide. Al lado destaca la pequeña capilla de Sant Antoni del año 1678. Junto a la casa está el edificio del antiguo hospedaje, que fue ampliado hacia 1970 con el Parador Nacional de Turismo Gaspar de Portolà, dedicado al colonizador de la Baja California (1717–1786), perteneciente a la familia de los antiguos señores del casal.

En los alrededores están los antiguos baños de aguas termales, a una altura de 1140 metros, donde se han encontrado un altar votivo y restos de la época romana. El agua de Arties es hidrosulfurosa y sale de dos fuentes: la Gran, a cuarenta y tres grados centígrados y la de Sant Roc, a veintinueve grados centígrados. En el mismo municipio de Naut Aran encontramos la iglesia de la «Mare de Déu de Cap d'Aran», reformada y ahora convertida en parroquia de Tredós. Era un antiguo santuario formado por un templo románico del siglo XII, de planta basilical de tres naves, tres ábsides de tipo lombar-

do, una pequeña cripta, una puerta con arquivoltas y capiteles historiados sobre columnas y un monograma de Cristo en la clave del arco. Se trata de uno de los edificios más antiguos e interesantes de todo el valle.

La economía tradicional se basaba en la explotación forestal y ganadera. Actualmente el turismo es uno de los principales fuentes de ingreso de la comarca. La estación de esquí y el complejo turístico de Baquèira–Beret, que pertenece al municipio de Naut Aran, en el antiguo término de Tredós, es considerado uno de los mejores de España. A pie de pista está el núcleo residencial y el núcleo urbano, formado por hoteles, apartamentos y establecimientos de carácter recreativo. Existen veintitrés pistas de esquí de diferentes niveles y trece remontes.

Dos rincones del pueblo, que ha hecho del turismo de invierno su más importante fuente de ingresos.

BALAGUER (Lleida)

Balaguer, que el siglo XI fue capital de un reino musulmán independiente, vista desde el río Segre.

Este pueblo es la capital de la comarca de la Noguera y el segundo núcleo de población de Lleida. Cuenta con trece mil cuatrocientos setenta habitantes y está situado en el norte del Pla de Urgell y a los pies de las últimas estribaciones prepireanicas. El río Segre y el canal auxiliar de Urgell riegan el sur del municipio. La agricultura de regadío se dedica a los cereales, forrajes y árboles frutales. La de secano también se dedica a los cereales y los forrajes, además de la vid y el olivo. La riqueza de los productos de estos cultivos se puede apreciar en su importante mercado semanal de los sábados. El río Segre, que abastece de agua a la población, también tiene una importante función lúdica: en el mes de junio se celebra la fiesta del Transsegre, una peculiar competición deportiva que consiste en bajar por el río en embarcaciones de construcción casera.

Pero el aire festivo sufrió un duro golpe en 1992 con el cierre de su importante fábrica papelera que dejó a casi seiscientas personas sin empleo. Así terminó una historia de treinta y seis años en los que la fábrica había sido la primera industria de la zona (legó a producir cien mil toneladas anuales de cartón) y la suministradora del mayor número de puestos de trabajo. En honor a la verdad, también fue la mayor fuente de contaminación, dado el escaso interés de la empresa por adoptcr tecnologías respetuosas con el medio ambierte. Una triste historia que incluye el vertido de veinte mil metros cúbicos de aguas con lejías y sosas al río Segre y la muerte por asfixia de incontables peces. Acaso por haber sufrido estas agresiones al medio ambiente, la comarca de la Noguera y Balaguer, en particular, son la cuna de los movimientos ecologistas más luchadores de la zona.

Balaguer es sede de la principal organización ecologista intercomarcal: la Institución de Poniente para la Conservación del Entorno Natural (Ipcena), fundada en 1990, heredera de los movimientos ecologistas que desde 1978 vienen actuando en toda Lleida.
A Balaguer se le conoce desde la época musulmana. Parece ser que en 877, en tiempos de Banu Qasï, fue construida una alcazaba o fortaleza y durante el siglo XI fue un reino musulmán independiente. El conde Ermengol IV d'Urgell luchó por su reconquista. En 1091 consiguió recuperar los castillos de Calassanç y Gerp, que cerraban el paso al pueblo, pero su muerte en 1092 impidió que acabara su tarea. Ermengol V ocupó la ciudad en 1101 e impuso unos fuertes tributos a los musulmanes. Murió el año siguiente y entonces los sarracenos aprovecharon la debilidad de Ermengol VI para levantarse contra los cristianos. En 1106 el abuelo y tutor del conde d'Urgell, Pere Ansúrez, con ayuda de Ramón Berenguer III, conquistó definitivamente Balaguer. Convertido en residencia de los condes de Urgell, se le concedió carta de población en 1118 y 1174 para atraer pobladores nuevos. En el lugar donde se elevaba el palacio árabe se construyó el castillo de Formós.
Desde el siglo XII, Balaguer ocupa un lugar importante en la vida económica de la región como mercado y punto de intercambio comercial entre Urgell y Pallars. El castillo de Formós fue destruido en 1413 durante la guerra del conde Jaume II contra Fernando I. El condado fue anexionado a la corona hasta el final de la dinastía de los Austria. En 1542 recibió el derecho de enviar representantes a las Cortes. Jugó un papel importante durante la «Guerra dels Segadors» (sitio de 1645) y la guerra de Sucesión (cayó en 1711). En octubre de 1869, fue una de las poblaciones españolas donde tuvo más fuerza el alzamiento republicano de signo federal. En 1938, durante la guerra civil espa-

Soportales en una de las calles principales de la villa.

Balaguer tiene todavía restos de una importante muralla árabe. Arriba, la iglesia de Sta. Mª de les Franqueses.

ñola, se estabilizó el frente en la ciudad, y cerca de allí tuvo lugar la dura batalla del Segre. De la época medieval, se conservan algunas calles y plazas con pórticos en el interior de la muralla condal. Destaca la plaza porticada del Mercadal, que es la mayor de Cataluña. Hace poco se terminaron las obras destinadas a convertirla en una plaza de uso peatonal. Pero al final, tras una guerra de escritos y protestas de los comerciantes, se dejó entrar a los automóviles. En días normales, aparcan cien vehículos en la plaza y destrozan sin contemplaciones el bello proyecto original. El lado norte tiene ciento trece metros, el sur ciento tres, el este ochenta y cinco y el oeste ciento tres. Un total de nueve mil ochocientos setenta y cinco metros cuadrados, obra de aquellos judíos a los que Alfons el Benigne obligó en 1333 a vivir en un barrio de campos y huertos fuera de la ciudad. Y allí levantaron las primeras casas que luego formaron la plaza del Mercadal. También es de interés el «Carrer del Pont», nombrado así por el puente de la época musulmana, levantado de nuevo en los siglos XII y XIII y en parte reconstruido en 1775. Joan II cedó el puente a la ciudad que cobró derecho de paso hasta 1912.

La iglesia parroquial y antigua colegiata de Santa María, iniciada en 1351 por iniciativa de Pedro III el Ceremonioso y consagrada en 1575, fue convertida en cuartel militar en 1836 y se restauró en 1881. Es un bello edificio gótico de una sola nave y capillas entre los contrafuertes, según el tipo característico de la arquitectura gótica catalana. Resalta su gran campanario macizo de planta poligonal y una vuelta estrellada del siglo XVI. En el interior se conserva un notable retablo gótico de piedra policromada. La iglesia es, sin duda, el mirador más hermoso de la comarca.

Fuera del núcleo amurallado se halla el edificio gótico del convento de Sant Domènec, donde residieron los monjes dominicos de 1323 a 1835. Desde 1881 es una comunidad de franciscanos. Fue fundado por el conde Ermengol de Cabrera en 1314 y confirmado por bula de Juan XXII en 1323. Diez años más tarde, los monjes ya trabajaban en su iglesia. En 1350, el obispo de Urgell, Nicolau, continuó el desarrollo de unas obras que se pararon a causa de un brote de peste negra. Se supone que la iglesia del convento fue obra de Jaume Fabra y el claustro, parecido por sus galerías arqueadas al de Sant Francesc de Mallorca, se construyó entre los años 1333 y 1350. En el santuario de Sant Crist de Balaguer se venera un Cristo de madera del siglo XVII. El edificio, restaurado en 1925, fue construido a finales del siglo XVIII en el sitio donde se levantaba la iglesia de Santa María d'Almatà, la antigua parroquia y convento de monjas clarisas desde 1351. En las afue-

ras de la ciudad, en el lugar llamado Camí de l'Horta, queda la iglesia románica de los siglos XII y XIII, que fue el centro del monasterio de las monjas cistercienses de Santa Maria de les Franqueses entre 1140 y 1470. Tiene una planta de cruz latina y una bella puerta del periodo de transición al gótico. Uno no debe perderse el museo Municipal en la plaza del Mercadal. Cuenta con restos de excavaciones realizadas, sobre todo, en el ámbito del antiguo castillo condal. Hay elementos decorativos de yeso de la época árabe y mozárabe, junto a una notable sección de pintura contemporánea.

Otra cosa, no por diferente menos recomendable es una incursión por las delicias de una cocina nativa que suele echar mano de la fruta en muchos platos de carne y en la elaboración de los postres. Uno de los más populares son los caracoles, que se preparan aquí de todas las maneras posibles, al igual que la *coca de recapte,* una masa de pan relleno de pimientos y berenjenas asados, acompañada de una buena sardina en salazón, y los *panedons,* panes rellenos de espinacas, pasas y piñones.

Balaguer celebra cada sábado un importante mercado donde se ofrecen productos procedentes de toda la comarca.

BELLVER DE CERDANYA (Lleida)

Esta villa de la comarca de la Cerdanya, capital del extenso municipio del mismo nombre y de la subcomarca de la «Petita Cerdanya» se encuentra situada sobre un altozano de poco más de mil metros de altura, en la margen izquierdo del río Segre. Fue fundada en 1225 como lugar fortificado y hoy todavía se aprecian restos de las antiguas murallas. En la parte alta de la villa se encuentra la Plaza Mayor, con bellos edificios de piedra adornados con balcones y pórticos en los bajos. Muy cerca, se levanta la iglesia parroquial de Santa Maria y Sant Jaume, una construcción muy modesta y modificada en varias ocasiones que sigue la tradición del gótico catalán.

Al sur de Bellver puede contemplarse la iglesia románica de Santa Maria de Talló, del siglo XII. Fue sede de monjes agustinos entre los siglos XI y XIV y actualmente es el centro religioso más famoso de la comarca. Esta llamada «catedral de la Cerdanya» cuenta con una nave con arcadas laterales y ábside ornamentado con arcos lombardos. Es interesante ver con atención la bellísima puerta. El campanario es del siglo XVI. En Talló se guarda una imagen románica de la Virgen del siglo XIII. En el extremo sureste de la villla se encuentra la iglesia románica de Sant Julià de la Pedra, de los siglos X y XI, recientemente restaurada, edificada sobre un promontorio rocoso que ofrece una bella vista panorámica.

Otras iglesias románicas son las de Sant Andreu de Bellterga, en parte modificada, cuyo altar está en el Museo de Arte de Cataluña, la de Santa Cecilia de Beders, la de Sant Marcel en Bor, algo modificada y con pinturas murales modernas, la de Sant Serni en Coborriu, que tiene el ábside con ménsulas circulares y la de

Bellver, capital de la comarca de la Cerdanya.

El edificio del Ayuntamiento
y la torre campanario
de la iglesia parroquial.

Santa Maria de Ordèn. El mejor campanario románico de la Cerdanya es el de Santa Eugenia de Nerellà, con una espectacular inclinación que hace que se la denomine «la torre de Pisa de la Cerdanya». En la cercana Beders destaca también la Torre de Cadell, una bella casa fortificada construida en el siglo XVI.

La Cerdanya es un valle recostado alrededor de montañas que en ocasiones alcanzan los tres mil metros de altura. Aquí no se siente la opresión por estar rodeado sin poder salir. Al contrario: uno se encuentra a sus anchas entre una luminosidad espléndida y un paisaje suave, tierno. Esto es una gran cazuela regada principalmente por el río Segre en donde se eleva el ánimo hasta alturas insospechadas. Los colores de la Cerdanya redondean una faena única. En los picos más altos reina la nieve. En la media montaña domina el verde oscuro de los abetos y los pinos. Y abajo, en el valle, el verde se hace más claro: en los prados se ordenan los chopos, los abedules y los álamos de manera elegante. Se diría que la belleza tiene varias dimensiones. Desde luego, asombra tanta perfección.

El geógrafo catalán Pau Vila, que en los años veinte de este siglo recorrió estas tierras con aires de excursionista, profetizó: «La Cerdanya se encuentra circunscrita a sus vocaciones naturales: la agricultura y la ganadería. Pero con sus bellezas naturales y su clima seco, si va haciéndose asequible y habitable, podrá desarrollar plenamente la industria moderna de la montaña: el turismo. Fuera de ésta, ninguna industria puede desarrollarse». A principios de siglo, la carretera de la Seu y la collada de Toses, junto con el tren, propiciaron que algunas familias ricas barcelonesas construyeran grandes mansiones. Ya en 1929 fue inaugurado el Real Club de Golf, uno de los primeros campos de Catalunya. La puesta en marcha del túnel del Cadí en 1983 supuso el despegue definitivo de la zona. En 1989 la Cerdanya tenía la mayor renta por habitante de toda Catalunya.

Esta comarca cuenta con doce mil almas y otras tantas viviendas. El sector de la construcción no para y supera ampliamente el ritmo demográfico nativo. Entre el túnel del Cadí y Bellver, hay municipios como el de Prats i Sampsor en el que las casas de los turistas casi septuplican a las de la gente del lugar. En general, dos tercios de las viviendas son segundas residencias de barceloneses de clase media alta, utilizadas una media de diecinueve días al año. Del turismo se aprovechan sobre todo las empresas constructoras, las canteras de pizarra, los sesenta establecimientos hoteleros y los cien y pico restaurantes. Sin olvidar que aquí hay una tienda por cada treinta habitantes. «Mitad de Francia, mitad de España, no hay tierra como la Cerdanya», dice el himno comarcal.

Dos detalles de los pórticos y soportales de la Plaza Mayor.

Bellver es un perfecto campamento base para realizar excursiones hacia las zonas espeleológicas de Bor y Anes y el macizo del Cadí. La Fou de Bor es una cueva con torrente subterráneo de gran interés. Pero no hace falta ser deportista para meterse en las entrañas de la tierra y descubrir mundos maravillosos. Cómodamente sentado, uno puede atravesar más de diez kilómetros de túneles y llegar a la Cerdanya en la línea del ferrocarril Barcelona–Puigcerdá, que funciona desde 1923. En algunos momentos del trayecto se llega a circular a mil quinientos metros de altura, algo jamás soñado por otro tren convencional en España. Aquí se puede esquiar en invierno en las pistas de La Molina y La Masella y en el pueblo de Alp siempre cabe la posibilidad de practicar el vuelo en ultraligero, la ascención en globo y hasta el paracaidismo. El afán consumista da para casi todo. Y la oferta gastronómica tampoco es manca en absoluto. La oca con peras y el pato con nabos son inenarrables. El *trinxat amb rosta* es cosa de invierno: col y patatas cocidas aplastadas y fritas en forma de tortilla y con la compañía de una loncha de tocino frita. El *platillo ceretà* es un guiso de cazuela a base de chuleta o espalda de cordero, hortalizas y vino. El *palpís a la casola* se hace con pierna de cordero mechada con ajos y tocino y perfumada con un licor. Y el mejor postre es la *sopa dolça,* pan mojado con leche al que se añade canela. No hay que olvidar tampoco esos productos deliciosos elaborados en el mismo Bellver como confituras y mermeladas, ni tampoco las hierbas aromáticas y las magníficas setas de los alrededores.

CERVERA (Lleida)

Capital de la comarca de la Segarra, situada en la cima del Coll de les Savines y en la ribera del Ondara, fue uno de los lugares más importantes de Cataluña y conserva un aire señorial, de tradición cultural y universitaria y un rico patrimonio arquitectónico e histórico.
Según los historiadores, entre ellos Agustí Duran i Sanpere y Josep Benet, Cervera nació para la guerra, pues dominaba el camino entre Zaragoza, Lérida y Barcelona, a seiscientos metros sobre el nivel de mar. La ciudad se ha ensanchado a costa de ganar terreno durante siglos a base de murallas o circunvalaciones. Las calles de la vieja ciudad contrastan con la construcción de numerosas casas adosadas por sus alrededores. El inicio inminente del plan especial de reforma interior afrontará la recuperación del monumental núcleo antiguo, que hasta ahora ha permanecido ciertamente descuidado.
Originalmente era una fortificación, probablemente islámica, que comenzó a repoblarse a partir del 1026 por iniciativa condal: fue reconquistada definitivamente después de un sitio por el conde Ramón Berenguer I. De la plaza y el castillo fortificados quedan las antiguas murallas, en parte restauradas recientemente. Esta parte más antigua de la población recuerda la época feudal, con sus calles estrechas, costaneras y tortuosas, las típicas arcadas y las paredes deterioradas de las casas. Una de ellas es el «Carreró de les Bruixes» (Callejón de las Brujas), que sigue el perímetro interior de la muralla. Con la instalación de la Universidad experimentó una notable transformación. Entonces se levantaron los arrabales de los Capuchinos y de las Vírgenes. Actualmente la ciudad se ha extendido hacia el norte, a lo largo de las carreteras y de la vía del ferrocarril. El eje central de la

Plaza Mayor de Cervera, capital de la comarca de la Segarra y un lugar de gran importancia en la historia catalana.

La torre de Santa María y la iglesia gótica del mismo nombre, del siglo XIV.

villa es el Carrer Major con la Paeria de Cervera al fondo, un edificio que tiene una fachada de piedra tallada muy curiosa. Detrás de este edificio está la torre de Santa Maria, muy esbelta, y la iglesia gótica del siglo XIV, la más importante de Cervera. Tiene tres naves divididas por hileras con pilares y ábside poligonal con ocho capillas. Conserva una imagen de Santa Maria del siglo XIII y retablos y sarcófagos del XIV.

El museo Durán i Sampere está ubicado en un edificio del siglo XII, que era el hospital para los caballeros de la Orden de San Juan de Jerusalén. El museo, inaugurado en 1914, ofrece una muestra de arqueología local desde la época prehistórica, ibérica y romana, así como mineralogía y paleontología, pinturas de los siglos XIV hasta el XIX, cerámica de los siglos XVI y XVII y la historia de la Universidad de Cervera. Ni siquiera faltan detalles de la vida y el trabajo de los campesinos de la comarca y una masía.
Durante la Guerra de Sucesión la ciudad de Cervera se mantuvo fiel a Felipe V, cuando todo Cataluña estaba en su contra. El rey fundó en 1717 la Universidad de Cervera, que comenzó a funcionar en 1740 y que fue hasta 1842 la única universidad del Principado de Catalunya. El edificio rectangular y de grandes dimensiones, de fachada barroca y estructura neoclásica, está distribuido en torno a dos patios interiores con la capilla o paraninfo en su centro. Es un edificio majestuoso e insólito si se compara con el resto de las obras de la época, levantado entre 1718 y 1740 según los planos de Francesc Montagut, modificados por Joan Martín Cermeño y otros. En esta universidad estudiaron personajes como Estanislau Figueres, Narcis Monturiol, Jaume Balmes, Cabanyes, Gimbernat, Bofarull y Milà i Fontanals. La vida académica se desarrolló con normalidad hasta que en 1837, con motivo de la primera guerra carlista, la Universidad se trasladó provisionalmente a Barcelona. Más tarde, volvió a Cervera hasta 1842 cuando, por un decreto gubernamental hecho en agosto, quedó definitivamente integrada en la capital barcelonesa. Después de su cierre el edificio se convirtió en una prisión durante una larga temporada y más tarde fue el noviciado de los padres del Inmaculado Corazón de Maria.
Cervera se prepara para afrontar el siglo XXI después de haber superado la grave crisis económica que a finales de los 70 llevó al cierre de muchas empresas y la crisis de la cooperativa local que arrastró a numerosas empresas auxiliares. Hoy, Cervera y la Segarra han conseguido superar aquellos momentos difíciles y el polígono de la capital y las instalaciones de la Cooperativa Agropecuaria de Guissona son los

dos polos de una febril actividad industrial y del sector agroalimentario. Algunos dicen que el pueblo ahora genera recursos que van a parar fuera. Lo cierto es que hay un sector industrial que da trabajo precario, temporal, provocando que la gente se vaya a vivir fuera de la ciudad con los efectos nocivos que esto conlleva. Las mismas voces puntualizan que hace falta una infraestrucura de trabajo y servicios para que la gente se gaste el dinero en el mismo pueblo. La industrialización convive con la actividad agrícola que dio a la comarca de La Segarra el calificativo de «granero de Cataluña». Antes fue el trigo y ahora es la cebada, ya sea para piensos o para la elaboración de cerveza.

El Gran Teatre de la Passió de Cervera es el teatro de más aforo de Cataluña, con capacidad para dos mil doscientos espectadores. Las representaciones de la pasión y la muerte de Cristo se iniciaron en la Edad Media en muchas localidades catalanas, y en Cervera se celebra anualmente desde 1481, una tradición que se ha mantenido de forma ininterrumpida a lo largo de los siglos. A mediados del siglo XVI, dos sacerdotes cerverinos, Pere Ponç y Baltasar Sança, refundieron en estrofas diversos textos anteriores. Estas representaciones tenían lugar en el interior de la basílica de Santa María. Los actores eran todos sacerdotes y clérigos y muy excepcionalmente participaban vecinos. Estaba prohibido que las mujeres salieran a escena.

Al ser prohibidas las representaciones teatrales en las iglesias se trasladaron las escenificaciones a la puerta de la iglesia o a alguna plaza. Durante los siglos XVII y XVIII tuvieron un matiz erudito y llegaron a escenificarse diversos pasajes en latín y griego. En 1935, el texto usado para representar la tradición es de Angel Guimerà, *Jesús de Nazareth,* mientras que en la temporada de la cuaresma de 1936 un autor local, Rossend Perelló, estrena *Estampes de la Passió,* un drama sacro en ocho actos que culminaba con la ascención de Cristo. La Guerra Civil abrió un paréntesis de cuatro años y en 1940 se reemprendieron las representaciones, esta vez en castellano, a partir del texto que todavía hoy se usa, obra de Emili Rabell y Josep M. Sarrate y música de Jesús Quintana. Durante

Entrada a un comercio en Cervera. En la página de la derecha, dos detalles del llamado *callejón de las brujas,* que sigue el perímetro interior de la muralla medieval.

varios años, la obra *Cristo, misterio de pasión* reunió hasta veinte mil espectadores. Hoy ya son más de cincuenta años de representaciones del texto en castellano, veinticinco de la inauguración del *Gran Teatre de la Passió* y más de quinientos años del primitivo texto en catalán, obra de Sança y Ponç. Para conmemorarlo se recreó esta obra en el interior de la iglesia de Santa María. *Estampes de la Passió* fue la última obra que se escenificó en catalán, el año 1936. Los actores de *La Passió* proceden de las familias de la ciudad, y en ocasiones, los hijos heredan los papeles representados por sus padres. Son ya cuatro generaciones de actores. A seis kilómetros de Cervera está el castillo de l'Aranyó, donde en 1918 nació el conocido escritor y Premio de las Letras Catalanas Manuel de Pedrolo. Cerca del castillo se encuentran los «pajares de piedra», una especie de sepulcros de origen prehistórico que tienen leyenda. Según se cuenta desde hace ya muchos años, aquel que sea capaz en la noche de San Juan de contar tres veces las piedras del lugar sin equivocarse cambiará de sexo.

ESCALÓ (Lleida)

Decir que en este pueblo de cuatro casas viven cuatro gatos no es falsear la realidad sino atenerse rigurosamente a lo que uno ve. Escaló es único y únicos son aquéllos que contra viento y marea permanecen atados a sus piedras. Hubo un tiempo medieval en que esto era un lugar importante. Como punto de entrada al valle D'Aneu, se erigió en una fortaleza defensiva. Su torre de defensa conocida como el Castell se comunicaba con otra, la de la Torrassa, situada más al norte. Otra torre circular, cuyos restos son bien visibles en una ladera de la montaña que sirve de abrigo al pueblo, reforzaba su condición de vigía del valle. Pero aquellos tiempos lejanos nada resuelven a los vecinos. Aquí, el día a día de la supervivencia está reñido con la historia. ¿Qué importa haber sido grande si lo que queda en nuestro tiempo es pequeño y sin importancia ?

En Escaló uno se queda con la miel en los labios. Hay dos calles y poco más, y casi sabe a poco. A la que queda amurallada se accede por un portal y se sale por otro, uno en cada extremo. En dos zancadas, listos. Se acabó lo que se daba. Aunque si se asoma algún vecino siempre hay pie para hablar del tiempo o de la vida que a cada cual le toca vivir. Lo malo es que pedir huevos con miel así por las buenas resulta un tanto osado. Los platos con miel son la especialidad del lugar y las tentaciones nunca vienen solas. ¡Ah, esas manitas de cerdo con vinagre y miel! Pero el caminante no debe intimidar a nadie ni alterar la paz ancestral de un pueblo en estado puro. En la fuente del Castell se puede beber con mucha imaginación un pasado que aquí hace aguas hasta la saciedad. El discurso del agua rompe el silencio mineral. En Escaló confluyen torrentes, riachuelos

Escaló, no muy lejos del pico de Estats, el más alto de Cataluña (3.143 m.).

Una torre defensiva circular de origen medieval, arriba, y junto a estas lineas, el esbelto campanario de la iglesia parroquial.

y otras corrientes más o menos continuas y caudalosas que lo dejan humedecido. Y el río Noguera Pallaresa pone la nota más alta a un lado del pueblo. Es una de las joyas de esta comarca del Pallars Sobirà a la que no deja a lo largo de setenta kilómetros de longitud, la mitad de su curso total. Una vez levantada la veda, llegan los pescadores de fin de semana. En primavera y verano, los deportistas de aguas bravas toman el río por asalto para practicar con el *kayak* y el *rafting*. Los franceses fueron los responsables de esta invasión. En los años sesenta las primeras canoas se deslizaron por el Noguera Pallaresa ante el asombro de los lugareños. Hoy, una competición de descenso internacional en *kayak*, que reúne a unos quinientos participantes, lleva ya treinta y dos años de existencia. La fiebre del *rafting* es cosa de 1986: una barca neumática con varias personas atrapadas en el vértigo del descenso. En los años noventa, se dispararon el interés y la inversión en la aventura y el negocio del *rafting*. Unas cien mil personas bajan cada año de Sort a Rialb por el río: catorce kilómetros y dos horas de tráfico intenso que, en los días punta, llega a reunir a más de cuarenta barcazas. Aquí está la mayor empresa de este deporte de Europa.

Agua bendita la de aquí. El *rafting* y el esquí han dado un impulso enorme al sector turístico. El barranquismo, los paseos a caballo, el ciclismo de montaña y otros inventos del deporte aventura aparecieron como nuevas ofertas. A la sombra del deporte, los establecimientos hoteleros no hacen sólo su agosto, sino que la mayoría de ellos abre casi todo el año. Incluso Escaló tiene un hotel entre la carretera y el río, a dos pasos de su casco antiguo y remoto. Esta euforia de los últimos tiempos no debe enmascarar una cruda realidad: el Pallars Sobirà es la comarca más despoblada de Catalunya. En sus mil trescientos cincuenta y cinco kilómetros viven unas cinco mil seiscientas almas: cuatro habitantes por kilómetro cuadrado, o lo que es lo mismo, la tercera parte de personas que hace un siglo. La ganadería es un recuerdo. Aquí y ahora se vive del agua.

Escaló queda a medio camino de todo. Y la maravilla de las maravillas se encuentra a sus mismísimas espaldas: el parque nacional de Aigüestortes y lago de Sant Maurici, el único de Catalunya. Un país encantado de doce mil quinientas hectáreas de extensión y un anillo protector de treinta mil hectáreas donde se descubre la belleza de la acción de los periodos glaciares del Cuaternario. En el camino que va de Espot a Boí se suceden los lagos, los valles, los glaciares, los bosques de abetos y pinos negros y silvestres y los abedules, enebros, chopos, sauces y otros árboles. El rebeco es el señor de las cumbres. El urogallo y la perdiz nival dan la nota exótica. Y allá en medio se levanta el pico de *Els Encantats* con sus dos mil setecientos cuarenta y siete metros de altura. Estos *encantats* o encantados son, en realidad, unos hombres de Espot que faltaron reiteradamente a la misa dominical para ir de caza. Y Dios en persona los convirtió en piedra como castigo.

El techo de Catalunya no se encuentra lejos de Escaló: es la Pica de Estats con sus tres mil ciento cuarenta y tres metros de altura. Y el desfiladero de Collegats tampoco está en el otro mundo. Pero ir a la abadía benedictina de Sant Pere del Burgal, del siglo IX, es coser y cantar. Con un buen pedazo de queso *serrat* de leche de oveja, algo picante, pan y licor de ratafía se hace el camino en un santiamén.

Dos rincones de la villa, que constituye una de las entradas naturales al Parque Nacional de Aigüestortes.

GUIMERÀ (Lleida)

Guimerà está situada al sureste de la comarca del Urgell. La villa se levanta sobre un pequeño cerro a la derecha del río Corb, alrededor de lo que fue importante castillo que originalmente había sido una torre de defensa, y al pie de una iglesia gótica. Con el tiempo, las murallas rodearon al núcleo urbano hasta llegar a alcanzar las orillas del río Corb. Uno cae por aquí y se encuentra con una grata sorpresa: es un pueblo de leyenda, hermoso, bien cuidado, casi un sueño.

El castillo de Guimerà fue el centro de la baronía de Guimerà y posteriormente del condado del mismo nombre concedido en 1599 por el rey Felipe III de Castilla a Gaspar Calceran de Castre–Pinós i d'Aragó–Gurrea. De esta fortaleza ya aparecen referencias en documentos fechados en el siglo XI. Ahora sólo quedan los restos de una torre de planta circular, probablemente la torre maestra, y algunos muros de las diferentes dependencias, ya que fue prácticamente destruido en 1835, durante la guerra carlista. Desde el castillo, situado en la parte más alta del pueblo, se puede contemplar una magnífica vista de todo el valle. Las murallas que rodearon a la ciudad medieval tenían cuatro portales, de los que solamente quedan tres, orientados según los puntos cardinales. Junto a las callejuelas estrechas y escalonadas y las casas de buena piedra, el núcleo forma un conjunto pintoresco de arquitectura medieval muy austera, que mereció ser declarado Conjunto Histórico Artístico en 1975.

En el siglo XIV Guerau Alemany de Cervelló y su esposa, Geralda de Rocabertí, financiaron la construcción del templo gótico de Sant Sebastià, que se hizo encima de la iglesia románica de Santa Maria. Hoy sólo se conservan una

Guimerá, uno de los pueblos más hermosos y mejor cuidados de toda Cataluña.

portada y algunos capiteles originales. El templo, que ahora es la iglesia parroquial, es de planta de cruz latina y tiene la nave central formada por tres tramos de bóveda de crucería y un ábside pentagonal. Las tres capillas también tienen bóveda de crucería. Su portal está formado por cuatro arquivoltas con arcos apuntados. El campanario, de base cuadrada y adosado a la izquierda de la fachada, conserva un escudo de la familia Castre–Pinós, que permite situar su origen allá por el final del siglo XV y comienzos del XVI. De esta iglesia procede un gran retablo de pintura gótica de Ramon de Mur, a quien por esta obra se le reconoció como el maestro de Guimerà. Presenta escenas del Testamento, con paisajes oscuros en los que destacan las figuras iluminadas por una especie de fosforescencia. El retablo se conserva en el museo Episcopal de Vic. El retablo actual es una obra moderna de alabastro, hecha en 1940 por Josep M. Jujol, de influencia gaudiniana.

Al noroeste del término municipal se encuentra el santuario de Bovera, un edificio barroco con un pórtico. En la llamada casa de los ermitaños de la Boveram, reedificada en el mismo lugar entre los años 1726 y 1730, se conservan restos del claustro de un monasterio de monjas cistercienses que fundó en 1176 Pere de Tàrrega, cuya hija Eliardis fue la primera abadesa. El monasterio fue trasladado en el año 1240 a Vallsanta y el abad de Poblet lo mandó cerrar en 1589. Entre las ruinas aún se encuentran restos de una gran iglesia gótica. Pero la joya de la comarca pasa por ser, sin ningún género de duda, el monasterio de Santa Maria de Vallbona de les Monges. En la ruta del Císter, éste es un alto ineludible. Los monasterios de Poblet, Santes Creus y Vallbona forman el triángulo cisterciense más visitado. Unas trescientas mil personas pasan cada año por Vallbona, un lugar donde las monjas se dedican a trabajos artesanales y a editar textos con la ayuda del ordenador.

A esta comarca de Urgell en la que predomina la agricultura parece sobrarle el aliento espiritual, pero le falta el agua. Sólo una cuarta parte de su superficie agraria recibe el agua del canal de Urgell. En su territorio hay zonas llanas como la Plana d'Urgell, montañosas como el Vall del Corb y un valle ancho como la Ribera

En la página anterior, detalles de arcos medievales, pazadizos y soportales. Junto a estas líneas, la torre circular del castillo, destruido en 1835.

de Sió. El regadío y el secano hacen la división real. En 1981 la Generalitat presentó el anteproyecto de construcción del futuro canal Segarra–Les Garrigues. Luego se consideró una obra de interés general y pasó a ser competencia del Gobierno español. Hoy todavía se sigue esperando que se construya el ansiado canal de una vez por todas y llegue el agua prometida.

Los nuevos invasores aparecen en autocar cada fin de semana como llovidos del cielo. A falta de agua, sobra gente que desembarca en el pueblo gracias a una iniciativa del consejo comarcal. Guimerá sufre el acoso sin ánimo defensivo. Hubo una época en que las casas del pueblo se caían de viejas y la gente joven ponía los pies en polvorosa. Un día llegó gente de fuera, compró casas, las restauró y levantó los ánimos. El cura del pueblo, que es un artista, contribuyó de forma decisiva a lavar la cara de Guimerá. Uno debe celebrar esa buena obra dando buena cuenta de la obra magna de una *cassola de pagès*, un plato donde caben caracoles, conejo, espinacas y habas, y brindar con un vaso de tinto de *Coster del Segre*.

La iglesia gótica de San Sebastián, arriba, y detalles de puertas y dinteles.

LA SEU D'URGELL (Lleida)

La Seo d"Urgell, capital del Alt Urgell y centro turístico y de servicios de primer orden.

Esta capital de la comarca del Alt Urgell es un centro turístico, comercial y de servicios de primer orden, con un riquísimo pasado histórico cuyas huellas pueden verse en los numerosos monumentos de la ciudad. En los últimos años ha vivido un proceso de modernización que le ha permitido mantener y acrecentar su influencia como gran capital del Pirineo. La Seu d'Urgell sigue siendo una ciudad pequeña. No llega a los once mil habitantes de derecho, aunque haya casi catorce mil de hecho. Esta ciudad milenaria, sede del obispado de Urgell, residencia de un jefe de Estado, el obispo es copríncipe de Andorra junto al presidente de la República Francesa, aspira a mantener su capitalidad pirenaica indiscutible, a pesar de que las divisiones territoriales practicadas no reconozcan administrativamente su peso. La Seu podría ser la gran capital de la veguería del Alt Pirineu, una reivindicación que ya planteaban los «Grups de l'Alt Pirineu», un colectivo de personas que definió en los años setenta las grandes líneas de desarrollo de toda esta zona.

Con la entrada en vigor del tratado de Schengen cayeron las barreras fronterizas y aunque La Seu mantenga la suya con Andorra, son más las ventajas que los inconvenientes por esta vecindad histórica, basada en vínculos eclesiásticos, culturales y económicos. Por La Seu y de camino a Andorra pasan anualmente más de diez millones de personas. La capital del Alt Urgell está bien comunicada. Los atascos para entrar en Andorra se solucionaron con la variante inaugurada hace pocos años.

En los tiempos visigóticos hubo aquí una catedral y un obispado que no pudieron resistir la invasión musulmana. Aunque muy pronto se inició su reconstrucción. El acta original de la con-

Ala norte de la catedral o Seo, que comenzó a construirse en el siglo IX.

sagración y dotación de la catedral de La Seu es del año 839. Aquel documento tan importante fue la primera carta geográfica del Pirineo. Por ello, La Seu es una de las capitales de la época románica y este nombre está unido a la formación básica de Catalunya. El Alt Urgell, como fortaleza natural, dio origen a un obispado y un condado para la familia de los condes de Urgell, que tuvo un importante papel en la historia de los catalanes.

A principios de este siglo, la comarca era pobre y con una agricultura muy rudimentaria. Tiempos en que la filoxera arrasó las vides del país. Fue entonces cuando Josep Zuzuela i Gomis, propietario de algunos predios, comenzó a guiar la transformación de las tierras de regadío en prados aptos para el mantenimiento de ganado bovino, productor de leche. Se importaron vacas suizas, las primeras de la comarca, y la leche se destinó a la fabricación de productos derivados: mantequilla y queso. En 1915 se fundó la Cooperativa Lechera del Cadí. La trascendencia social de aquel esfuerzo ha sido considerable. Ahora es una comarca que se ha transformado, enriquecido y modernizado como muy pocas lo ha hecho en Catalunya.

El núcleo antiguo de La Seu d'Urgell aún conserva aspectos medievales. Algunas calles, generalmente estrechas, están rodeadas de arcadas pintorescas y de casas con bellas fachadas y balcones de hierro forjado. Conserva también restos de murallas y puertas de las antiguas defensas. En la parte oeste se levantan tres fortalezas: la ciutadella, la torre de Solsona y el castillo de origen romano. No hay que olvidar que es una de las ciudades primitivas de España, reconquistada por los francos del poder sarraceno. Restauró su obispado en el siglo IX y sus prelados consiguieron en el siglo XII el señorío sobre los valles de Andorra. La catedral o Seu dedicada a Sant Ot empezó a construirse por Sant Ermengo hacia el año 1030 y la acabaron los constructores lombardos en 1175. Destaca sobre todo por su arquitectura imponente, la belleza de proporciones de su nave central y la gracia de los ábsides, así como los curiosos detalles ornamentales. En su bonito campanario de planta cuadrada, con dos pisos de columnas

la fachada y el esbelto campanario de la catedral, terminada por arquitectos lombardos en el año 1175.

y arcos, está instalado el reloj de la ciudad. El claustro del siglo XI, restaurado en el siglo XVI, presenta una serie de arcos en su parte románica, sostenidos por columnas simples y bonitos capiteles. En este claustro se representa cada año el misterio medieval del retablo de Sant Ermengol. La puerta lateral de la derecha presenta sobre el claustro una bella y trabajada ornamentación. A la izquierda de la catedral está la parroquia neoclásica del siglo XVIII. Es muy importante también el Palau Episcopal, un edificio donde se mezclan varios estilos. En su interior se puede contemplar un interesante patio rodeado de arcadas. El palacio, junto con la Canonja y el Hospital dels Pobres, forma el gran núcleo monumental de la villa.
La Seu se volcó hacia los dos ríos, el Segre y el Valira, después de vivir muchos siglos de espaldas a las corrientes fluviales. El parque del Segre hacia el sudeste y el parque del Valira a poniente conforman las dos grandes fronteras de la ciudad. «La historia de la Seu d'Urgell en relación con su río Segre es una historia de ese amor no siempre correspondida. Ahora parece que esta situación secular ha dado la vuelta. El río ha sido domesticado». Así empieza el prólogo del libro *La ciudad y el río,* que recuerda las inundaciones de noviembre de 1982 cuando las aguas se desbordaron y se llevaron cuanto había a su paso con el balance final de doce muertos, mil quinientos millones de daños en la ciudad y más de seis mil en la comarca, que quedó aislada durante tres días y tres noches.
Lo que fue un paisaje desolador es hoy el parque del Segre, que consiste en un canal artificial de aguas bravas construido con motivo de los Juegos Olímpicos del 92 y rodeado por un amplio espacio de zona verde. Antes y después de las inundaciones el parque se llamaba «de los gitanos», porque a orillas del río sólo había

Arriba, a izquierda y derecha, el bello claustro de la catedral. En la fotografía pequeña, detalle de arcos ornamentales ciegos, de construcción lombarda.

huertos y chabolas. Como la cuesta que une el paseo con el parque, que ahora es una escalinata y un mirador excepcional y antes fue «la bajada de los gitanos». Las cifras de explotación del parque revelan la potencialidad turística y de ocio ciudadano que han aportado estas instalaciones, probablemente las mejores del mundo en la especialidad de piragüismo en aguas bravas, pero también de *rafting* e *hidrospeed*. También cuenta con canales de aguas tranquilas y un circuito de esquí de ruedas. El otro gran parque, el del río Valira, se erige como la zona monumental que imprime modernidad al ensanche urgellense. En este parque se encuentra el claustro que diseñó el escritor y urbanista Lluís Racionero, natural de La Seu, una obra que levantó polémica al adornar sus capiteles con los mitos del siglo XX, desde Hitler y Mussolini a Marilyn Monroe o el futbolista Schuster, entre otros personajes. Así es la vida.

SOLSONA (Lleida)

En una comarca del Solsonés repleta de masías dispersas por el bosque, Solsona centraliza la mayor parte de la industria y de los servicios. Y es, además de capital comarcal, una sede episcopal que tiene un obispo muy peculiar: las proclamas de Antoni Deig a favor del reconocimiento del pueblo catalán y su propuesta de crear una conferencia episcopal desvinculada de la española le han llevado a ser noticia destacada. Éste es un lugar aparentemente serio y formal que una semana al año se deja llevar por la fiesta de carnaval: es la hora loca del pueblo y de los gigantes y cabezudos. *El gegant boig*, que es el gigante loco, hace siempre de las suyas: una obra maestra de Ramón Casserres de cuyo taller han salido gigantes que van y vienen por toda Catalunya.

Aquí, en el Solsonés, el despoblamiento castigó principalmente las zonas de montaña. Hay más de setecientas masías habitadas que se distribuyen por un territorio de casi mil kilómetros cuadrados. Aunque la evolución demográfica de los últimos años muestra que la regresión se ha evitado y su economía no puede considerarse boyante, el Solsonès no ha caído en el triste apartado de las comarcas deprimidas. Habitan en ella poco más de once mil personas, una cifra que, con ligeros vaivenes, se ha mantenido a lo largo de todo el siglo. En este periodo los municipios rurales se han ido despoblando progresivamente en beneficio de Solsona, que ha pasado de los dos mil trescientos habitantes del año 1900 a los siete mil actuales, casi dos tercios de la población total de la comarca.

El sector primario ocupa a poco más de novecientas personas, el 22% de la población activa, un porcentaje situado muy por encima de la media catalana, que es del 3,7%. De los casi

Conjunto monumental de Solsona, con la catedral y el palacio episcopal. A la derecha, una fachada gótica, un palacio barroco y una vista general del pueblo.

mil kilómetros cuadrados que tiene la comarca, algo menos de setecientos son terrenos forestales, y las extensiones dedicadas a la agricultura sobrepasan los doscientos. Los payeses viven esencialmente del cultivo de los cereales, que compaginan con la cría de ganado, una tarea que en los últimos años se ha modernizado y extendido, lo que ha permitido que muchas fincas que tenían escasas posibilidades de supervivencia hayan encontrado una salida a su difícil situación. La cría del cerdo se lleva la mayor parte de la actividad ganadera (65,5%) y le sigue la del vacuno (15,9%).
En el Solsonès perduran manufacturas tradicionales, como las cuchillerías y las textiles, y destaca el subsector ligado a la transformación de la madera. Su gran asignatura pendiente sigue siendo la creación de un potente subsector agroalimentario que aporte valor añadido a la producción agraria y ganadera de la comarca. El consejo comarcal ha impulsado la creación de la comisión de la denominación comarcal de origen, que otorga un sello de calidad a productos del Solsonès. Globalmente, el desempleo aquí es de los más bajos de Catalunya.
Parece ser que en Solsona se levantaba la antigua ciudad ibérica de *Setelsona*, citada por Ptolomeo, que posteriormente fue romanizada. Después de la dominación sarracena fue conquistada por Luis el Piadoso y tras la revuelta de Aissó en el año 886, se hizo con ella el conde Guifré. Formaba parte del condado de Urgell y de su diócesis y los condes Ermengol IV y Ermengol V querían ser enterrados allí. En 1217 la señoría de Solsona, que entonces pertenecía a los Torroja, se integró en los dominios de los vizcondes de Cardona. Los prepósitos de la canónica agustina de Solsona (existente desde antes de 1090) fueron también señores jurisdiccionales. Es decir, había dos jurisdicciones (hecho que también originó conflictos), la de Cardona y la de la canónica, cada una con su alcalde y sus cónsules y autoridades.
La muralla actual de la ciudad data de 1374. En 1593 el rey Felipe II pretendió consolidar con nuevos obispados el territorio para hacer frente a la doctrina y la propaganda protestantes y obtuvo del Papa Clemente VIII la bula de un nuevo obispado con sede en Solsona, pobla-

ción a la que el rey otorgó también la categoría de ciudad un año más tarde. La constitución del nuevo obispado a expensas del de Urgell, pero también del de Vic y de las parroquias de la abadía de Ripoll, originó sendos pleitos que no se resolvieron hasta 1623.

La ciudad está construida a ambos lados del río Negre, pero el casco antiguo queda a su orilla derecha. Hay restos de las antiguas murallas, torres y portales, entre los que resalta el del Pont, una bella obra neoclásica de principios del siglo XIX. La catedral de Santa Maria de Solsona fue sede de la canónica agustina. Conserva los tres ábsides románicos, decorados interiormente con arcos sobre columnas de capiteles esculpidos en el siglo XII. El campanario está ornamentado con arcos ciegos. También se conserva la puerta románica del claustro. La capilla de la Mercé es una construcción de 1754 y tiene un bonito altar barroco. Frente a ella, en la capilla de su mismo nombre, se venera la famosa Mare de Déu del Claustre, obra románica trabajada en piedra por el escultor Gilabert (siglo XII), de la escuela toscana. La fachada principal de la catedral es una obra barroca del siglo XVIII, al igual que la dedicada a Sant Agustí. Del mismo conjunto monumental de la catedral forma parte el palacio Episcopal, un edificio neoclásico de tiempos del obispo Lasala, obra realizada por el arquitecto Francesc Pons entre 1776 y 1792. Su majestuosa fachada principal está dividida en cinco cuerpos con pilastras estriadas. El palacio alberga el museo Diocesano y Comarcal, que contiene básicamente colecciones recopiladas por el arqueólogo e historiador Serra i Vilaró, junto con pinturas románicas tan importantes como las del ábside central de Pedret y las de Sant Pau de Casserres.

Solsona es un rosario de explosiones en cualquier fiesta. Y si alguna autoridad cae de visita por aquí, lo mejor que se puede hacer es ponerse algodón en los oídos. Los dieciséis *trabucaires,* que parecen una banda de asaltantes de camino de otra época, se presentan con sus trabucos bien cargados y descargan una salva tras otra como si estuvieran sordos y la cosa no fuera con ellos. Al menos, lo hacen apuntando al cielo. Con su barretina, chaleco, pantalón de pana negro, faja del mismo color, alpargatas, camisa blanca y zurrón para guardar la pólvora, estos hombres de armas tomar ejercen de pueblo revoltoso, ruidoso y ensordecedor. El sonido de un grupo de acordeonistas parece música minimalista tras la exhibición callejera de los *trabucaires.* La fiesta es la fiesta. Dicen que no hay otro lugar en Catalunya con más comparsas y elementos folclóricos y populares como aquí. El mismo Gigante Loco se da un atracón de *bales de trabuc* o balas de trabuco sin atragantarse. No es un milagro, sino una tradición muy dulce: estas balas de trabuco son obra de magníficos pasteleros. Así cualquiera.

Detalle de una fuente pública y de una de las antiguas entradas a la villa.

TAÜLL (Lleida)

Taüll, famoso por las bellísimas pinturas de sus iglesias románicas.

Las aguas del río Ribera Ribagorçana y sus afluentes han marcado el valle de Boí y toda esta comarca remota y mineral de la Alta Ribagorça, que existe como tal desde 1988 y ganó la fama de ser la menos poblada de Catalunya. Ya los romanos se atrevieron a subir aquí en busca de las milagrosas aguas termales de Caldes de Boí. Aunque la historia medieval del condado de Ribagorça, que dominaba varios valles pirenaicos, está llena de sombras y oscuridades fronterizas. En 1833, se recurrió al curso del Noguera Ribagorçana para establecer la línea de división territorial entre Lleida y Huesca. El agua volvió a ser protagonista decisivo de su historia cuando en 1947 la Empresa Nacional Hidroeléctrica del Ribagorçana (ENHER) comenzó a explotar aquella cuenca fluvial. Y es que en Taüll ya sacan agua hasta de las piedras. No hace mucho aquí había cuatro casas mal contadas y dos iglesias románicas de alto valor. En este término municipal de Barruera, que comprende los pueblos de Barruera, Boí, Taüll, Erill-la-vall, Cardet, Cóll, Durro, Saraís y el balneario de Caldes, viven seiscientas treinta y siete personas. Y en toda la comarca, compuesta de tres municipios: Barrera, El Pont de Suert y Vilaller, hay unos tres mil seiscientos habitantes. Rodeado por un núcleo de población ciertamente pobre y poco alentador, Taüll empezó a crecer a caballo del turismo de nieve y el llamado ecológico. Tras el ocaso de la industria hidroeléctrica y la ganadería, la estación de esquí Boí-Taüll, inaugurada a finales de 1989, evitó males mayores.

Antes de que llegara ENHER, aquí se nadaba en los límites de la supervivencia a duras penas y la incomunicación casi total con el mundo exterior. De golpe, aquella empresa empezó a

construir presas, centrales hidroeléctricas y grandes conducciones, propició la llegada masiva de trabajadores de un sur todavía más pobre y alteró la soledad milenaria. Bajo la fuerza del aprovechamiento acuático, se hicieron carreteras y casas. En 1977 llegó la época de las vacas flacas. De una mano de obra de dos mil y pico personas a principios de los años cincuenta se ha pasado a una de menos de cien de hoy en día. Con la ganadería, la segunda actividad económica más importante de la comarca después de ENHER, ocurrió algo parecido. El número de explotaciones bajó de forma considerable. Hoy, un grupo de ciento cincuenta ganaderos de dieciseis explotaciones crearon recientemente una cooperativa que produce y comercializa carne sin aditivos procedente de terneras engordadas con piensos naturales.

Poco a poco, la gente de estos valles aprende a vivir sin una ENHER que marcó su vida a lo largo de los últimos cuarenta años. En Taüll todavía se frotan los ojos sin llegar a creerse las

Reproducción de las pinturas románicas del ábside de la iglesia de Sant Climent y este templo desde el sur.

Arquitectura popular en el valle de Boí.

cifras del padrón municipal de 1994 en que por primera vez se registró un aumento de la población. Pero aquí nadie quiere dormirse en los laureles del invierno. De cara al resto del año, se tomó el modelo suizo del centro de descanso de montaña elitista potenciando actividades como el senderismo, la escalada, excursiones a caballo, piragüismo, ciclismo y otros inventos por el estilo. Por fortuna, la construcción de nuevos edificios está muy limitada y la Generalitat exige que la fachada de las casas sea de piedra vista y no se eleve más de tres plantas. Aquí, el parque nacional de Aigüestortes y lago de Sant Maurici queda a un tiro de piedra. Uno sube al balneario de Caldes de Boí, que abre del 23 de junio a finales de septiembre, toma un baño en cualquiera de sus treinta y siete fuentes de aguas termales o se calienta al amparo de una de sus cuatro estufas naturales únicas en el mundo y ya tiene energía suficiente para ganar aquel parque encantado. Hacer la ruta de las iglesias románicas es casi una obligación. Y no hay que perder de vista la historia de sus pinturas murales descubiertas en 1907 por un grupo de investigadores del «Institut d'Estudis Catalans» en las iglesias de altos campanarios. Durante siglos, nadie les había prestado atención. Peor aún: alguna autoridad consideró que eran obras de mal gusto o imperfectas y mandó pintar de blanco los muros. Pero, ¡ay!, desde aquel día en que se hizo público el hallazgo la Internacional de los ladrones de obras de arte se movilizó para saquear lo que pudo. Muchas maravillas desconocidas acabaron formando parte de las colecciones privadas de los multimillonarios norteamericanos. Otros frescos románicos fueron arrancados de los muros con la ayuda de especialistas italianos y llevados al Museo Nacional de Arte de Catalunya.

Este pueblo del puerto que es Taüll, según el euskera que le dio nombre y que se habló en todo el valle de Boí hasta la Baja Edad Media, hace correr ríos de tinta con sus iglesias románicas de Santa Maria, Sant Climent y Sant Martí. Los señores de Erill que hicieron del valle un condado patrocinaron la construcción y la decoración de aquellas obras maestras de arquitectura y pintura románicas. A los artistas de Lombardía del siglo XII les tocó el honor de ser los artífices de la obra. En Sant Climent las pinturas murales que se llevaron en 1922 al museo barcelonés aparecen reproducidas en su lugar original. Hay otros frescos descubiertos en 1970 que se conservan en el interior. La subida al campanario de esta iglesia de veintidós metros de altura y seis pisos por unas escaleras estrechas y empinadas lo convierte a uno en un ser privilegiado con mucha vista. Después de los frescos de abajo, estar al fresco de arriba sabe a gloria celestial. Ojo con la bajada.

BESALÚ (Girona)

Que nadie se llame a engaño en este viejo municipio de la comarca de la Garrotxa, atravesado por el río Fluvià. Cuando en Besalú a uno le ofrecen un «modernista», se refieren a unas tiras estrechas y tostadas a base de harina, huevo y azúcar. Para los que prefieren el sabor salado hay una gran variedad de embutidos y unos excelentes platos de manos, mejillas y orejas de cerdo, guisos y jamones de jabalí y cordero a la brasa. No está mal para empezar una andadura con buen pie por este lugar. Hay que cruzar el puente sobre el río sin miedo y ya se verá lo que es bueno.
Este *pagus Bisuldunensis* de otro tiempo llegó a ser el centro de un condado independiente entre 894 y 1111, cuando se refundió con la Casa Condal de Barcelona. Entre 1017 y 1020 fue el ombligo de un efímero obispado, creado por motivos políticos por iniciativa del conde Bernat Tallaferro (988-1020), cuyo hijo Guifré llegó a ser obispo. A la muerte de Tallaferro, los obispos de Vic y Gerona reclamaron y obtuvieron sus territorios desmembrados y Guifré, sin protección política, se retiró a Sant Joan de les Abadesses como abad de una comunidad canóniga. Desde el siglo XIII fue sede de la Verguería y hasta el siglo XIV constituyó un núcleo urbano importante y muy poderoso.
Besalú fue declarado Conjunto Histórico Artístico en 1966. La villa está considerada el pueblo románico por excelencia de Cataluña. Cuenta con un trazado de callejuelas y plazas medievales con edificios notables como la antigua Curia Real, un edificio del siglo XIV, destinado a la administración de justicia y actualmente convertido parcialmente en un hostal. Sin olvidar la Casa Llaudes o Cornellà, en un extremo de la plaza de Sant Pere, con un patio o galería a

Besalú, el pueblo románico por excelencia de Cataluña.

El puente fortificado sobre el río Fluvià, de estructura angular y siete ojos, fue iniciado durante el siglo XII. Debajo, un rincón gótico.

modo de claustro de época románica y muchos otros edificios antiguos y calles (calle de Tallaferro, con pórticos románicos) y plazas (la porticada Plaça de la Llibertat) que dan a la población un inconfundible aire medievcl.
En 977 el conde–obispo Moró III fundó la abadía benedictina de Sant Pere de Besalú. La iglesia del monasterio fue renovada por el conde Bernat Tallaferro y consagrada en 1003. Las reliquias de los santos Prim y Felicià fueron centro de devoción y de peregrinación comarcal. La iglesia tiene tres naves y tres ábsides, el del centro con girola en el interior, cinco arcos sobre columnas con capiteles historiados que demuestran la buena mano de un artista del norte de Italia y un ventanal sobre la portada con pequeños leones en relieve a los lados, que se parecen al trabajo de las escuelas rosellonesas. El campanario macizo data de 1697. Actualmente, es la iglesia parrcquial.
En la parte alta de la villa, en el lugar del desaparecido castillo condal, se encuentra la iglesia de Santa María, fundada también en 977 y secularizada en 1592, antiguo convento de

agustinos y colegiata. Conserva sólo la cabecera con tres ábsides y algunos elementos escultóricos. La iglesia de Sant Vicenç, restaurada en los siglos XII y XIII, es un edificio de transición del románico al gótico de tres naves y crucero, un elegante ábside y una puerta adornada con arquivoltas y capiteles.

Entrar en Besalú a través del puente sobre el Fluvià son palabras mayores. Es un puente fortificado con torres, iniciado en el siglo XII y restaurado y modificado varias veces. Tiene siete arcos desiguales y una forma angular. Se asegura que las piedras del río facilitaron aquella construcción. El puente nuevo, levantado más al norte de la villa, hizo que este puente milenario conserve un aspecto tranquilo, ajeno al tráfico y el ruido. No deja de ser un paseo bucólico. Al lado del río se pueden ver los restos de las antiguas murallas. Y en el antiguo *call* o barrio judío, se conserva la *mikwa* o casa de abluciones y baños rituales del siglo XII, la tercera en importancia de Europa. El antiguo hospital de Sant Julià es actualmente un centro socio–cultural y conserva su fachada exterior del siglo XII.

En 1988 el Ayuntamiento de Besalú puso en marcha un plan especial para rescatar de su largo abandono al barrio antiguo. Aquí se dan

Arriba, la abadía benedictina de Sant Pere (siglo XI), hoy iglesia parroquial. Debajo, a la izquierda, una pequeña plaza en lo que fue la judería. A la derecha, la casa de los Arcos en la calle del Conde Tellaferro.

los principales estilos de la arquitectura medieval catalana, y es el segundo conjunto monumental urbano de las comarcas gerundenses, después del de Girona. Este es el país del conde Tallaferro, héroe de la reconquista y de los romances caballerescos, príncipe y padre de la patria enterrado en Ripoll y cantado por Verdaguer en el *Canigó*. Quién no recuerda aquello de que «el conde Tallaferro va como el viento volando por las alturas del Pirineo». Pero uno no tiene necesidad de volar a la hora de internarse hoy por esa geografía llena de pueblecitos, iglesias románicas, valles, ríos y recónditos parajes donde sólo la imaginación tiende a elevarse hasta alturas insospechadas.

Los afluentes del río Fluvià, la riera de Capellada y el torrente de Garganell, dan vida al territorio de cultivo. La laguna de Besalú, de origen volcánico, también hace lo que puede. Predomina la agricultura de secano: los cereales (especialmente el maíz), las patatas y los forrajes. La tradicional fabricación de zuecos ha desaparecido prácticamente. Antes, en Talaixà y Ribelles se daban los bosques de bojes de grandes proporciones que estuvieron en el origen de los zuecos y otros objetos de madera que trabajaban los artesanos de aquí. Y qué decir de las fábricas de género de punto y de tejidos de algodón que eran la gloria industrial del pueblo. La producción de yeso para fines clínicos aprovechó yacimientos locales de extraordinaria calidad. Hoy se recurre al turismo para remontar el vuelo.

La iglesia de San Vicente, arriba, y una panorámica sobre el río Fluvià, con el puente románico.

CADAQUÉS (Girona)

Cadaqués, una de las villas marineras más hermosas de toda la Costa Brava.

Municipio de la comarca del Alt Empordà, situado en el lado oriental de la península Cap de Creus y rodeado por la sierra de Rodes. En la actualidad está formado por la villa de Cadaqués propiamente dicha, el antiguo barrio de pescadores de Portlligat y otras urbanizaciones de tipo residencial y turístico. El contacto de la sierra con el mar condiciona la gran articulación y el carácter recortado de la costa, entre la Cala Galladera al norte y la Cala Jónculs al sur. Esta situación geográfica peculiar hizo que Cadaqués quedara prácticamente aislado del resto del continente hasta finales del siglo XIX . Era el fin del mundo, y hasta este siglo su única salida fue el mar.
Los primeros documentos que mencionan a Cadaqués datan de alrededor del año mil. En su origen está la necesidad de tener una fortaleza para defenderse contra los ataques de turcos y berberiscos. De la antigua villa fortificada quedan una torre semicilíndrica y un portal de arco rebajado que daba a la playa. Las tradicionales fuentes de riqueza del municipio fueron las actividades marítimas. La pesca nunca sedujo demasiado. Aquí hubo navegantes, emigrantes, contrabandistas y buscadores de coral. En la Edad Media fue uno de los centros coraleros de la costa catalana y en 1835 había todavía un grupo de hombres dedicado a la búsqueda de la esponja y las perlas de las Indias.
La navegación, principalmente de cabotaje y, en menor escala, a las Américas, aumentó considerablemente desde mediados del siglo XVIII y llegó a su punto más alto durante el primer tercio del siglo XIX. Al desaparecer la fiebre navegante, quedó la pesca como única actividad marítima, aunque actualmente tiene poca importancia. Es tradicional la industria conservera: el

salado de las anchoas de Cadaqués, a diferencia de las de l'Escala, incluye pimienta. Las dificultades de las comunicaciones terrestres y la aspereza del terreno limitaron la actividad agrícola. Durante el siglo XVIII, estimulado por el comercio marítimo, se cultivó la vid, pero la filoxera de finales del siglo XIX acabó con todo el cultivo y el paisaje de Cadaqués se transformó completamente. En el lugar de las viñas se plantaron unos olivares que corrieron igual suerte con las grandes heladas de febrero de 1956.

En la Edad Media, Cadaqués tuvo una iglesia pequeña, que fue saqueada varias veces por los invasores. Por si las moscas, la iglesia parroquial de Santa Maria está situada en el punto más alto del núcleo antiguo. Es un edificio del gótico tardío, iniciado a mediados del siglo XVI y acabado en el siglo siguiente. En el siglo XVIII se le añadió una gran capilla. En ella hay un prodigioso retablo barroco de madera de 1725, muy al estilo de Vic, diseñado por el célebre Jacint Morató y llevado a cabo por Pau

Arriba y a la derecha, instantáneas en Cadaqués, que fue residencia de intelectuales en las primeras décadas del siglo XX.

Costa, uno de los mejores talladores del país. En los tiempos modernos, la villa se amplió por ambos lados del núcleo antiguo y fueron construidas casas ochocentistas y modernistas, algunas de prestigiosos arquitectos modernos como Coderch, Milà, Tusquets, Clotet y otros. Desde finales del siglo XIX hasta ahora, el pueblo se ha convertido en un centro de atracción de artistas e intelectuales, inicialmente alrededor de los hermanos Pitxot y más tarde de Salvador Dalí. Pero el primer pintor que llegó a Cadaqués fue Narcís Monturiol, el inventor del submarino. Hacía de retratista y un buen día, mientra observaba el buceo de los buscadores de coral en Cap de Creus, se preguntó por qué podía navegarse sobre la superficie del mar y no podía hacerse lo mismo por debajo del agua. Probablemente ese día acabó para siempre con su oficio de pintor y empezó su fama de inventor.

Dicen que a principios de siglo llegó a Cadaqués a través de un camino polvoriento un tal Ramón Pitxot acompañado de su familia, compuesta por cantantes de ópera, violinistas, dibujantes y trapecistas de boquilla. Fue el inicio de la fiesta en un pueblo acostumbrado a ser el fin del mundo que de golpe vio desfilar a otros muchos Pitxots. El pintor Ramón Casas fue el primer hombre que llegó en coche en 1904, merendó con los Pitxot y salió huyendo a toda prisa. Ese mismo año, el Picasso cubista pasó un verano inolvidable en el pueblo: hizo diez cuadros y varios grabados. Utrillo, Zuloaga, Gaudí, Rusiñol y Eugenio D'Ors también viajaron a este lugar encantado. En los años veinte, apareció Dalí con su amigo Luis Buñuel y un proyecto común: esa gran película titulada *El perro andaluz*. En 1927 García Lorca, Paul Eluard y su esposa Gala son los invitados de Dalí. El desfile de artistas parece interminable: Margritte pinta aquí *El tiempo amenazante,* uno de sus mejores cuadros. Max Ernst y Marcel Duchamp tampoco se hacen esperar. Después de la guerra civil española Duchamp no se pierde un verano sin aparecer por Cadaqués hasta su muerte en 1968. Man Ray y John Cage, escandalizados por el protagonismo de Dalí, también se apuntaron a la lista de personajes históricos del arte moderno que gastó algunos de sus días en este lugar de la costa gerundense.

El paseo junto a la playa es uno de los lugares más frecuentados por los turistas.

Pero Dalí se llevó el gato al agua. Y construyó su mansión sobre antiguas casas de pescadores en Portlligat, adornada con unos huevos monumentales en el tejado, un oso disecado en la entrada y la escultura del *Crist de les Deixalles*. Hoy, la estatua de la libertad reinterpretada por Dalí y financiada por el capitán John Peter Moore, el antiguo secretario del pintor, recibe a los visitantes a la entrada del pueblo. Los socios del Ateneu de Cadaqués la calificaron de «mona de Pascua» y de «muñeco» y montaron una manifestación de protesta el día en que la estatua de bronce, inspirada en un dibujo de Dalí, fue puesta encima de un pedestal ciertamente muy llamativo: la oficina de turismo. Hay quien ofrece alternativas: colocarla en el centro de la bahía a imagen y semejanza de la estatua de la Libertad neoyorquina.
El nombre de Cadaqués, asociado a Barbarroja y otros fieros asaltantes turcos y berberiscos que mantuvieron en vilo a la vieja civilización ampurdanesa, a los delirios minerales de Dalí, a los cuentos fantásticos de los viajeros accidentales y a las aves artísticas de paso, ya no suena a fin del mundo. El viento de garbí que hace correr el mar y pone moradas a las aceitunas que maduran en los olivares temblorosos parece menos viento. Es una buena hora para arreglar el mundo con anchoas en aceite del pueblo y rebanadas de pan de payés untado a conciencia con tomate y aceite. Si se levanta la tramontana la cosa cambia, hay que recurrir entonces a esa sinfonía marinera de escórporas rojas, congrios, doradas, meros, rapes y otras criaturas antediluvianas para poner orden y concierto a los sentidos: un *suquet de peix* o caldereta de pescado incomparable.
Hubo un tiempo muy moderno allá por los años psicodélicos en que la tribu de los pelos largos bajaba a Cadaqués y se subía al Cap de Creus dispuestos a «alucinar» con el paisaje. Hoy las cosas han cambiado mucho y esos bellos rincones acigen a un turismo de otra clase. Ahora los vientos soplan en otras direcciones: a favor de recuperar cosas como el habla de Cadaqués, con nueve siglos de antigüedad y quinientas palabras de repertorio léxico, o de fortalecer el estado del arte oficial de cara a la galería. A las mil ochocientas almas del pueblo, de las que unas ciento cincuenta son artistas residentes, lo que más les debería inquietar son esos veranos con veinte mil turistas.

Cadaqués hacia el sur
desde la plaza de la iglesia
y, junto a estas líneas,
una casa encalada.

CASTELLFOLLIT DE LA ROCA (Girona)

Si uno viene de la antigua villa románica de Besalú por la carretera que va a Olot, tarde o temprano se quedará de piedra, como encantado, ante un nido de casas colgado de lo alto de unos riscos negros. La vista se estrella contra aquel acantilado basáltico sobre el que está montado un pueblo imposible cuyo nombre, Castellfollit de la Roca, no deja entrever un espectáculo tan fuera de lo común. Del presunto castillo no hay un solo resto. Aunque la roca cortada habla por sí sola. Un absimo de sesenta metros de altura que cae en las aguas del río Fluviá. De aquí abajo llega el peligro y de la lluvia y el viento también: todo contribuye a erosionar un lugar frágil, siempre a merced de los vaivenes de la poderosa naturaleza.

Castellfollit de la Roca es simplemente paisaje y a la gente de aquí le encanta rodearse de su propio paisaje. En estas tierras de paso, hasta hace bien poco, se da una sociedad tranquila y tradicional que el día menos pensado puede salir despedida por los aires tras una erupción volcánica. Es un decir, claro. Pero lo que sí es cierto es que la gente ya tiene otros horizontes más lejanos. La comarca de la Garrotxa, que significa tierra mala, pobre y quebrada, estuvo encerrada largo tiempo entre sus montañas y pequeños valles. Basta echar una ojeada desde el pico donde está enclavada la ermita de la Mare de Déu del Mont para darse cuenta de la contundencia de la abrupta orografía y el aislamiento milenario. En aquellas alturas el poeta Verdaguer encontró la inspiración necesaria para escribir su *Canigó*.

A lo mejor que puede aspirar el simple caminante es a tener un día claro y ver toda la Garrotxa, el Ampurdán y el mar. El paisaje de Castellfollit de la Roca despierta la leyenda. A uno se le

Castellfollit de la Roca, construido sobre un acantilado basáltico.

Los huertos se hallan bajo el pueblo, al abrigo de los vientos (arriba). A la derecha, una calle del lugar.

hacen menos lejanas las historias de bandoleros y *trabucaires,* residuos del carlismo, que tomaron la comarca como su último baluarte. En este país del conde Tallaferro, héroe de la Reconquista y de los romances caballerescos, enterrado en Ripoll, no es extraño que los poetas y los pintores pusieran a cabalgar su imaginación. Pero a la vista de aquel pueblo de mil personas colgadas sobre una roca, no se necesita adornar el sitio con más imágenes. Aunque el tercer domingo de septiembre la plebe sin conde alguno celebra por todo lo alto su fiesta mayor.
Aquí se abre el apetito de forma inexorable. Uno se adentra con buen ánimo por las calles de la villa antigua hasta llegar a la iglesia de Sant Salvador. En el portal de una casa vecina ya se montó una tienda donde brillan las exquisitas judías secas del «ganxet». Hacer caso omiso es imposible. Tarde o temprano, hay que volver a pasar por el mismo lugar y se cae en la tentación de la compra como si nada. En el fondo, vale más picar antes que después. Así, se disfruta del paisaje con mayor tranquilidad. Lo que se ofrece desde el mirador de la iglesia

es una obra de arte naturalista. La historia del templo devuelve al más pintado a la realidad volcánica. Uno se estremece sólo de pensar que los terremotos destrozaron el edificio. En nuestros días se ha restaurado, se utiliza como espacio para la celebración de actos culturales y existe el proyecto de instalar en sus dependencias un pequeño museo con obras y restos arqueológicos de diferentes épocas hallados aquí.
De vuelta a la carretera, no hay tregua que valga. Un museo del Embutido abre un abanico inmenso de posibilidades para acompañar las judías con el cerdo. Y no hay más remedio que rendirse a la evidencia. Aparecen las herramientas utilizadas para la elaboración de aquellas tripas rellenas. Y también viejas máquinas, condimentos, fotografías y otras maravillas informativas. Luego viene lo que viene y caen los muros de la resistencia numantina. Pero con las judías y el cerdo no se acaba la historia. Una fábrica de galletas artesanales hace muy difícil, por no decir imposible, que uno se marche del pueblo con las manos y el estómago vacíos. Y es que en los últimos años el sector agroalimentario en la comarca, como si del mismísimo conde Tallaferro se tratara, marcha viento en popa.

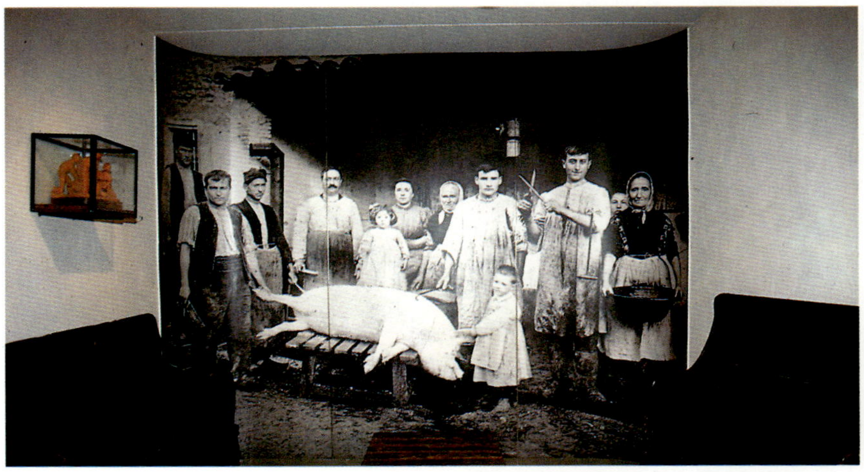

El Museo del Embutido ilustra sobre antiguas tradiciones.

LLÍVIA (Girona)

Panorámica de la antigua Llivia, un lugar que tuvo gran importancia durante la Edad Media.

Cerdanya dentro de Cerdanya, fronteras increíbles, dentro de Francia un trozo de España, dentro y fuera catalanes», dijo el poeta Blasi i Rabassa refiriéndose a un pueblo surgido del Tratado de Paz de los Pirineos de 1660. Desde esa fecha, por una de esas inexplicables claúsulas de un convenio, una zona de doce kilómetros cuadrados rodeada de territorio francés es española. Y allá se encuentra el pueblo isla de Llívia. Un lugar de leyenda.

De todas las leyendas, la más famosa es aquella que se registra en las primeras páginas del *llibre Ferrat* o de los Privilegios, guardado en el archivo de la villa. Aparece en las mismas el escudo de Llívia, representado por un montículo escarpado, denominado hoy como ayer «El Castell», coronado por un imponente castillo con altivas torres y a sus pies, adosado alrededor de la iglesia, el pueblo que le rinde vasallaje. A un lado del montículo, sobre el vivo reflejo de un cielo sereno, aparece un regio personaje con túnica, barba y cetro en la mano, con la siguiente inscripción: *Llivium oppidum est interpirineorum convalles montium. Provincia Catalonia et ceritania rejionis. Ab Ercule Libio Ante.* Sigue el anagrama de Cristo y la fecha: 1678.

De su importancia y preponderancia histórica en el medioevo quedó constancia en todas y cada una de las hojas de pergamino del *Llibre Ferrat* y la colección de pergaminos que en nuestros días se encuentran en el Archivo Municipal. De Llívia se lee: «Situado en el Condado de Cerdañya, tenida por la más antigua población del condado y en su época la más principal, tenía un castillo de gran importancia por ser la llave de la custodia de toda aquella tierra, y así en su tiempo muy privilegiada y dotada de muchas prerrogativas por los Serenísimos Reyes

de Aragón, de inmortal memoria». Es de tradición histórica, mantenida por todas las generaciones sucesivas al Tratado de los Pirineos, que Llívia debe su continuidad como villa española al hecho de hacer valer sus derechos de villa, y no de pueblo, como figuraba en los documentos de transacción de los treinta y tres pueblos que pasaron a la corona francesa. Llívia debe el título de villa, que la ha mantenido en el seno de la administración española, a una concesión otorgada en el siglo XVI por el emperador Carlos I de España y V de Alemania.

Después de la firma de la declaración sobre el artículo 42 del Tratado faltaba señalar los treinta y tres pueblos de Rosellón y Cerdanya que habrían de ser incorporados a Francia. No hubo dificultad en la elección de esos pueblos, pero habiendo pretendido el obispo de Orange incluir en el sector francés la villa de Llívia, el doctor Calba se negó rotundamente a ello. La discusión se prolongó hasta primeros de octubre de 1660. Se firmó el acuerdo de delimitación de la frontera en la Cerdanya el 12 de noviembre, respetándose el enclave español de Llívia.

Como el resto de pueblos de Cerdanya, la villa siempre tuvo el derecho de pastos en unos montes que con el Tratado pasaron a jurisdicción francesa. Cuando Catalunya dominaba en Cerdanya y ésta se proyectaba más allá del Coll de Puymorens, aquellos montes eran de usufructo rural, que estaba bien regulado. Muchos pueblos conservaban sus derechos escritos en unos *Llibres de la Rodalia,* con unos confines bien delimitados. Se mantenían los derechos sobre los pastos, los *emprius* y la utilización de las barracas, los caminos de acceso y las *carrerades,* pequeñas rutas rurales.

La gente de Llívia tenia también sus pastos en este mismo sector y por el Tratado pasaron a ser territorio francés. Sin que en los pactos se haya encontrado alguna referencia a este derecho, Francia se avino desde un principio a respetarlo y considerarlo como anexo a la clara definición de la villa como de pertenencia española. Sin la intervención de mediadores externos, Llívia se entendió a la perfección con sus vecinos de Angustrina, de Odeillo, de Ur y de la Vilanova de les Escaldes que andaban también en el

La torre de Bernat de So y la iglesia parroquial, reconstruida en el siglo XVIII.

Puerta y dintel del siglo XVIII y un rincón de la villa.

mismo asunto, para seguir en el disfrute de unos derechos vitales para su ganadería. La nueva frontera no resultó para los animales tan vejatoria como para las personas. Cada verano las reses de la localidad salían de España para pastar en Francia y regresar en septiembre a sus establos para acudir luego a las ferias de otoño.
Llívia constituye actualmente una villa o municipio de la provincia de Gerona. Se encuentra en la cuenca o valle del río Segre, en terreno casi del todo llano, dominado al norte por el macizo del Carlit. Produce trigo, patatas y forrajes y cría toda clase de ganado. El término municipal tiene una extensión de mil doscientas sesenta y cuatro hectáreas. Riegan su término los ríos Segre, Egat y Err, las rieras de Rivals y Estahuja y las aguas de la acequia o canal internacional de Angoustrine–Llívia. Su clima es riguroso, pero su suelo sorprendentemente fértil.
Conserva en las ruinas de su Castell restos de murallas y torreones, así como parte de la iglesia, reconstruida en 1700, y antigua Torre

Redonda, verdadero fuerte adosado al patio de la iglesia, que nos hablan de su pasado histórico medieval. Llívia fue siempre distinguida y temida, tanto por los romanos como por los árabes y visigodos. Hoy parece un remanso de paz y el visitante se pasea por aquí sin temer nada ni a nadie. Su espaciosa y magnífica iglesia, reconstruida en el siglo XVIII, guarda las reliquias del ermitaño y abad San Guillermo de Llívia, patrón de la localidad. También se conservan en la misma una rica capa pluvial, donativo del emperador Carlos V, y una magnífica imagen de un Cristo, tallado en el siglo XIV.

El museo municipal, creado en el año 1981, cuenta con la famosa farmacia de Llívia o farmacia Esteva. Por una verdadera suerte y gracias a sus propietarios, que la han ido heredando de padres a hijos, en la «farmacia más antigua de Europa» se ha ido conservando todo cuanto a través de los años, de los siglos, ha sido el arsenal, el instrumental de los farmacéuticos. La farmacia Esteva fue fundada en el siglo XV y desde entonces, regentada siempre por miembros de la misma familia, permaneció con sus puertas abiertas hasta 1920, en que se cerró ya definitivamente al público, convirtiéndose prácticamente en un museo. Merece destacarse una colección de recetas de enorme antigüedad, gracias a las cuales se han podido conocer con exactitud las enfermedades más comúnmente diagnosticadas en diversas épocas y los remedios que se aplicaban en cada una de ellas. Hay también una extensa hilera de tarros, botes y cajas de madera, todos ellos primorosamente trabajados y con descripciones que indican la clase de hierba o ungüento que guardaban en su interior en sus buenos tiempos.

El llamado «elixir del vivir» de la farmacia llama poderosamente la atención. En otra parte de la tienda pueden contemplarse varios libros muy interesantes, escritos la mayoría en catalán antiguo, en los que están anotadas las fórmulas de los productos que se preparaban en la propia botica. Uno de estos libros, el *Llibre Ferrat,* guarda con sus firmas el recuerdo de un sinnúmero de personajes célebres que pasaron una u otra vez por la histórica farmacia en demanda de remedios. En lugar preferente se guarda el instrumento básico de la industria farmaceútica de antaño: el almirez. En el caso de la farmacia Esteva, el almirez es de dimensiones realmente asombrosas. Hecho con cobre aleado con platino, su peso es de 60 kilos y por la calidad del metal su sonoridad es igual a la de una campana. Aquí, en Llívia, hay remedio para todo.

Mosaico moderno elevado en Llívia en honor a Lampègia, princesa de la paz y del amor.

MONELLS (Girona)

Monells es un hermoso laberinto medieval donde los arcos y la piedra son protagonistas absolutos.

En este pueblo de molinos invisibles uno debe enfrentarse a la belleza interior de un silencio de piedra entre su laberinto de arcos y columnas. En este Baix Empordà del interior nunca se sabe muy bien donde llega el techo de las cosas. Hay que andar a lo que salga. Y a fe que que el caminante pocas veces saldrá defraudado. Monells es la prueba. ¿Quién diría que este lugar aparentemente y a primera vista sin encanto alguno encierra un pequeño pueblo absolutamente extraordinario?

Desde 1973 Monells pertenece al municipio de Cruïlles, Monells i Sant Sadurní de l'Heure, nacido de la fusión de las tres entidades que forman su nombre. El pueblo está formado por dos sectores, el barrio del Castillo y el barrio de la Riera, divididos por el Rissec. Situado sobre el camino viejo de Empúries, prácticamente en la frontera de los condados de Empúries y de Girona, en Monells confluyeron los intereses y los poderes de la casa condal de Barcelona, de la mitra gironina y de los condes de Empúries, lo que pudo favorecer a a población. El señorío del pueblo se transmitía por compraventa y fue ejercido sucesivamente por diversas familias hasta que, a finales del siglo XVIII, pasó a ser propiedad real. La posición estratégica de Monells le permitió muchos privilegios: los prohombres no estaban obligados a coger las armas, los pleitos se hacían en el pueblo sin depender de los jueces de Girona ni de Castelló y en su mercado nadie podía ser detenido bajo ningún concepto.

A consecuencia de su emplazamiento al lado del río, en Monells se multiplicaron los molinos –de ahí viene su nombre–, al mismo tiempo que se creaba un mercado semanal que fue la base de su prosperidad y que se sigue celebrando en

su Plaza Mayor, también llamada de Sant Jaume. Es una plaza en forma de rectángulo irregular y las casas con pórticos que la rodean fueron levantadas entre los siglos XV y XVIII. En la plaza, entre dos arcadas, se encuentra la *mitgera de Monells,* un medidor de grano adosado en un hueco de la piedra calcárea, que data de 1881. Por un decreto de Jaime I en 1234 se utilizaba como patrón de medida oficial para los cereales de todo el obispado de Girona.
Esta evocadora plaza es el centro del barrio del Castillo, que se extiende al pie de la pequeña colina donde se esparcen unas pocas ruinas del antiguo castillo, documentado desde el siglo XI. El barrio estaba rodeado de murallas de las que quedan notables vestigios detrás de las casas, fragmentos de muros y dos torres de planta rectangular. No hay que dejar de mencionar la pequeña plaza de l'Oli (del aceite) con pórticos y la calle dels Arcs. Aunque en este pueblo todo despide un aire tan encantador que se hace muy difícil destacar una cosa de otra.
En el barrio de la Riera, al otro lado del río, hay casas de los siglos XVI y XVII y está también la iglesia parroquial de Sant Genís de Monells, un edificio gótico de una sola nave y diversas capillas menores en el ábside y en la nave. La fachada fue remodelada en 1785. La iglesia fue edificada encima de otra románica, de la que sólo se conserva una parte del ábside del siglo XI, que sirve de contrafuerte de la cabecera gótica. El campanario se empezó a construir en 1788 pero quedó inacabado. A principios de este siglo se terminó de levantar la parte superior.
Por si Monells sabe a poco, uno debe darse una vuelta por el vecino pueblo de Cruïlles y contemplar la torre circular románica de su castillo. El monasterio de Sant Miquel queda a

La Plaza Mayor, también llamada de Sant Jaume, con pórticos góticos, es el centro del barrio del Castillo. Junto a estas líneas, una masía en las cercanías de Monells.

La iglesia parroquial de Sant Genís de Monells y la llamada *carrer dels Arcs,* que recorría el perímetro amurallado de la ciudad.

un paso: fundado por los señores de Cruïlles en el año 1040 y abandonado en el siglo XVI, hoy se mantiene en pie una iglesia del siglo XI con restos de pinturas románicas. Las cosas más valiosas están en otro lugar. La famosa viga románica de Cruïlles con la representación de una procesión de monjes del siglo XII, una majestad románica de la misma época y un retablo de pintura gótica se encuentran en el museo de Arte de Girona. El pueblo fue declarado Monumento Histórico Artístico en 1931.

No hay que marcharse de Monells y sus alrededores sin haber pasado por la experiencia de comer la butifarra dulce y la de *perol.* Sin olvidar que el 25 de agosto es día de la fiesta mayor y aquí uno ya sabe lo que le toca. Está claro que lo poco que hay en Monells sabe a mucho. Y no se puede decir que sea demasiado. Probarlo no cuesta nada.

OLOT (Girona)

La descolonización industrial y la pujanza de los servicios definen la remodelación progresiva de la capital de la Garrotxa, la ciudad «perdida» tras el terremoto de 1427, refundada por el influjo de las grandes fortunas del siglo pasado, y nuevamente rediseñada a principios de este siglo por el hálito novecentista del indiano Manuel Malagrida, que desvela su futuro desde el discreto realismo. Su imborrable pasado ya no es una losa, pero se proyecta en la revitalización de los últimos años.

En medio de la llanura que lleva su nombre se levanta Olot, el lugar donde convergen todas las vías de comunicación, considerada por muchos como la segunda capital de las tierras gerundenses. El pueblo se extiende desde las faldas de los volcanes Montolivet y Montsacopa hasta el río Fluvià. Un poco separado se levanta el Garrinada, con dos cráteres correspondientes a dos periodos de actividad del volcán. A principios de la Edad Media era un pueblo importante que contaba con una sede episcopal. Los sarracenos lo arrasaron en una de sus incursiones y sufrió las influencias contrapuestas de dos centros señoriales muy poderosos: Besalú y Ripoll. A principios del siglo XI el conde Bernat de Besalú cedió el señorío de Olot al abad de Ripoll, un traspaso que dio lugar a inacabales conflictos entre Olot y sus nuevos señores. En 1401 el rey Martín restauró el Consejo y el Consulado de la ciudad, al mismo tiempo que creó la subveguería de Olot. Cuando parecía que Olot recuperaba las fuerzas, con las libertades y prerrogativas, ocurieron los terribles terremotos que destrozaron prácticamente todo el pueblo. Las sucesivas guerras dificultaron su crecimiento; durante la invasión napoleónica los franceses se apoderaron de la ciudad, estable-

Olot, capital de la comarca de la Garrotxa, es uno de los municipios con más parques y jardines de toda Cataluña.

Olot fue engalanada por el modernismo, que elevó edificios como las casas Solá-Morales y Malagrida.

cieron un cuartel general y levantaron un fuerte encima de Montsacopa. No fue hasta mediados del siglo XIX que Olot tomó el camino ascendente, el camino que le ha llevado a alcanzar la prosperidad actual.

«Adeu ciutat d'Olot», dice una sonatina de acordeón en la recóndita intimidad de algunos supervivientes que habitan las casas pairales de los valles prepirenaicos de Bas, Viaña, Bac, Oix y la Salut circundando el rancio casco urbano de veintisiete mil habitantes. En el centro histórico de la ciudad, el pasado colusiona con el hormigueo de más de cincuenta asociaciones vivas como el Ateneo o el Centro Católico. Es el entramado de las capas menestrales. Un tejido cuya innegable revitalización resume hoy el impulso de algunos gremios como el de la industria de talleres de santos, inaugurada en

1880, que es el único sector exportador de la ciudad. En este mismo logro abundan otros factores como las nuevas agrupaciones de artesanos, el remozado comercio de la confección y las sinergias mercantiles germinadas alrededor del centro de Artes y Oficios, hijo de la escuela pictórica de los Vayreda.
Olot ofrece muchas cosas para ver, empezando por las construcciones de índole religiosa como la parroquia de Sant Esteve, del siglo XVIII, de estilo neoclásico, y la iglesia de la Mare de Déu del Tura, la patrona de la villa. Después, uno puede ir a la Escuela Olotina de dibujo, fundada en 1784, una escuela que se mantuvo a lo largo del tiempo y dio resultados óptimos en el campo del arte y la vida ciudadana. La escuela ha estado dirigida por artistas importantes como Panyó y tuvo grandes creadores: el escultor Clarà y el pintor Llavanera.
En cuanto a museos, en Olot los hay de gran interés y valor. El museo de Arte Moderno está instalado en el interior del magnífico parque municipal de cuarenta y cinco mil metros cuadrados, en el edificio de la torre Castanys, y contiene obras de Joaquim Vayreda y otros pintores locales y foráneos, así como algunos trabajos del célebre imaginero Ramón Amadeu. También es interesante el museo arqueológico, situado en un edificio de grandes proporciones, construido por el arquitecto Ventura Rodriguez a finales del siglo XVIII como hospital de la ciudad. Los aficionados a la geología y los interesados en la zona volcánica de la Garrotxa encontrarán toda la información posible en la Casa del Volcán. Si uno desea estar tranquilo y gozar del paisaje que ofrece el pueblo, no hay que dudarlo: en la parte sur se encuentran numerosas fuentes de agua fresca en un entorno paradisíaco como los Deus, la fuente Moixina, Sant Roc y Les Tries, donde casi siempre se encuentran artistas en busca de inspiración.
El paisaje ha estado históricamente vinculado a Olot. Lo ilustra la escuela pictórica olotina, basada en el paisaje y que ha sido desde su creación uno de los valores más importantes del pueblo y de toda la comarca. Sin embargo, Olot creció durante años a espaldas del paisaje y sólo desde hace poco tiempo ha vuelto el interés por la naturaleza. Durante estos últimos años se ha invertido mucho en la mejora del nivel cultural en un intento de recuperar la capitalidad artística de principios de siglo. El museo de los volcanes, el museo comarcal, la casa Trinchería, las reformas del teatro municipal o la recuperación de la escuela de Bellas Artes, sin contar con las numerosas galerías y salas de exposiciones, han sido algunas de las obras llevadas a cabo en estos últimos años.
El municipio, con una superficie de veintinueve kilómetros cuadrados, figura entre aquellos de Catalunya con mayor espacio verde: más de cincuenta hectáreas. Tal cantidad de parques y jardines ha devuelto a Olot, que ha crecido en los últimos diez años cerca del 6,5%, el equilibrio con el paisaje. El pueblo se apoya en la cultura y el turismo para acelerar su proceso de transformación y modernización en curso. No hay duda de que en la reactivación económica tendrán un papel destacado las comunicaciones, que han mejorado mucho y pronto la situarán a una hora de distancia por carretera de Barcelona, Girona y Francia.

Plaza céntrica en Olot, un pueblo que ha devuelto a sus vecinos el interés por las manifestaciones culturales.

PALS (Girona)

El núcleo antiguo de Pals, conocido por El Pedrò, está situado en la cima de una colina y rodeado en parte por las antiguas murallas. El pueblo domina la llanura del Baix Empordà, encerrada entre los tonos morados y grises de los mazicos del Montgrí y de Begur y los azules del mar. Los pantanos que inundaban la llanura de Pals, donde se cultivó el arroz durante muchos años, han dado nombre a la villa. Al parecer, Pals deriva del latín *palus*, o sea, terreno pantanoso. La villa, su castillo y las antiguas ciénagas de Pals se mencionan por primera vez en un precepto carolingio del año 899 relacionado con el monasterio de Sant Pau de Fontclara. Ya desde el siglo XI se acredita el señorío feudal de la villa y la existencia de un castillo, llamado de Mont Aspre, que por lo que sabemos cambió de manos en diversas ocasiones a lo largo de la historia: de permanecer en poder del señor de Toroella de Montgrí pasaría a la corona, y de ésta a la diócesis de Girona y después al señor de Cruïlles.

La construcción original del recinto amurallado de Pals data seguramente del siglo XIII, pero en épocas posteriores ha sufrido muchas transformaciones y reconstrucciones. Los restos de la muralla del ángulo noroeste han sido aprovechados para construir casas y por esta razón no se guardan elementos de ella. La torre de les Hores, cuya esbelta silueta destaca sobre los tejados del núcleo antiguo, es un magnífico ejemplar de torre románica de fortaleza del siglo XII. Es la única torre que queda del antiguo castillo que había protegido a la población. De planta cilíndrica, tiene un diámetro de siete metros, una altura de quince metros y el grosor de sus muros es de ciento noventa centímetros en la base. En el siglo XV se añadió el pequeño

Pals, uno de los recintos medievales más pintorescos de la provincia de Gerona.

campanario gótico que le da su nombre. En época moderna se procedió a la apertura de la puerta principal, ya que en su estado original sólo se podía acceder por una puerta que se abría a media altura. A su lado está la casa de la familia Pi i Figueres, que se construyó sobre el solar del antiguo castillo, inspirándose en un casal gótico–renacentista.

Cerca del castillo se encuentra la iglesia parroquial de Sant Pere de Pals, un edificio básicamente gótico del siglo XV. En su construcción se aprovechó la fachada románica de una iglesia anterior y algunas edificaciones de los siglos XVII y XVIII. Una sucesión de tortuosas callejas, con el recinto amurallado y las torres de planta rectangular completan el aspecto medieval que hoy en día ofrece el conjunto, quizás demasiado restaurado. De todo su trazado se conservan seis torres, tres de las cuales permanecen en buen estado. Son la torre d'en Ramonet (ocho metros de altura), la d'en Rom y la d'en Xinel.lo, las dos últimas en el muro de tramuntana. Un

El ábside de la iglesia parroquial de Sant Pere, entre las callejas medievales, y una galería sobre un arco de piedra de medio punto.

En Pals quedan todavía restos de torres de defensa, construidas con piedra arenosa de color albaricoque. En la fotografía de la derecha, un pasadizo bajo una casa gótica.

paseo por la villa permite admirar antiguos *Casals*, como la antigua y la moderna Casa de la Vila y la llamada «Ca la Pruna», que se ha convertido ahora en Casa de Cultura y alberga un pequeño museo de arqueología submarina. Entre las calles estrechas y costaneras destaca el Carrer Major, cubierto en algunos de sus tramos, al final del cual se abre un puerta de construcción tardía, levantada en el siglo XVIII, que todavía hoy constituye uno de los accesos principales al interior de la villa

Todas las casas de Pals están construidas con piedra arenosa de color de albaricoque, lo que contribuye a dar unidad a las edificaciones de las diferentes épocas y, por lo tanto, a todo el conjunto monumental. Desde el mirador, en la parte alta del Pedró, uno puede disfrutar de una excepcional y amplia vista panorámica sobre el Empordà, la islas Medes y el Canigó. El término municipal tiene antiguas masías fortificadas de los siglos XVI y XVII muy interesantes, como el Mas del Puig, el Mas Roig y el Molí de Pals.

Algunos de los cubos de la muralla han sido restaurados (arriba). Junto a estas líneas, el escudo de Pals y detalle de una tronera en el muro.

Algunos accesos han quedado, con el tiempo, lejos de la calzada, como ha ocurrido con la Torre de las Horas, la única que queda del antiguo castillo.

La llamada playa de Pals es otra historia. No está lejos del Pals medieval, situado en el interior. Fueron las dos desviaciones que sufrió el río Ter a lo largo de su historia las que determinaron la forma de la playa. Una ocurrió en el siglo XII, la otra dos siglos más tarde. Y en ambas intervino la mano del hombre feudal: los condes de Empùries. La playa se inicia en Punta Espinuda y termina en L´Estartit. Ya el geógrafo Estrabón dio cuenta de esta zona muy pantanosa, con aguas muertas y lagunas. De la torre de Pals sólo quedan las ruinas del recuerdo, dejadas por los piratas, y el pueblo de los Massos de Pals, que se fundó un poco al interior por los habitantes de la torre para resguardarse de las frecuentes invasiones por mar. Dicen las crónicas antiguas que la gente de la torre fue a la conquista de Mallorca y acabó poblando la isla de Ibiza. Uno puede zambullirse en estas aguas legendarias de la playa de Pals y volver a la seguridad interior del recinto amurallado por si algún pirata quiere volver a las andadas.

PERATALLADA (Girona)

Durante siglos, Peratallada fue la capital de uno de los dominios feudales más importantes del Baix Empordà, y el pueblo fortificado todavía mantiene su aspecto medieval. El primer señor feudal del que se tiene noticia documentada (1039) es Guillem de Peratallada, linaje originario de esta villa. Cuentan las crónicas que en el año 1250, a través de una alianza matrimonial, la casa de Cruïlles se unió a la de Peratallada y el castillo de estos últimos llegó a ser la residencia habitual de la nueva familia.

El castillo de Peratallada –restaurado y abierto al público– presenta construcciones de épocas y estilos diferentes. Aparte de las encajaduras, las cavidades, los aljibes vaciados en la roca y algunos fundamentos, las otras partes del castillo y del palacio se levantaron entre los siglos XI y XIV. En el siglo XV y en el siglo XVIII se reformaron buena parte de las ventanas y de las estancias. Pese a las reformas efectuadas, hoy en día se pueden distinguir dos partes bien diferenciadas: el núcleo fortificado y el palacio residencial. El núcleo defensivo, algo elevado, se asienta directamente sobre la roca viva y está estructurado como un castillo de esquema primario: en torno a la torre del Homenaje hay un muro que la rodea, adaptándose a la forma irregular de la loma.

Al sur de la fortificación, separados por una explanada, están los edificios que forman el palacio. El cuerpo más próximo al castillo es de planta rectangular, de dos pisos, y conserva en la fachada tres grandes arcadas de medio punto. Otro cuerpo del edificio se une a este último por el lado de mediodía: es una construcción románica, con una gran sala que se identifica con el aula mayor y que conserva ventanas de medio punto. Unida a esta aula, una escale-

Peratallada fue capital de un importante dominio medieval. Arriba y a la derecha, la Calle Mayor. En las fotografías inferiores, el palacio románico y la torre del homenaje del castillo.

ra comunica con las estancias del cuerpo situadas más al levante del palacio. Su planta tiene forma de T y cerca, en la sala mayor, hay un patio central triangular. La fachada principal también se encuentra en esa parte.
El elemento más visible del castillo es la Torre del Homenaje, que destaca por encima de todo el pueblo. Situada en el centro del estrecho recinto mural que lo rodea, se levanta unos diez metros sobre el basamento de piedra natural. De planta rectangular, está rematada por almenas cuadradas. Destaca una puerta construida con dovelas que da acceso a un interior donde sólo se ven las cuatro paredes maestras. Todo es de la misma piedra arenosa de la que está hecho el pueblo. Por lo que parece, sólo los muros que rodean el barrio del castillo formaban un recinto cerrado. Las otras murallas protegieron las partes del norte y levante. Del recinto principal quedan algunos lienzos, los fosos y tres torres de planta cuadrada. Una de las torres se llama de «Les Hores», porque contiene un reloj público.
Aunque el pueblo casi no se expandió extramuros, ha seguido conservando un aire medieval que se respira en el palacio del castillo, los pasadizos cubiertos, los porches y las ventanas de estilo gótico que ventilan las casonas del Bas, de la Roca, del Hospital y la calle Mayor, que sigue el trazado oriental de la muralla. Dicen que Peratallada viene de piedra cortada y hace referencia a los fosos excavados en la roca, situados debajo de la muralla que rodea el pueblo. Aquí manda la piedra. Pero el caminante que no es de piedra suele emocionarse al pasear por este lugar de piedras vivas.
El castillo de Peratallada fue adquirido por los condes de Torroella en 1964. El edificio amenazaba ruina y durante ocho años fue restaurado con el máximo rigor arqueológico y absoluto respeto a la obra original. Se eliminaron añadidos modernos, se descubrió la parte original que permanecía tapada y se restituyó a las viejas piedras su valor milenario. El castillo apareció citado por primera vez en un documento del 8 de abril de 1065 pero su existencia se supone mucho más antigua. En el curso de unas excavaciones se llegaron a encontrar restos de tumbas ibéricas. En 1985, se iniciaron los conciertos musicales de verano del castillo en los que no suelen faltar las habaneras, los bailes marineros y el *cremat* como fin de fiesta.
La fiesta mayor es cosa de dos días: el 6 y el 7 de agosto. Aunque a primeros de mayo se celebra una interesante feria de productos artesanales que tomó el relevo de la feria de ganado que hubo en otro tiempo. En Peratallada, cualquier tiempo es bueno para reconciliarse con la buena mesa. La oca con nabos es arte mayor. En cuanto a una de las más conocidas especialidades del lugar, las manos de cerdo con caracoles, sólo hay que ponerse manos a la obra. Y eso sí: aplaudir al final.

Un bello rincón medieval y la curiosa fachada de la iglesia parroquial.

PERALADA (Girona)

La noble villa de Perelada, donde el castillo–palacio es protagonista de la historia.

En el llamado conjunto medieval de Peralada, que se eleva sobre un leve promontorio a orillas del otro río Llobregat, los señores del castillo han abierto las puertas a la modernidad. Se trata de un pueblo gerundense del Alt Empordà con apenas mil habitantes por donde corren ociosamente el juego y la sangre azul a través de sus afluentes principales del Casino: el Golf, la Bodega y la Música.
«El palacio castillo de Peralada tiene una larga historia unida al feudalismo ampurdanés de mejor sangre», dicen por aquí. Pero nunca llegó la sangre al río. Sólo una vez, en la primavera de 1285, el rey de Francia Felipe el Bello al frente de su ejército, asedió Peralada a sangre y fuego y obligó a que sus habitantes abandonaran el lugar. Una noche los almogávares remataron la faena dejándolo reducido a cenizas. Aunque allá estuvo en primera línea el cronista Ramón Muntaner (1265–1336) con veinte años para narrrar en su propia lençua el saqueo de su pueblo natal. «El hombre que nos enseñó a hablar catalán», según el escritor Josep Pla.
«¿Qué os diré?», solía decir aquel Muntaner hincha de la casa de Aragón, prctagonista y registrador de sucesos históricos que van del nacimiento de Jaime I a la coronación, en 1328, de Alfonso III, pasando por las expediciones militares a Sicilia, Grecia y Asia Menor. El hombre dijo e hizo mucho. Incluso llegó a gobernador de la guarnición del puerto de Gallipolis, una importante fortaleza bizantina que fue la primera conquista otomana, en 1356, en Europa.
Hay mucho que decir de Peralada. Este antiguo asentamiento de íberos y romanos, conocido como Castro Tolon, acabaría llamándose Peralada en el siglo XII. También se hablaba de Condado de Peralada, pero sin condes. Todo

eran vizcondes guerreros de la misma familia en pagos ajenos, monjes agustinos, carmelitas calzados, dominicos y plebe hasta 1599, en que el rey Felipe III decidió convertirlo en un condado con condes y los Rocabertí ganaron el título. Con la Desamortización de Mendizábal en 1835 llegó la desdicha para las órdenes religiosas que, de golpe, se quedaron mudas y desposeídas de sus bienes y privilegios. Corrían vientos anticlericales. En Peralada, los señores del castillo se apropiaron a mediados del siglo XIX del convento del Carmen y sus aledaños, reconvertidos en teatro y vivienda por la plebe feliz. En 1883, los últimos condes de Peralada, por si las moscas, tomaron el camino de la filantropía y montaron en sus dominios palaciegos la enseñanza pública y gratuita para los niños del pueblo. Ahí nació una excepcional Escuela de Música, forjadora de la «Cobla–Orquesta la Principal de Peralada», disuelta en 1940, que llegó a tocar en París y Londres. En 1923, el castillo y el convento carmelita pasaron a manos de la familia Mateu.

Hoy en día, las dos torres almenadas del castillo de Peralada que se reflejan en las aguas de un lago con cisnes son la marca de una empresa moderna que intenta vender vinos, deporte, juegos de azar y espectáculo con criterio elitista. Y ahí está también el fabuloso campo de golf, como inaugurando los tiempos de crisis. Nadie parece temer por los destinos de la ruleta, probablemente porque no se juega a la ruleta rusa y todavía reina el interés especulativo. El vino y

Arriba, la biblioteca del castillo, que guarda 72.000 volumenes, los jardines del palacio y un rico artesonado. Debajo y en la página siguiente, detalles del exterior del edificio y de una de las torres defensivas.

la música del castillo, epicúreos, no son otro cantar, sino el mismo: cada cosa en su tiempo. Otros se encogen de hombros y dicen: «A mal tiempo, buena cara».
A cualquier visitante del castillo se le reflejaría el asombro en la cara al recorrer los dormitorios, los pasillos y los salones en los que se exhiben cuidadosamente los tesoros artísticos de Miguel Mateu Pla. Las esculturas medievales y renacentistas, los retablos flamencos del siglo XVI y de otras escuelas, los muebles imperiales, los grandes tapices alegóricos y triunfales y las pinturas de Goya, el Greco, Ribera, Vicente López y Zurbarán son las joyas de palacio. Pero la mayoría de las obras permanece oculta, fuera de la vista del visitante. Esto es cosa del propietario, y constituye uno de los tesoros privados más importantes del país.
En el convento del Carmen, junto al claustro y la iglesia de estilo gótico, hay un museo privado con cerámicas, monedas y una colección de objetos de cristal que deja sin aliento a la multitud curiosa. Ya se sabe: estas cosas gustan a todos, aunque son bien pocos quienes creen de verdad la leyenda que se cuenta del nacimiento de la peseta en Cataluña, sesenta años antes de que circulara en el resto de España. Y allá están los cuatro quartos y las pesetas de 1809 y 1814 para demostrarlo.
Aquí se guarda la cristalería catalana de los siglos XVII y XVIII única en el mundo. Destaca la colección de botijos femeninos y masculinos que las parejas se regalaban después de la boda. A cada cuál lo suyo uno tenía pecho pronunciado, cintura estilizada, gallina y sexo de mujer, el otro barriga, cresta de gallo y sexo de hombre. Era un acto simbólico que venía a recordar el viejo derecho catalán de la separación de bienes, que fue abolido el 11 de septiembre de 1714.
Y no está dicho todo. En la biblioteca del castillo se acumulan unos setenta y dos mil volúmenes. Hay códices miniados, manuscritos góticos del siglo XV, documentos sobre pergamino escritos con una caligrafía admirable y más de 200 incunables. Una parte de la memoria histórica de este siglo muy nuestro se guarda, aunque no se recoge en ninguna parte, en el pequeño despacho del propietario situado al fondo de la biblioteca donde dicen que sobre el brazo de uno de los dos sillones está grabado a cuchillo el nombre de Franco. No falta quien lo desmiente y alega que se trata del apellido de un cura del cercano convento.
Y es que la pena es que el fantasma del castillo, que algunos sostienen que visita sus salas y galerías alguna noche del año, no se ponga a hablar. ¿Qué diablos contaría del presidente de la República, Azaña, que durmió varias noches de enero de 1939 en el cuarto del conde? ¿Qué pasó en el último Consejo de Ministros republicano, celebrado en este mismo castillo y presidido por Azaña?
¡Ay, Carmela!, el fantasma no quiere hablar y ya muy poquitos españoles recuerdan que durante el transcurso de la fratricida guerra civil el castillo de Peralada sirvió de albergue a los más importantes cuadros del Museo del Prado. El falso dintel de una puerta por la que entró este tesoro artístico nacional fue arrancado de cuajo para que pudieran atravesarlo *«Las lanzas»* de Velázquez. ¡Ay, Carmela!, sí.

RIPOLL (Girona)

Cuando en 1980 se inició la construcción del túnel del Cadí y se rechazó el proyecto del túnel de Toses, históricamente reivindicado por los pobladores del Ripollès, a los ripollenses se les cayó el cielo encima. Los habitantes del embrión de Catalunya –Ripoll, su capital, es conocida como el *bressol* (la cuna)– vieron peligrar su futuro aquel día de octubre de 1984 en que se inauguró la obra. El túnel se convirtió en la conexión directa entre el Berguedà y la Cerdanya y en el acceso más rápido y cómodo desde Barcelona al Pirineo oriental y Andorra. El camino histórico hacia esta zona, la collada de Toses, parecía irremediablemente convertido en un paso fantasmal. Algunos nativos confiesan con resignación que «la noticia de la construcción del túnel del Cadí dolió de veras, pero la herida, afortunadamente, ya ha cicatrizado». Y hay coincidencia en que se ganó tranquilidad al disminuir el tráfico de vehículos pesados y de automóviles que iban a Andorra o a la Cerdanya y no se detenían en la comarca.

Esta menor afluencia de tráfico ha propiciado la implantación en la comarca de deportes de alta montaña, como el parapente o el ciclismo de montaña. La collada de Toses es hoy una carretera turística con una panorámica espléndida y muy utilizada por los ciclistas porque es una ruta cómoda y tranquila. Después de unos primeros años bastante malos, por aquí se dice que mucha gente ha descubierto la belleza tranquila del puerto de montaña. Y encima no cuesta nada. Todo lo contrario que atravesar el túnel, que cuesta un riñón. Ay, el que no se conforma es porque no quiere.

El Ripollès pertenece a estas comarcas de la llamada Catalunya interior más afectadas por un proceso de desindustrialización galopante que

Ripoll, donde se levanta uno de los símbolos de Cataluña, su monasterio románico.

toca aspectos de la vida cotidiana de sus habitantes. A los actuales poco más de once mil habitantes de este lugar sólo les queda el presente y, por supuesto, la historia. En Ripoll se fabricaban las mejores armas de España y parte del extranjero. Lo cierto es que la antaño floreciente industria metalúrgica y la no menos próspera manufactura textil sufrió los devastadores efectos de la crisis. Más de una docena de fábricas textiles han cerrado sus puertas en la última década sin que otras nuevas hayan cubierto el vacío dejado por aquéllas. La zona, que en los años del desarrollismo llenó las colonias fabriles de inmigrantes, la mayoría de ellos procedentes del sur de la península, ha experimentado desde finales de los años setenta un descenso de la población activa de más de cinco mil personas. La alternativa del turismo sólo parece funcionar plenamente en el valle de Camprodón, donde la estructura social y el entorno reúnen las condiciones necesarias, cosa que no ocurre en los valles de Ripoll y Ribes. Camprodon, en otros tiempos la meca de cierta burguesía barcelonesa atraída por la propaganda que el célebre doctor Robert hacía de los aires de este pueblo, cada año bate récords en la concesión de licencias de obras, que actualmente se han multiplicado por cinco.

El Ripollès es una comarca con abundantes recursos naturales, que supo estructurar a lo largo de los ríos Ter y Freser una importante economía industrial. La historia de este jugoso pasado industrial es bien visible para el visitante que atraviesa la comarca por el valle del Ter hacia Camprodon. En las cuencas de ambos ríos se acumulan, cerradas, presentando ruina, las antiguas colonias obreras. También ha quedado escrito este pasado en las faldas de los citados valles, donde se levantan, majestuosas, antiguas casas señoriales, símbolo de una burguesía que vivió tiempos gloriosos. La industria de las armas y del hierro fue hasta el siglo XVIII la más importante de España, llegándose a duplicar la población de la comarca. En el siglo XIX la competencia de Mieres, Oviedo y Trubia, así como la guerra de la independencia y las guerras carlistas hunden esta industria, pero a mediados del siglo se vive un renacimiento eco-

Plaza céntrica de Ripoll, con edificios de buena traza.

El claustro (arriba) y dos detalles del magnífico pórtico del monasterio.

El cimborrio y el ábside mayor de la iglesia del monasterio están decorados al estilo lombardo, con frisos de pequeños arcos ciegos.

nómico debido al textil, que aprovecha la mano de obra y la energía producida por los saltos de agua. Cuando llega la crisis del textil, se recupera la tradición metalúrgica. Un hombre del lugar lo tiene claro: «La crisis pilló a la gente sin una industria diversificada, con grandes empresas que cuando cierran se llevan por delante un pueblo, y sin comunicaciones. Porque si los recursos naturales fueron el secreto de antaño, ahora los son las comunicaciones».

Al menos, aquí se levanta el símbolo de Catalunya: el monasterio de Ripoll. Lo dijo Josep Pla: «Es una de las claves de nuestra personalidad colectiva, la casa pairal, el hogar primitivo de la familia catalana». Ripoll, efectivamente, desarrolló un papel importante en los orígenes de Catalunya y en sus épocas de esplendor. El documento más antiguo de su fundación fue hecho por el obispo Gotmar y el conde Guifré en el año 888. Pero existen pruebas arqueológicas de que mucho antes ya existía un monasterio en aquel lugar. El monasterio, tal como hoy puede ser visitado, no es sino una copia de lo que pudo haber sido en la época de mayor esplendor, el siglo XI, cuando estuvo regido por el abad Oliba. La reconstrucción del monasterio, realizada a partir de 1886, bajo la dirección del arquitecto Elies Rogent, tuvo como objetivo convertir un montón de ruinas en un monasterio románico. Elies Rogent se inspiró en Sant Llorenç del Munt, Sant Martí del Canigó y Sant Miquel de Cuixà, tres grandes cenobios románicos catalanes. Prefirió restablecer una unidad del estilo original del monumento en lugar de reproducir exactamente el conjunto con los añadidos que tenía en el momento de su destrucción. Por ello, fueron descartadas las modificaciones posteriores al románico, algunas muy importantes, como los arcos góticos de la nave principal que se construyeron cuando un terremoto derrumbó el primitivo techo románico en 1428.

La decadencia del monasterio tuvo su punto culminante con la quema de conventos que se produjo el año 1835 en diversos puntos del país. Los monjes de Ripoll fueron asesinados y el edificio saqueado e incendiado. Cuatro años después el pueblo de Ripoll fue asolado por las tropas carlistas y quedó deshabitado durante

Una de las numerosas y tranquilas plazas del centro urbano de Ripoll.

varios meses. Los restos del cenobio sufrieron nuevos daños. El edificio fue objeto de desamortización y en 1846 el delegado gubernamental empezó a vender las ruinas como material de construcción. La gente acudía allí a buscar tejas, piedras labradas, baldosas, hierro y tablones. En 1860 se hundió la bóveda central. Fue entonces cuando sectores catalanistas se interesaron por la salvación del monumento. Aquel amontonamiento de piedras fue elevado a la categoría de símbolo patriótico.

El día 21 de marzo de 1886, el obispo de Vic, doctor Morgades, celebró una misa sobre las ruinas del monasterio. En el brindis hecho en catalán dijo: «Vamos a restaurar, no precisamente el monasterio de Ripoll sino Catalunya, la Catalunya sobria, trabajadora, sensata, cristiana, antes que nada y por encima de todo». A pesar del fervor religioso y patriótico de los años en que se reconstruyó la iglesia de Ripoll (Juegos Florales de 1888, campaña de defensa del derecho catalán, fundación del Orfeó Català y de «La Veu de Catalunya», Bases de Manresa, etcétera), el pueblo no respondió tan generosamente como era de esperar, aunque en 1893 se pudo hacer la solemne consagración de la iglesia restaurada. Las fiestas dieron comienzo a media tarde del viernes 30 de junio y acabaron el 3 de julio, con una misa de funeral. Los actos culminantes fueron la consagración de la basílica y de sus siete altares por parte del doctor Morgades, ayudado por los obispos de Segorbe y Lleida, el traslado de los restos mortales de los condes y abades al monasterio y la misa en la basílica celebrada por el arzobispo de Tarragona con sermón a cargo del obispo de Urgell. Se distribuyó un recordatorio de la fiesta con este texto del doctor Morgades en catalán: «Ya moriré feliz. Feliz moriré después de haber devuelto a la Santísima Virgen María su antiquísimo trono de Ripoll, a Catalunya su casa solariega, a sus condes y abades su honorífica sepultura, y haber trabajado para hacer revivir su espíritu y sus virtudes y, con ambas cosas, las veneradas tradiciones catalanas». La reconstrucción de esta basílica fue uno de los actos religiosos más relevantes de la historia de la Catalunya católica en la segunda mitad del siglo pasado.

RUPIT (Girona)

Rupit, protegido por la montaña, es un conjunto urbano de bellísima arquitectura popular.

En los confines de la comarca de Osona, allá donde se dibujan los límites de la Garrotxa y la Selva, el pueblo de Rupit aparece como por ensalmo. Estas tierras del altiplano protegidas por las montañas dan la impresión de estar encerradas en sí mismas. Los macizos imponentes de las Guilleries y el Montseny refuerzan esa soledad natural. Nadie diría que aquí, a dos pasos, un pueblecito llamado L'Esquirol pasara a la fama del proletariado dando nombre a una infamia. Al parecer, ocurrió en Manlleu cuando la patronal utilizó mano de obra de L'Esquirol para contrarestar la huelga decretada por los obreros. Fueron esquiroles por partida doble. Hoy en día, ser esquirol de L'Esquirol es otra cosa.

El municipio de Rupit–Pruit fue creado en 1978 por la fusión de los antiguos municipios de Rupit o Sant Joan de Fàbregues y Pruit. Se extiende por Collsacabra, la Sierra de Tavartet y los Cingles d'Aiats y Falgars, con grandes bosques de robles, prados y el valle del río Ter en su límite sureste. Tradicionalmente, los habitantes de Rupit han estado ocupados en la agricultura y la ganadería. También se dedicaron al cardado de la lana, la explotación de los bosques y el cuidado de los pastos de los alrededores. Dicen que la falla de los riscos de Sant Joan de Fàbregues la hizo un gigante que vivió mucho tiempo allí. Antes de marcharse quiso dejar un recuerdo y, con un pie en cada cima, dio un golpe de hacha a la montaña y la resquebrajó.

La villa de Rupit se encuentra en un espolón rocoso, alrededor del peñasco donde se alzan las ruinas del castillo, un lugar muy adecuado para la defensa por estar rodeado de un gran valle natural abierto por el torrente de Rupit o de Sallent. Antiguamente, el castillo se llamaba castillo de Fàbregues y como tal aparece mencionado en algunos documentos del año 968. La siguiente referencia es del año 1040, cuando se menciona el castillo en el testamento del obispo-vizconde Eribau, de la casa Osona-Cardona. De su destrucción no se puede precisar nada. Lo único que se sabe es que sobrevivió a la época de la guerra de la Generalitat contra el rey Juan II.

Rupit es una población muy típica con interesantes casas de piedra con ventanales de tipo gótico y gótico tardío y amplios portales dovelados con fechas, nombre y oficios de los atiguos propietarios. Todo el núcleo antiguo ofrece un gran conjunto de edificios característicos de los siglos XVI al XVIII. Algunos de ellos están reproducidos en el Pueblo Español de Barcelona. Gracias a unas severas normas urbanísticas, el conjunto urbano es de gran interés. Es un lugar preferido de pintores y artistas, que eligen Rupit como lugar de inspiración para sus obras. Muchas de las casas típicas se encuentran en la calle del Fossar, donde hay una cruz de piedra sobre un alto pedestal que lleva fecha de 1641. El torrente de Rupit circunda prácticamente el pueblo. Para atravesarlo, los artesanos del pueblo construyeron un puente colgante de madera, tomando como ejemplo modelos y procedimientos antiguos, lo que acentúa aún más el carácter rústico y pintoresco de Rupit.

La iglesia parroquial de Sant Miquel de Rupit se construyó en el siglo XVIII y es un edificio barroco neoclásico. A su lado está el esbelto campanario con una terraza y barandilla, hecho entre 1786 y 1869, que fue utilizado como mirador de la población. La casa de la notaría de los Soler, simplemente llamada el Palau, tiene un jardín colgante sostenido por grandes arcos de piedra. Otro mirador incomparable de Rupit por el lado más abrupto y cortado es la capilla de Santa Magdalena del siglo XVII, que se encuentra sobre un espolón rocoso, frente al pueblo. La antigua iglesia parroquial de Sant Joan de Fàbregues es un notable edificio románico de tres ábsides en disposición trebolada. Fue restaurado hace unos años. Sant Andreu de Pruit es una parroquia rural con una iglesia románica de los siglos XII y XIII, parcialmente destruida y restaurada en el siglo XVIII. Por su parte, la iglesia

En el pueblo, elevado sobre una colina, abundan las construcciones en piedra de los siglos XVI al XVIII.

románica de Sant Llorenç Dosmunts tiene una noptable ampliación en el lugar del antiguo ábside. En el término municipal destacan gran número de masías notables: el Bac de Collsacabra, les Viles, la Sala, el Collell, la Cassassa de Pruit y Comajoan. En el llamado *mas Corrial* hay una buena colección de cerámica catalana, cuadros y recuerdos históricos, sobre todo de las guerras carlistas. Fue precisamente en estas tierras de Collsacabra donde el general Savalls y el brigadier Huguet se hicieron fuertes en la segunda guerra civil carlista. El sable del general aún puede verse en el museo–masía. Un recuerdo de la violencia en un altiplano hoy encerrado en majestuosa tranquilidad.

SANT MARTÍ D'EMPURIES (Girona)

Ruinas, cipreses y restos de un puerto amurallado: esta visión de Empùries impide ver el pueblecito de aspecto medieval que se esconde entre un bosque de pinos como si fuera una isla perdida. Son unas sesenta casas, media docena de las cuales está habitada durante todo el año y el resto sólo los fines de semana y en verano. Sus murallas y torres fueron reconstruidas en el siglo XV. El templo gótico de Sant Martí, construido en el siglo XVI despide un aire sencillo. Su interior guarda una interesante pila bautismal con ara románica y unas lápidas. Aquí comienza la playa del golfo de Rosas. Y un inmenso arenal que en días de fuerte viento maldita la gracia que hace.

Entre l'Escala y el pequeño pueblo de Sant Martí d'Empúries, que forma parte del paraje homónimo declarado paraje pintoresco y protegido en 1972, se extiende la antigua ciudad y factoría de Empúries, que empezó a excavarse en 1907, que comprende cuatro unidades o partes diferentes. La Paleápolis o ciudad antigua, primer establecimiento de los griegos focenses (que habían fundado *Massalia* o *Marcella* hacia el año 600 antes de Cristo) que inicialmente ocupó un islote donde se levanta el pintoresco pueblo de Sant Martí d'Empúries, ahora unido a la costa. La Neápolis o ciudad nueva, fundada por los mismos griegos poco después, en la costa, protegida por muros y por el curso del río Fluvià y la desembocadura del Ter, que antes de su desvío lo hacía al sur de la ciudad. Y el poblado indígena llamado *Indiké* y la ciudad romana, levantada al lado de la Neápolis griega durante los siglos II y I antes de Cristo y que se convirtió en un centro urbano muy importante durante todo el Alto Imperio. Su historia muy bien pudo haber comenzado el día

Ruínas romanas en Sant Martí d'Empùries lugar donde se asentaron culturas muy remotas.

Frente al golfo de Roses, Sant Martí d'Empùries conserva rincones y plazas de gran belleza.

del siglo VI antes de Cristo en que algunos grupos de focenses, originarios de Asia Menor, llegaron a la península y fundaron varias factorías en el sur de Francia y en Catalunya: una de estas factorías fue Empúries. Probablemente la idea básica de esta fundación fue tener un refugio donde guarecerse ante la espantosa meteorología del golfo. Se establecieron, pues, en lo que es hoy Sant Martí d'Empúries, que se levanta sobre un macizo rocoso rodeado de tierras bajas, que entonces ocupaba el mar. Esta isla fue la Paleópolis o ciudad vieja, fundada a principios del siglo VI antes de Cristo. Al sur de este lugar la costa se engolfaba y recogía con un brazo saliente hacia el mar la pequeña isla. En este fondo del saco se fundó, en tierra firme, la Neápolis o ciudad nueva. Todavía un poco más al sur estaba la necrópolis más antigua de Empúries, donde se han hallado vasos de fabricación chipriota, procedentes del Asia Menor, de *Naukratis,* de *Calcis,* y también corintos e italocorintos, que han permitido fijar la funda-

ción de la Neápolis hacia el año 550 antes de Cristo. La ciudad romana (como la helenística) se construyó encima de ésta y extravasando su perímetro, y fue diez veces mayor que la griega. La ciudad creció hasta alcanzar su momento culminante en el siglo III antes de Cristo, cuando era una base naval romana. Algunos siglos más tarde la ciudad visigótica surgió encima de la ciudad romana ya en decadencia.

De la llamada *Paleópolis* se supone que hubo aquí un templo dedicado a Artemisa. De la época de la fundación de la Neópolis no se conoce más que la muralla. La Neápolis griega estaba amurallada por el sur y por el oeste no tenía defensa alguna ante el mar, y en cuanto a los romanos, llegaron a finales del siglo III antes de Cristo, y este fue uno de los primeros lugares de la península en el que desembarcaron. Los escipiones llegaron en los años 219 y 209 para hacer la guerra a Cartago, y más tarde vino Catón con un poderoso ejército para sofocar una sublevación y explicó a Tito Livio las incidencias de la campaña. De ahí que Livio haya dejado tantas noticias sobre Empúries.

No sabemos como fue el tránsito de la Empúries griega a la Empúries helenística y romana, pero sí que siempre hubo una gran amistad entre griegos y romanos en estas tierras. La ciudad fue durante años la puerta natural de entrada de griegos y romanos en España, y Julio César llegó a establecer en Empúries una colonia de soldados veteranos, aunque fue en la época helenística, como hemos dicho, cuando la ciudad alcanza su máximo esplendor. En aquellos años se urbanizaron sus calles, y se crearon nuevos templos en la acrópolis griega, tocando a la muralla sur. No tardó en levantarse allí uno dedicado a Zeus. Se hizo la escollera para cerrar el puerto seminatural de los vientos del este, y las casas particulares se enriquecieron con pinturas y mosaicos. En la época helenística llegaron probablemente a Empúries la estatuilla de Afrodita y la cabeza de la misma diosa halladas en las excavaciones. En los primeros tiempos del Imperio romano se construyeron cloacas, cisternas, baños y pozos y muchas casas fueron ennoblecidas con mosaicos, de los que se han hallado dos magníficos: el llamado del sacrificio de Ifigenia y el «mosaico de los peces».

Los primeros síntomas de la decadencia de Empúries son del siglo III. Los francos llegaron hasta Tarragona en el año 260, y es posible que a consecuencia de esta primera invasión la ciudad griega fuera abandonada y la población se concentrara en una parte de la ciudad romana. Los primeros signos de cristianismo se dieron aquí en el siglo IV a partir de un primer núcleo constituido por romanos convertidos que prosperó en la época visigótica, y que pasó a ocupar casi todo el perímetro de la Neápolis griega hasta llegar a ser sede de un obispado. En el siglo IX la ciudad fue incendiada, saqueada y arrasada por los piratas normandos. Con el paso del tiempo las arenas acabaron cubriendo sus restos, que quedarían sepultados desde el siglo IX hasta principios del siglo XX.

Ruínas griegas en Sant Martí, el primer lugar que pisaron los romanos en la Península Ibérica.

SANTA PAU (Girona)

Uno llega el 22 de enero a este pueblo que despide santa paz hasta por su nombre y se pone enseguida a la altura del lugar. Ese día se muestran en la plaza porticada casi veinte formas de cocinar las pequeñas alubias del pueblo, que se llaman *fesols* y son una maravilla. La entrada gratuita en los misterios de la cocina local provoca el apetito y deja al caminante con la boca abierta y el espíritu abierto a nuevas aventuras. Y aquí, aparte de atacar embutidos, platos de caza, *fesolada* y licor de ratafía, uno no debe olvidar que se encuentra bajo el volcán.

Santa Pau, encaramado en un cerro al lado del río Ter, se desparrama entre la Vila Vella y la Vila Nova. Su castillo aparece mencionado en documentos del siglo IX. Pero el origen de la Vila Vella se remonta al año 1300, cuando el señor de Santapau i de Finestres, Ponç III, otorgó una carta de población a los vecinos de la zona para que se establecieran alrededor de su castillo. Este primer núcleo de población formaba un recinto cuadrangular completamente amurallado, con dos puertas de acceso y torres de defensa en los ángulos, de las que queda una de planta circular. Preside la plaza Mayor o *Firal dels Bous*, la iglesia gótica de Santa Maria, de una sola nave y con un esbelto campanario cuadrado, que fue consagrada como parroquia en 1428, a raíz de la destrucción por un terremoto del santuario de la Mare de Déu dels Arcs, emplazado fuera de la villa. De aquel santuario románico queda solamente el ábside con un bonito ventanal.

El castillo, cercado antiguamente por un foso y hoy integrado en la muralla por la parte sudoeste, fue levantado entre los siglos XIII y XIV como centro de una baronía. En el siglo XVII la familia

Vista general de Santa Pau, construído sobre lc que fué el cráter de un volcán.

Oms de Santapau llevó a cabo importantes obras de reforma. De mediados del siglo XIX a 1969 fue ocupado por las monjas dominicas de la Anunciata. Se trata de un amplio palacio fortificado, de planta rectangular, con unos notables ventanales góticos, alguno de ellos convertido en balconada. Al noroeste del castillo se alza la torre del homenaje, cuadrada y airosa, y a su pie está la iglesia del castillo, dedicada a Sant Antoni y Sant Honorat, que fue restaurada en 1766 y de la que se conserva una espléndida Vera Cruz del año 1391.

Otros espacios interesantes del núcleo antiguo son la placita de la Vila Vella, un rincón evocador, con sus casas balconadas de madera construidas aprovechando los muros de la antigua muralla, y el portal Nou, o de Sant Antoni, que es la entrada al recinto medieval. En el portal de la Vila Vella hay un mirador desde el que se contempla una bella panorámica del valle de Santa Pau y en los días más claros se vislumbra la bahía de Roses. Ca l'Escloper, Ca la Sió, Cal Ferrer Negre o Can Pujol son algunas de las casas antiguas que ennoblecen el pueblo. La plaza triangular porticada en el centro de la Vila Vella recibe el nombre de *Firal dels Bous,* porque aquí se celebraban mercados y las ferias de ganado: un magnífico ejemplo de arquitectura popular, cuyos arcos son todos diferentes.

Santa Pau es un volcán. Los cráteres de Montsacopa, el Croscat y Santa Margarida dan fe de un pasado muy movido. Aunque las últimas erupciones de lava se debieron producir hace casi doce mil años. Pero ojo: aquí uno anda metido en el centro de la región volcánica más importante de España. Y sobre un mar de lava solidificado se extiende el símbolo de la Garrotxa: la *Fageda d'en Jordà,* un bosque de hayas cantado por el poeta Joan Maragall. Este lugar de ensueño sedujo a los pintores de la escuela paisajista de Olot. A la *Fageda* se puede acceder a pie o en un carro folclórico tirado por caballos. Llegar al cráter de Santa Margarida es otro cantar: a pie y gracias. Aunque al final uno ve lo nunca visto: una ermita románica en el fondo del volcán.

El tren volcánico, que se llama *carrilet,* no deja de ser un medio de transporte tranquilo para conocer los alrededores. Toda una apasionante

En la página anterior, los alrededores y el cráter del volcán Santa Margarita, con el santuario románico del mismo nombre (en la fotografía central). A la derecha, rincones de la villa.

aventura. El tren que enlazaba Olot con Girona, inaugurado a finales del siglo pasado y clausurado en 1969, fue uno de los símbolos de las comarcas gironденses. Originariamente, se trataba de una máquina de vapor con carbón, conducida por el maquinista y un ayudante llamado *el carbó,* que era el encargado de abastecer la caldera. La historia del *carrilet* es curiosa. Fue siempre un medio de transporte familiar y con una gran tradición, donde cada trayecto era toda una aventura para los viajeros, hasta tal punto que adquirió fama en toda Catalunya. «El tren de Olot sale cuando quiere y llega como puede», se decía por aquí.

En abril de 1991 fue inaugurada una réplica exacta del antiguo *carrilet* de la comarca de la Garrotxa, que corre en medio del Parque Natural de la zona volcánica. Por eso, no hay nada mejor que hacer un recorrido por los volcanes y Santa Pau con un *carrilet* cargado de historia. El punto de salida está en el Camping Ecológico Lava, situado al pie del volcán Santa Margarida. La primera parada del trayecto se realiza en el volcán Croscat. La importancia del Croscat se debe al hecho de ser el único volcán de la península ibérica en que se puede visitar el interior del cráter. La explotación industrial es causa de que el volcán esté parcialmente agujereado: durante más de veinte años se extraía la greda para fabricar diversos materiales de construcción, actividad que acabó tras la declaración de Parque Nacional en 1982. En la cima encontramos los restos de una antigua torre de comunicaciones militares, construida en el siglo XIX durante la ocupación francesa.

El tren sigue su recorrido bajando por el Valle de Sant Martí, donde se encuentra la iglesia de Sant Martí Vell, situada sobre una colina y rodeada de encinas, desde donde se domina todo el valle. Construida en 989, es un edificio románico de una sola nave hecho con piedras rojas. Una leyenda relacionada con la ermita explica cómo el Conde Bernat de Besalú perdió la espada luchando contra los sarracenos. Pero acudió Sant Martí, quien le dió una espada que cortaba hasta el hierro. Por eso se conoce al conde como Bernat Tallaferro (cortahierro). La última parada del trayecto es Santa Pau.

TOSSA DE MAR (Girona)

Fue la *Tursia* de la época romana. Pero estos picos de la sierra que corre desde el valle de Ridaura hasta la riera de Lloret eran bien conocidos por los navegantes griegos que surcaron, sin perder la vista la orilla, todo el litoral español desde Empùries a Cádiz. La suave playa recibió a los griegos y pronto hubo allí una colonia. Fragmentos de cerámica ibérica y griega y antiguas monedas anteriores a la época romana son buena prueba de ello.

Tossa destacó por encima de todo como una importante villa romana. En las afueras, dispuestos escalonadamente frente al mar, se hallan los restos de la villa romana de «Els Ametllers», descubiertos en 1914 y excavados por el arqueólogo alemán Schulten. El sector residencial, provisto de termas y estancias decoradas con pinturas murales, fue remodelado en repetidas ocasiones y, durante el bajo imperio, algunas de sus habitaciones fueron decoradas con ricos pavimentos de mosaico polícromo. El más notable, procedente del vestíbulo, representa al propietario bajo un pórtico de tres arcos, y la leyenda *Salvo Vitale Felix Turissa,* que hacía referencia a la salud del propietario, de la que dependía la prosperidad de la villa. Tan extraordinario mosaico firmado se encuentra actualmente en el museo de Tossa. La villa estuvo habitada hasta el siglo VIII y era el centro de una explotación agrícola. Algunos sectores fueron usados posteriormente como necrópolis.

La población actual está comprendida por la Vila Vella, magníficamente amurallada y con uno de los perfiles más famosos de la Costa Brava, y la Vila Nova o ensanche moderno. El recinto de la muralla que rodea a la Vila Vella (siglos XII–XIV), fue declarado Monumento Histórico Artístico en 1931. Está reforzado por diver-

Tossa de Mar, uno de los perfiles amurallados más famosos de la Costa Brava.

Una de las entradas a la villa vieja y una panorámica del conjunto desde el otro lado de la bahía de Tossa.

sas torres, tres de las cuales, las mayores, son cilíndricas: la torre del Codolar, la del Homenaje o de las Horas y la de Jonás, esta última sobre el mar. El castillo fue demolido cuando, en 1917, se construyó el Faro. En la parte alta de la colina se levanta, en bastante mal estado de conservación, la primitiva parroquia gótica del siglo XIV. El antiguo Palau del Batlle, o del gobernador, alberga actualmente el museo municipal. En la parte más vieja de la Vila Nova hay casas fortificadas, como Can Magí, del siglo XVI. La nueva parroquia de Sant Vicenç fue construida entre 1775 y 1776 y tiene el campanario de la torre cuadrado. También hay algunas interesantes edificaciones modernistas, repartidas por el centro del pueblo, como la Casa Sans, obra del arquitecto Antoni de Falguera, influida por Puig i Cadafalch. El pintor modernista Jaume Vilallonga fue uno de los primeros en descubrir el atractivo pictórico de la población, donde más tarde acudirían Roig i Soler, Brull o Masriera.

En los años treinta la villa fue lugar de encuentro de artistas e intelectuales, alguno de los cuales huía del nazismo. Marc Chagall, André Masson, Metzinger y muchos otros convivieron con los artistas catalanes Enric Casanovas, Albert Junyent, Manuel Humbert, etcétera. En el museo municipal, que antes hemos citado, se encuentran algunas buenas obras de estos artistas y de muchos otros vinculados al pueblo. Aparte de esta colección de arte moderno (pinturas y esculturas), también se conservan piezas arqueológicas procedentes de las excavaciones de la villa romana y otros yacimientos cercanos.

En 1989, la prohibición explícita de anunciar y celebrar corridas en el término municipal le valió a Tossa de Mar la fama antitaurina y ante los apoyos recibidos, el Ayuntamiento decidió oficializar su reputación proclamándose primera población antitaurina de España. Si a principios del llamado *boom* turístico de la Costa Brava se hubiera declarado población antitaurina, Tossa se habría ganado la antipatía de todo el

La fortaleza dominaba el mar y protegía la villa de los frecuentes ataques de piratas y berberiscos.

Las magníficas torres cilíndricas de la fortaleza de Tossa de Mar, levantadas entre los siglos XII y XIV.

mundo, empezando por los propios turistas que, sin excepción, incluían como mínimo una corrida de toros en su programa de actividades vacacionales. Este lugar de escarpada y bella geografía supo captar la atención de los primeros turistas y extranjeros, que lo visitaron ya en los años cincuenta. Eran los tiempos en que los estudios cinematográficos de Hollywood también pusieron su mirada en Tossa de Mar, eligiéndola como escenario de la legendaria película *Pandora*. Así, aquí todavía hay quien se vanagloria de contar entre sus primeros visitantes extranjeros con una Ava Gadner en pleno apogeo, y la verdad es que no es para menos.

En este terreno del negocio turístico, Tossa fue también pionera en la protección de animales con la puesta en marcha de un refugio en el que se acogen bestias abandonadas. Hasta se editó un folleto de promoción turística en el que, entre otros eslóganes, se resaltaba el interés por los animales y se hacía constar de forma destacada lo de «primera población antitaurina de Espa-

ña». Todo empezó en 1989, cuando a instancias de la Asociación Protectora de Animales y Plantas de Tossa, el Ayuntamiento decidió no sólo prohibir las corridas y todo tipo de espectáculos taurinos, sino también la colocación de carteles y la circulación de vehículos que anunciaran este tipo de exhibiciones. Tossa se apuntó rápidamente a la tendencia ecologista que sacudía Europa. Fue la primera en limpiar las aguas de las playas mediante una embarcación escoba, un invento local que después ha sido copiado por diversas poblaciones de la costa catalana. Tampoco faltaron reclamos como el de «única población de la costa con más de cuarenta kilómetros de caminos forestales».

Pero Tossa no es solamente una postal inmaculada. Cuando se llega desde Lloret, lo primero que se ve no es precisamente la imagen universal de la localidad: el castillo sobre la colina y el mar a sus pies. Antes bien, la vista se topa con edificaciones de seis plantas y laderas desmontadas. La historia urbanística de la Costa Brava está llena de leyes y de trampas. Una historia que arrastró la pérdida de gran parte del patrimonio paisajístico de una costa que antiguamente fue muy hermosa.

La villa moderna ha crecido de forma un tanto caótica alrededor del castillo.

ULLASTRET (Girona)

La villa amurallada de Ullastret, declarada Monumento Histórico Artístico en el año 1981.

Al noreste de la Bisbal, en el valle del Daró y en una llanura aluvial se sitúa, sobre una pequeña elevación, la villa de Ullastret, característica por sus murallas medievales de los siglos XIII y XIV, reforzadas con diversas torres y aspilleras, que están muy bien conservadas y rodean a un pequeño núcleo de calles estrechas y costaneras. En su interior, la iglesia de Sant Pere, un bello edificio románico de tres naves y tres ábsides lombardos, tiene algunos interesantes elementos esculpidos en el arco próximo al frontispicio, donde destacan decoraciones de sirenas y animales en bajorelieve. Extramuros está la lonja o plaza cubierta a doble vertiente sobre arcos apuntados, uno de los cuales se abre a la calle de l'Hospital, paralela a la muralla. En las calles de la Notaria, la dels Bous (Can Bou es también un bonito casal de los siglos XVI al XVIII) y la dels Valls hay fachadas con hermosos ventanales góticos y también renacentistas. En 1981, la villa fue declarada Monumento Histórico Artístico.

A un tiro de piedra se levanta la famosa ciudad preromana de Ullastret: un yacimiento fuera de serie dentro del contexto ibérico de Catalunya. Su extensión, la técnica de su muralla y la gran proporción de cerámica griega, junto a la proximidad de Empúries y la posibilidad de llegar al lugar navegando por el Daró desde el mar, son datos que han permitido elaborar la hipótesis de una colonización por parte de los griegos y, además, llegar a identificarla con la ciudad de *Cípsela,* mencionada en la discutida *Ora Marítima* de Avié. Sin embargo, las inscripciones están en lengua y alfabeto ibéricos.

Ganar las antiguas piedras de Ullastret no es una empresa arriesgada. Se puede ir a pie desde el pueblo medieval sin necesidad de ser

un andarín consumado. Son apenas dos kilómetros de recorrido por una carretera asfaltada. También cabe la posibilidad de ir campo a través y pisar literalmente un paisaje encantador. En poco tiempo de marcha, se adivinan las ruinas encima del cerro de Sant Andreu, al lado del lugar donde hubo una antigua laguna que fue desecada en el siglo XIX y convertida en fértiles campos de cultivo. Ya el viajero Francisco de Zamora la citó en el siglo XVIII.

Uno no acaba de creer que aquellas piedras tan bien puestas conforman un pueblo de la antiguedad. Hay que apelar a la imaginación para volar más allá. Sin prisa, se pueden encontrar restos de la transición del periodo del bronce al del hierro. Las primeras cerámicas griegas se importaron a principios del siglo VI antes de Cristo. La época de más vitalidad del *oppidum* o ciudad fortificada de Ullastret fue la comprendida entre los siglos V y IV antes de Cristo. Nadie sabe a ciencia cierta el final de la ocupación. No hay indicios romanos posteriores al año 217 antes de Cristo ni tampoco testimonios de que fuera destruido. Es posible que la despoblación tuviera lugar hacia la segunda mitad del siglo III antes de Cristo.

Lo más notable de Ullastret son las murallas. Uno puede seguir el trazado de la parte excavada y hacerse una idea del lugar. Esta parte amurallada se encuentra formada por torres troncocónicas y rectangulares unidas por trozos de muro. En la parte alta del monte, en el lugar

Los ábsides lombardos de la iglesia de Sant Pere y la torre de la cárcel.

Detalle de la entrada a la cárcel medieval de Ullastret y un hermoso rincón de la villa.

denominado *acrópolis,* hay restos de un templo pagano de planta cuadrangular pavimentado con *opus tessallatum* y *opus signinum*. Muy cerca se levanta la capilla de Sant Andreu, que fue construida entre los siglos XV y XVI. Hoy es un museo. En otro tiempo debió ser un castillo medieval de planta trapezoidal con torres redondas en los ángulos. A corta distancia de esta ciudad preromana está el yacimiento de la isla d'en Reixac, también de la misma época, situado sobre una pequeña elevación que emerge de la llanura donde estaba la antigua laguna. En este lugar, igualmente amurallado, se han encontrado también importantes cerámicas hallstáticas y griegas. Su emplazamiento es el característico de una paleápolis.

El museo monográfico dedicado a la villa e historia de Ullastret, situado en la antigua capilla de Sant Andreu, bien vale una visita para que uno acabe de entender el sentido de las piedras de los alrededores. Contiene colecciones de arqueología procedentes del poblado preromano. Son de especial interés las incripciones ibéricas grabadas en láminas de plomo y en vasijas de cerámica. Sin olvidar las series de cerámica griega importada desde principios del siglo VI antes de Cristo, los vasos etruscos y la gran colección de cerámica ática de figuras negras y de figuras rojas de los siglos V y IV antes de Cristo. Las ruinas del poblado ibérico de Ullastret fueron declaradas Monumento Histórico Artístico en 1962.

ISLAS BALEARES

Los orígenes de las primeras culturas baleares se pierden entre la leyenda y los mitos. Las islas de Mallorca, Menorca e Ibiza estuvieron pobladas unos 4.000 años antes de Cristo, aunque tan sólo han llegado hasta nosotros restos de unos 1.000 años antes de la romanización, del periodo en que aquí se levantó una importante cultura megalítica. Los numerosos y magníficos *Talayots* y las misteriosas *Taulas*, testigos de aquellos remotos tiempos, todavía dan al hermoso paisaje balear un aura de misterio.

En las islas residen en nuestros días poco más de setecientas mil personas que gozan del que se ha calificado como el nivel de vida más elevado de toda España. Y no es extraño si tenemos en cuenta la capacidad de estas encantadoras islas para atraer a visitantes de todos los extremos del mundo. Su climatología benigna y constante, sus hermosísimas playas, calas y puertos de pescadores, sus montañas, bosques y pinares, sus encantadores pueblos y ciudades y el carácter libre de prejuicios de sus habitantes las ha convertido en lugar deseado por todos. Por otra parte, la fertilidad y la situación estratégica de estas tierras siempre atrajo a todo tipo de colonizadores, lo que ha hecho de su historia un apasionante recorrido por todas las culturas mediterráneas de mayor importancia de los últimos tres mil años. Grecia, Cartago, Roma, Bizancio, Turquía, y Al-Andalus primero y franceses e ingleses más tarde, dejaron aquí arte, riqueza y costumbres que aún hoy perduran. Y es que el hombre y la naturaleza todavía se acercan entre sí en estas latitudes que en algunos aspectos siguen siendo, como siempre han sido, una especie de paraiso terrenal.

ANDRATX (Mallorca)

Historias de piratas y luchas de especulación urbanística definen el pasado de esta tierra variopinta. Los más viejos todavía recuerdan que aquellos parajes eran bien conocidos por los corsarios, quienes saqueaban bienes y hasta raptaban mujeres, para negociar luego, durante días y días, un rescate que en numerosas ocasiones consistía en dinero, mantas y comida. «Moros vénen, moros vénen» llegó a convertirse en un de los gritos más temidos por los que vivían en estas tierras, quienes al oír el aviso acompañado del sonido del caracol de mar de un centinela en guardia, se preparaban ya para hacer frente al temido corso. «Parece que no tenía el moro otra enemistad que con los de Andratx, porque todas sus incursiones encaminaba contra aquella villa», sentenciaba ya en el siglo XVII Viçcen Mut, cronista oficial del reino. Y razón no le faltaba.

Entre espesos bosques de pinos verdes asoma este municipio donde el turismo, que no se puede negar que ha dañado sus paisajes, ha puesto fin a la vez a una de las características que han marcado la vida del pueblo: la emigración. El desarrollo y la mejora de la economía terminaron con la tradición de viajar a tierras lejanas para poder subsistir. Ha sido sin duda la mayor recompensa del avasallamiento turístico.
«¡Carta i cosa!», anunciaba el cartero de Andratx cuando llegaban cartas de alguno de los numerosos familiares residentes en América. Esta significativa expresión se debía a la costumbre que tenían los emigrantes de enviar un regalo junto con la correspondencia que remitían a su pueblo de origen. Y es que la historia reciente de Andratx va ligada a la de la emigración. Hoy es difícil encontrar una familia que no tenga o haya tenido en un futuro más o menos

Vista panorámica de Andraitx, un lugar ligado para siempre a historias de piratas y corsarios.

lejano parientes en Francia o América. Incluso el francés es una lengua muy conocida sobre todo entre los mayores del pueblo.

El municipio de Andratx agrupa a los núcleos de Camp de Mar, Sant Elm, S'Arracó y Port d'Andratx. El origen de su nombre, aunque incierto, parece proceder del árabe, *Indiraq*, que significa resquebrajamiento. Este significado podría estar relacionado con el entorno geográfico donde fue levantado el pueblo. Otros atribuyen el topónimo al nombre celta de *Andraqius*.

El casco antiguo de la ciudad está formado por estrechas calles en las que antiguamente habitaron numerosos pescadores. Su barrio más antiguo recibe el nombre de un islote, Es Pantaleu, y sus calles estrechase irregulares, tortuosas y muy empinadas, conservan todo el sabor de lo añejo de su historia.

Andratx, que en 1900 tenía algo más de 6.500 habitantes, fue perdiendo población hasta quedarse con 4.113 habitantes en 1960. Fue precisamente en esa época cuando la masiva afluencia de turistas atrajo a numerosos habitantes de la península que buscaban trabajo. En

un primer momento procedieron mayoritariamente de Jaén. Fue por eso que a los peninsulares inmigrantes se les comenzara a llamar popularmente «jaeneros». Es Pantaleu fue el primer barrio que acogió a estos «jaeneros», aunque después también se extendieron a otros como el Pont d'Amunt, es Cos o Son Toni Petit.

Todavía hoy se pueden ver en Es Pantaleu vestigios de la muralla que defendió el pueblo de los ataques corsarios. Maltratada por el paso de los años, sus restos se encuentran muy cerca

La iglesia parroquial de Sant Pere y el cementerio.

del ayuntamiento. Destacan además en el término municipal, una serie de construcciones defensivas de alto valor arquitectónico e histórico. Las mejores conservadas son las de Sant Elm (1302), el fortín del Port d'Andratx (1344), las torres del Cap Llebeig, de sa Dragonera, y de Na Rebassada (1617), la torre Nova de S'Evangelica (1617), la torre de sa Mola de Sant Carles (1639) y la torre del Cap Andritxol (1580). El ayuntamiento, todavía hoy, es conocido por los mayores del lugar como la Cúria, una denominación que se remonta a la conquista cristiana de Mallorca, en el siglo XIII. En *Els Repartiments*, (los repartos) las tierras de Andratx, incluidas en la comarca del Pariatge, correspondieron al obispo de Barcelona quien mandó instalar la Cúria, organismos administrativos, judiciales y eclesiásticos en Andratx, que era el núcleo más consistente en la época.

En el término municipal se levantan varias «possessions» dignas de una buena visita. Destacan Son Fortuny, S'Alqueria, Son Mas, Son Castell, sa Font y Son Orlandis. Algunas de ellas incluso cuentan con sus torres de defensa particulares, todas construidas en el siglo XVI. El paso del tiempo las ha cargado de leyendas, algunas muy interesantes, que se han ido transmitiendo de generación en generación. Se cuenta por ejemplo, que la nodriza de Frances Desmás defendió a muerte la torre de Son Mas del ataque de un grupo de piratas que intentaron asaltarla el 2 de agosto de 1578. La historia ha quedado inmortalizada a través de una pintura conservada en la iglesia parroquial de Andratx. Otro lugar digno de reseñar es la ermita D'Or-

Rincones de la villa y una muestra de la arquitectura popular de la zona.

landis que, según la tradición reune dos veces al año a los habitantes de Andratx, aunque diariamente cuenta con la presencia de excursionistas y turistas que llegan hasta allí. Arraigada también en la más pura tradición, otra ermita, la de Sant Elm es punto de reunión de todos los vecinos del municipio el domingo del Angel. El origen del castillo y oratorio de Sant Elm se remonta a 1279, cuando el rey Jaume II ordenó su construcción. En un principio tenía que ser un hospital dedicado a Sant Elm o Sant Erasme, patrón de los navegantes. En 1302 el mismo monarca ordenó que se construyera una torre de defensa adosada al edificio del hospital y al oratorio. Ya en 1394 transformaron la torre en castillo tras la profanación de la capilla y el sagrario por parte de los piratas.
Las posibilidades del entorno de Andratx son múltiples. Hay excursiones para todos los gustos. Las más interesantes son el acceso a La Trapa, un antiguo monasterio, y como no, la visita obligada al Port d'Andratx, el núcleo turístico por excelencia que conserva, sin embargo, una cierta tranquilidad. En sus aguas se alberga

En Andraitx quedan todavía algunas antiguas *posesions*, como la de la fotografía superior, con torre de defensa. A la derecha, una vista de las estribaciones del pueblo, hacia el oeste.

uno de los fondos marinos más abruptos y a la vez más cristalinos, con una nutrida fauna de la que ya en tierra dan buena cuenta los buenísimos y expertos cocineros del puerto. En el Port d'Andratx los restaurantes ofrecen sus productos locales, suministrados por una importante nómina de pescadores. La especialidad culinaria de restaurantes y particulares es el pescado. Entre las numerosas recetas que se conservan se puede citar la exquisita *Cassola de peix*. Sería inútil explicar sus misterios. Hay que probarla elaborada por las manos de un buen *chef* andritxol. No en vano tienen fama de ser los mejores cocineros de la historia. Aseguran los expertos que muchos de los emigrantes que dejaron Andratx para hacer fortuna en América se dedicaron a la cocina. No es por tanto difícil encontrarlos a ellos o algunos de sus descendientes en los mejores restaurantes del mundo.

Muy cerca, la urbanización de La Mola, primera en instalarse aquí, ha sido una de las piezas claves del desarrollo de la zona. Se trata de un inmenso peñasco que desciende abruptamente sobre el mar desde cuya cima se puede apreciar una de las vistas más espectaculares del Mediterráneo, aunque eso sí, a su alrededor han crecido como setas los conjuntos residenciales hasta el punto de las colinas que bordean el puerto, que antes fueron verdes, ahora son casi por completo blancas.

Las terrazas instaladas en el paseo frente al puerto son un peculiar punto de encuentro en el que comparten mesa en las noches de verano actores de primera línea, turistas sin más pretensiones que divertirse un poco, andritxols en sus días de vacaciones, trabajadores de la mar y familias de la isla que tienen allí su residencia estival. Aquí hay de todo y para todos.

De todo, sobre todo diversión, y para todos, también hay en Andratx durante las fiestas de Sant Pere, el 29 de junio. En el Port es muy celebrada la Virgen del Carmen, el 16 de julio y el día de Sant Agustí. El 28 de julio se organizan las de S'Arracó. También en abril tiene lugar una feria agrícola en la que participan los últimos campesinos de la comarca y a la que asisten numerosos vecinos que no quieren perderse el acontecimiento. Lo dicho: no falta de nada.

Port de Andraitx, lugar de turismo de élite y de magníficos restaurantes especializados en caldereta.

DEIÀ (Mallorca)

Deià, uno de los lugares más encantadores de Mallorca.

El hierro de esa montaña me renueva las neuronas del cerebro y me magnetiza positivamente. En el mundo hay varios lugares como éste. Es un círculo de montañas llenas de hierro, un círculo que me obliga a crear. Los que no son creadores acaban volviéndose locos». Robert Graves. La historia de Mallorca y los personajes que por la isla han ido desfilando a lo largo de los años, configuran sin duda a esta localidad de algo más de quinientos habitantes, como el lugar ideal para el retiro y el descanso del cuerpo y de la mente. No en vano las calles de Deià, sus cerros y sus playas, han visto pasear tranquilamente al escritor Robert Graves autor de *La Diosa Blanca* y *Yo, Claudio* quien, desde luego con mucho acierto, eligió este apacible lugar para vivir su fecundo retiro literario. El caserío ocupa un cerro romo orientado hacia el mar, con una profunda sima a sus pies que lo aisla totalmente de lo que constituye el resto de la serranía. Pero no solamente Graves vivió días apacibles en este pueblo de Mallorca. En la casa de otra poetisa salvadoreña, Claribel Alegría, también han pasado sus buenos ratos Gabriel García Márquez y Julio Córtazar; por si alguien temía quedarse atrás, también el mundo del celuloide ha pasado por aquí: Peter Ustinov y Ava Gardner figuraron entre los invitados de gala de Robert Graves. Fueron tantos y tan buenos los momentos que la familia Graves pasó en este lugar que sigue viviendo en las afueras del pueblo. También en la actualidad la esposa de Julio Córtazar conserva en propiedad la casa en la calle es Clor en la que vivió el escritor argentino. Durante la Semana Santa suele trasladarse desde París para disfrutar de los encantos de Deià. Y por si esto fuera poco, el diseñador Antoni Miró, el músico Joan Bibiloni y

la escritora catalana Carme Riera, entre otros, tienen también residencia aquí durante una época del año.
Pero a pesar de sus ilustres y famosos visitantes, el pueblo de Deià no ha consentido que se le suban los humos y mantiene, al menos lo intenta, su imagen pura de pueblo que no se deja llevar demasiado por las estridencias de la vida moderna. Y el intento no es nada fácil teniendo en cuenta que también se ha convertido en muy poco tiempo en un centro de vacaciones de alto standing, con buenos hoteles de lujo y numerosos bares que convierten sus noches estivales en bulliciosas veladas. ¡Es el precio del progreso!, como bien dicen los más antiguos habitantes del lugar. Los vecinos, no obstante, conservan vivas en sus casas las huellas de la arquitectura más tradicional mallorquina.
La tranquilidad, el descanso, el refugio y el reposo tienen su gran homenaje en el cementerio del pueblo. Está ubicado en lo alto del cerro por lo que hay que acceder a él a través de sinuosas cuestas y escaleras. Orientado hacia el mar y abierto a todas horas, su tapia está justo enfrente de la iglesia parroquial de Sant Joan Bautista. Sobre sus lápidas, bien cuidadas y adornadas con las flores que frecuentemente llevan los vecinos, sencillas y escuetas inscripciones dan su adiós a aquellos que disfrutaron de tan hermosos parajes. Así, con una grafía infantil y simple, se anuncia en una de ellas la identidad del fallecido: «Robert Graves. Poeta». Graves descansa hoy en el viejo templo lunar que, según cuentan los escritos, ocupaba la antigua terraza parroquial; sus cenizas forman parte del paraíso inmortal de la Diosa Blanca venerada por los antiguos. Después de esta visita uno tiene claro que en este cementerio la muerte no asusta, pues nada tiene de macabro. Aquí la muerte es todo un poema de amor a la naturaleza y a la memoria de los antepasados.
El paso del tiempo también se puede apreciar en el Museo Arqueológico de Deiá. Este museo abre sólo cuando se requiere, señal inequívoca de que aquí el reloj y el calendario hay que dejarlos en la guantera del coche. En él se conservan los restos del *Myotragus balearicus,* que son nada menos que los huesos de un extraño bóvido prehistórico que los primeros mallorqui-

Olivos milenarios y un hermoso ventanal de una residencia en Deià.

nes extinguieron a fuerza de cazarlos y comerlos posteriormente. Sin embargo, desde el Deià que conoció Robert Graves en 1930 hasta el de ahora, algunas cosas inevitablemente han ido cambiando. La carnicería del pueblo cerró sus puertas para abrir una heladería que se traspasaría un año después. En la actualidad los bares abundan entre sus calles. Se contabilizan 19 abiertos durante los meses de verano en un pueblo que no supera los 500 habitantes.

Deià, al igual que Valldemossa, se encuentra unido con Palma y Sòller a través de una línea de autobuses con cinco trayectos diarios durante todo el año. El servicio de Correos, desde que se jubiló el cartero de siempre, cambia de sede cada seis meses. Por ello, los vecinos que viven

Son Marroig, una magnífica residencia con una balconada de estilo italiano sobre el mar Mediterráneo.

fuera del casco urbano se ven obligados a averiguar cada medio año cuál es la nueva ubicación del edificio postal.
Pero, a pesar de todo Deià sigue transmitiendo arte a todo el que por allí pasa. La obra pictórica de los artistas locales puede adquirirse en las cuatro galerías abiertas al público: Max, Islas, Deià y Abraham. El pueblo sigue siendo cuna y refugio de numerosos artistas venidos de todas partes del mundo.
La trayectoria musical en el municipio no puede desvincularse de la figura de Kevin Ayers. Aunque todavía tiene su casa en el número 7 de la calle es Clot, Ayers dejó su residencia en Mallorca cuando el turismo comenzó a llegar a Deià. Su huella quedó en algunos grupos locales que siguieron sus pasos. Uno de ellos, *Pa amb Oli Blues Band,* cuenta entre sus miembros con el hijo de Robert Graves, Tomàs Graves.
A la hora de disfrutar de paisajes Deià cuenta con numerosas posibilidades de excursiones a través de montañas llenas de viejos caminos de carboneros que antiguamente estuvieron muy transitados por los trabajadores de las *sitges*. La montaña del Teix, en cuya falda se encuentra el pueblo, es una de las preferidas por los excursionistas. Además, el recorrido por el camí de Son Castelló puede proporcionar unas maravillosas vistas de la zona: gran parte del trayecto discurre a unos trescientos metros del mar.
Aunque el entorno que nos ocupa proporciona belleza y tranquilidad, nunca está de más ponerse un buen calzado, en Mallorca no falta, y dar un bonito paseo hasta la Cala Deià. Lo ideal es acudir a ella en temporada baja y entre semana, ya que su playa rocosa suele atestarse de bañistas en los meses estivales. Prescindiendo de este inconveniente, la cala es otro lugar idílico de esta «isla de la calma» que es Mallorca. En ella uno puede ver un pequeño varade-

El romántico templete de mármol de carrara de Son Marroig, del siglo pasado.

ro, tres casetas de pescadores y unas pocas viviendas construidas en los años veinte. Para reponerse del paseo, nada mejor que una buena ración de pescado o marisco fresco, fresquísimo, capturado esa misma noche. La ocasión merece sin duda una interesante sobremesa que se puede conseguir haciendo un sacrificio pequeño de media hora de caminata, para tumbarse libremente en la playa nudista de Llucalcari, la más célebre de toda la costa Tramuntana.
Llucalcari y Son Coll, además del que da nombre al municipio, son los principales núcleos de población del municipio de Deià. Son Coll fue la primera zona poblada del entorno.
Sería injusto terminar esta referencia sin nombrar, siquiera de pasada, la exquisita gastronomía de la zona. En Deià mandan las *sopes nadalenques,* que tienen una especial preparación. Atención amantes de la cocina: Los ingredientes principales son las rodajas de fiambre de navidad, caldo elaborado con gallina, huesos con tuétano, puerro, nabo, zanahoria, apio y tres botifarrones; una col, pan de sopas y un buen ramillete con hinojo muy tierno.
A partir de ahí, todo un proceso. Con la gallina y verduras se hace el caldo. Se cuela y se aliñan las verduras más blancas y tiernas. Mientras, el pan de sopas se seca al horno, se escalda con el caldo y se le añade hinojo tierno picado. Se sirven bien las sopas con el caldo bien caliente. Están de miedo.

Los espacios para la vida y la muerte son igualmente bellos en Deià. Arriba, un lujoso hotel. Junto a estas líneas, el hermosísimo cementerio donde descansa Robert Graves, el poeta.

FELANITX (Mallorca)

Bona terra per a morir». Este es el título de una producción cinematográfica mallorquina realizada íntegramente aquí que define parte de la historia de este pueblo, cuna también de los mallorquines más internacionales. Los felanitxers se muestran henchidos de orgullo cuando repasan la larga lista de figuras destacadas en el campo de las artes y las letras, del deporte y de las ciencias y la investigación que han nacido en su tierra. La muerte también parece estar ligada de alguna manera a Felanitx, que llegó casi a extinguirse por la peste, que la siguió teniendo presente en 1884 con el derrumbamiento trágico de la iglesia y, desde luego, más recientemente, con los escabrosos asesinatos de la última guerra. Se dice que por ello, aquí los enterramientos en el cementerio los cuidan los frailes ligorines. Algo de tópico hay pero gran parte de verdad les avala. Y es que todo es bastante especial en Felanitx, incluso la emigración en masa de un pueblo extremeño, Orellana, a este municipio malloquín.

Felanitx posee el título de ciudad, concedido por María Cristina, desde el año 1886. Su centro urbano se extiende desde la iglesia hasta la plaza del Arraval, con su monolito, la sede de la Felanitgense, mutua de seguros, y la Recreativa. Sus calles hay que recorrerlas con la vista bien alta para poder admirar las fachadas llenas de detalles ornamentales de *Art Nouveau,* con balcones que son obras de arte de la forja, y rótulos modernistas.

El templo parroquial, elevado en un terraplén frente la la fuente de Santa Margalida, está dedicado a Sant Miquel. Su fachada está realizada en piedra de un color tostado y coronada por una decoración churrigueresca. En su interior son admirables el órgano y una talla de

Felanitx, ciudad desde 1886. En la fotografía, la céntrica Plaza del Arraval.

Gregorio Herrera sobre la figura de Ramón Llull. Desde la balaustrada, que da a la calle Major, puede verse la Casa de la Cultura, donde se ubica el museo–fundación «Mossén Cosme Bauçà». Su tesoro es sin duda una amplia biblioteca «felanitxera» donde uno puede encontrar datos y más datos sobre la historia local. La imprenta de Felanitx, que todavía funciona, es también toda una pieza de museo.
El esplendor industrial y comercial de la ciudad se deja notar en numerosos edificios. Las iglesias de la Concepción y de Sant Agustí, las escalinatas del Calvari con acceso desde el Carrer del Call, nos remontan a tiempos lejanos. Como contraste, los amplios paseos del ensanche hablan de la ciudad próspera de finales del siglo pasado y principios de éste. En el paseo Ramón Llull se encuentra la Estación Enológica, reconvertida en Centro de Salud y uno de los pocos cines en activo de los pueblos de la isla. En otro paseo, el Ernest Mestre, hay también edificios singulares. El Sindicat recuerda también esos años de esplendor. Sus calles están adornadas y sus espacios públicos rodeados de ver-

La iglesia parroquial de Sant Miquel, en piedra de color tostado, junto a una espectacular esquina abocinada. A la derecha, la torre de la iglesia desde el ala sur del templo.

des palmeras. Fuera de la ciudad, destacan varios puntos de su término municipal. El litoral de esta zona es acantilado con torrentes que han abierto profundas calas en su desembocadura. Felanitx cuenta también con un puerto de gran belleza, Portocolom. Una cala con perfiles de culebra que repta entre acantilados para formar la ensenada, que sirvió de refugio marítimo para los navegantes que viajaban a Menorca y Cerdeña. Se convirtió con el tiempo en el centro neurálgico del comercio «felanitxer», con flota propia dedicada fundamentalmente a la exportación de vino. Actualmente, es el punto de encuentro de todos los habitantes de la ciudad que residen lejos y que vuelven en verano a pasar sus vacaciones.

La Serra Tramuntana es sin duda el centro preferido por todos los excursionistas para sus paseos. Sin embargo, también el paisaje de montaña de Felanitx es interesante. El ascenso al santuario de Sant Salvador está cargado de leyendas locales que lo convierten en toda una aventura. Al principio de la subida una gran obra de piedra comienza a recorrer los campos de Son Suau, ascendiendo en algo menos de mil metros hasta los 200 metros de altura. Las vistas panorámicas comienzan a ser maravillosas y empiezan ya los atajos para iniciar la subida al santuario entre un típico y umbrío bosque mediterráneo. Sant Salvador es un santuario con hospedería regido por los ermitaños de Sant Pau i Sant Antoni. Un patio cuadrangular centra las alas de la hospedería, ermita y capilla. Una sala a la que se accede a través de este patio, expone exvotos a la Virgen y curiosidades de todo tipo, aunque destacan los favores recibidos por haber logrado aprobar el carnet de conducir (dejan como prueba el libro de teórica). A pie se puede seguir hasta el castillo de Santueri, una de las construcciones defensivas más importantes de la antigüedad.

Pero para completar el contacto con el lugar y sentirse identificado con él hay que acercarse a la gastronomía. El plato popular por excelencia son los caracoles, que aquí se ofrecen fritos.

La mayor juerga popular llega a Felanitx con las fiestas de Sant Agustí, que tienen en las verbenas que se celebran en el Parque de Sa Torre, un atractivo único en la isla.

Lateral del edificio del Ayuntamiento (arriba), y una céntrica calle de Felanitx.

INCA (Mallorca)

Fachadas históricas, edificos monumentales y visitas de obligada parada, forman parte del recuerdo del viajero en estas tierras, de las que sobre todo llevará en su memoria el dulce aroma de horno que cada mañana inunda el aire que respira.

Industrial y populosa, Inca es para muchos una simbólica y nunca oficializada «capital de la part Forana». Su capitalidad ha sido ganada gracias a la gran importancia industrial que ha tenido esta ciudad. Unos zapatos que se precien deben haber sido fabricados en Inca, y todo el mundo sabe en Mallorca que las galletas que se comen en toda la isla han salido de sus numerosos y afamados hornos. Se trata, al cabo, del municipio con mayor densidad de población de la Part Forana de Mallorca, aunque en estos años noventa ha perdido la categoría de segunda ciudad de la isla.

Inca, ciudad industrial por excelencia de Mallorca.

Inca, dicen, fue antes mercado que pueblo. Ya antes de la conquista catalana se distinguía como centro comercial y lugar de concurrido mercado semanal. Las crónicas hablan de una Inca musulmana rica y esplendorosa, beneficiaria de una situación geográfica privilegiada, con fuentes y una zona de pequeñas colinas y torrentes que favorecían los cultivos hortícolas, en los que crecían el lino y otras plantas textiles, además de un famoso azafrán; en su medina trabajaban curtidores y artesanos. Hasta tal punto era próspera que los cristianos, que acabaron con todo lo que significaba Islam, conservaron sin embargo su sabia tradición agrícola. La Inca medieval contó con nutrida aljama, asaltada por las turbas el año 1391, en los albores de las revueltas campesinas. En el siglo XVI, la guerra de Germanies hizo retroceder el progreso de esta ciudad artesanal y mercantil en el

centro de la isla. Pero sin duda, la crisis más dura fue la provocada por la peste bubónica de 1652. Más de la mitad de la población fue arrasada por el *«rigorós contagi»* y los pocos que quedaron optaron por refugiarse en el campo. Sólo siete casas quedaron habitadas en toda la ciudad, aunque con la pasada centuria llegarían nuevos momentos de prosperidad. Se construyó entonces la carretera Palma–Alcudia, las reformas liberales de la administración convirtieron a la ciudad en centro comarcal de la administración y la justicia, y llegó el ferrocarril (1875), que por entonces tuvo ramificaciones hasta Sa Pobla y Manacor. Esta época de esplendor moderna a finales del siglo pasado se sustenta de la industria del calzado y de prendas de piel, herederas de los curtidos artesanales. En el año 1892 Inca se convierte en ciudad gracias a la reina María Cristina. A partir de ahí todo en ella se prepara para sentar las bases de un futuro esplendoroso para el siglo XX. Sus viviendas de gusto modernista son muestra de la prosperidad de su incipiente clase burguesa. En el año 1919 se convoca la primera huelga general de la historia local protagonizada por los patronos regionalistas y conservadores y los obreros ya conocedores del catón del socialismo. Se conoció la represión durante la Guerra Civil y con la llegada del turismo que compraba a precios de risa zapatos, bolsos y chaquetas de calidad, la prosperidad volvió a la ciudad. En los años setenta comienza el desmoronamiento de la industria zapatera que culmina en la siguiente década. Sin embargo, la confección en prendas de vestir en piel parece mantenerse hoy por hoy gracias a la ininterrumpida afluencia de turistas.

La Inca moderna conserva pocos atractivos monumentales. Su construcción más llamativa es la iglesia de Santa María la Major, cuya fábrica gótica original sufrió reformas en el siglo XVIII. La peculiaridad del templo reside en la galería superior que recorre los laterales, abierta al exterior. Su retablo mayor tiene tres cuerpos de altura y está fechado en 1373. Barroco es el antiguo convento de Santo Domingo, con claustro finalizado en el año 1703. En la cima de una respetable cuesta, el recoleto convento

La iglesia gótica de Santa María la Mayor, que fue muy reformada en el siglo XVIII, tiene una galería abierta al exterior que recorre los laterales del templo.

de las monjas jerónimas ofrece a sus visitantes la posibilidad de adquirir *concos,* sabrosos pastelitos elaborados por las religiosas.
Justo en medio de la semana, aparece una de las actividades más tradicionales de la ciudad: el *Dijous d'Inca,* mercado peculiar y concurrido. Aquí todos los tienen muy claro: «día de pérdidas no es día de ganancias». Payeses, vendedores ambulantes de ropa, alimentos, utilidades e inutilidades, ilusiones y gangas, trileros y negros, guiris y desocupados se dan cita en un mercado en el que todo cabe. Lo único gratuito es mirar y contemplar sin fijarse en nada y en todo. Y hablar. Hablar para vender o comprar. Se pueden encontrar los más raros y exóticos productos. Desde la vendedora de azafrán, cosecha propia, hasta el puesto con todo a 500 pesetas. El jueves siguiente al tercer domingo después de San Lucas, el 20 de octubre, llega la gran feria local, el *Dijous Bo*. Aquí los inqueros hacen verdadera gala de sus dotes mercantiles, adquiridas a través de los años y de su historia. Hay exposición de ganado, maquinaria agrícola, productos del campo y un

Dos rincones de la villa, de intensa actividad comercial.

sinfín de puestos y tenderetes donde puede hallarse de todo, o casi de todo; además de atracciones para la chiquillería. Gentes de toda la isla acuden ese día a Inca. Unos para negociar, comprar y comparar, otros simplemente para pasar la jornada en este ambiente festivo y concurridísimo. La diversión está garantizada.
Pero en Inca hay un olor. Un olor que despierta cada mañana inundando el aire. Es un aroma exquisito del horno que cuece en su interior las famosas *galetas d'oli*. Se usan para remediar un cólico, cortadas por la mitad y untadas con un poco de aceite y vinagre. También como sustitutas del pan en los canapés y en las dietas. Son saladas y con un poquito de sobrassada untada, un bocado exquisito.
Es innegable que una visita a Inca es casi una salida de compras. Inca ha sabido poner su marca en productos cotidianos. A tal punto que el nombre del pueblo ha bautizado, en 1995, un nuevo modelo de automóvil. Como casi cada día en los últimos años, sus fábricas de prendas de piel y de zapatos siguen copadas por legiones de turistas que llegan, compran y

se van por oleadas, siempre a bordo de grandes autobuses. Mantienen esta tradicional industria inquera. Pero en el momento de pasear por la ciudad, el aliciente son los *cellers* locales. Celler significa lagar mallorquín. Esta denominación se hace extensiva hoy a los restaurantes típicos. En ellos se sirven sustanciosos platos del recetario tradicional mallorquín. Las *sopes*, el *frit* y uno espectacular: la lechona con salsa de granadas agrias. Saboreándolos uno lo tiene claro: el «made in Inca» es inconfundible.

Algunas edificaciones modernas siguen teniendo agradables patios de acceso, con pozo incluido.

POLLENÇA (Mallorca)

Panorámica de la noble villa de Pollença desde el elevado Puig de Santa María.

El arte en Mallorca también se llama Pollença. Su belleza natural y su historia son la mejor carta de presentación de una ciudad que se ha convertido en el oasis del turismo de calidad, guardándose siempre de propiciar una afluencia masiva de visitantes que pueda diluir la paz del lugar y arrasar con sus encantos naturales. Aquí no existe el tipismo de la postal sino la tradición combinada con la modernidad. Pollença ha sido mascarón de proa del cosmopolitismo y de la inquietud cultural, siempre con un gran sentido de lo propio. Aquí se han quedado muchos creadores, como en el Parnaso, y muchos poderosos, como en el paraíso.

Su denominación es posterior a la conquista catalana, cuando estas tierras quedaron sometidas al señorío templario. De esta forma comenzaba una larga historia de dominación que estallaría en la sangrienta sublevación de las Germanías, a la que se unieron los pollencins.

El antiguo pollencí vivía de la pequeña industria artesanal y de la agricultura minifundista, fabricaba alfombras y trabajaba los telares. En su pequeña parcela cultivaba el huerto y disponía de pocilga y gallinero, así como de una casita para pernoctar en verano. Estas viejas casitas, poco a poco han sido transformadas en segundas residencias y en una oferta turística importante. También, todo hay que decirlo, en un problema urbanístico.

Pollença está orgullosa de su historia y de los personajes ilustres que por allí pasaron. Pintores como Hermenegildo Anglada Camarassa, Santiago Rosinyol, Titto Citadini, Roberto Montenegro, Roberto Ramaugé y Adán Diehl fueron sus mejores heraldos en el primer tercio de este siglo, y foráneos –aunque considerados propios por los pollencins– tan ilustres sembraron en las

conciencias del lugar la inquietud artística que hoy sigue presente en las numerosas galerías de arte y en los creadores locales.

Pollença invita a recogerse en sus calles, aún llenas de pequeños comercios familiares y edificios singulares. Lo ideal es practicar el callejeo de manera pausada y distendida, porque la cultura en Pollençca se vive en la calle. El claustro de Santo Domingo alberga la residencia para la tercera edad y es el escenario natural de múltiples actividades culturales. Además del Festival Internacional de Música, fundado por Philip Newman, que tiene lugar a lo largo del verano, el Claustro alberga también el Certamen Internacional de Pintura y Escultura que se celebra con motivo de las fiestas de la Patrona, el día 2 de Agosto. El lugar acoge también la muestra de Art Pollença, que rebusca el contacto con culturas lejanas, como la tibetana o el arte huixol, y el Museo de la ciudad. En las diferentes estancias de éste está la obra adquirida por el Ayuntamiento en el Certamen, además de diversas tablas del gótico mallorquín, entre las que destaca la de la Mare de Déu del Angels Músics, así como valiosas piezas etnográficas y litúrgicas, como Els Braus de la Punta o una colección de ollas del siglo XVII.

La iglesia anexa al claustro, dedicada a Nostra Senyora del Roser, es un oratorio barroco con una imagen románica y un importante retablo de Juan A. Homs. Allí está la sepultura del héroe popular Joan Mas, en cuya gesta histórica sobre los piratas turcos de Dragut se fundamenta la celebración de Moros y Cristianos. Mención aparte merece el órgano barroco. Frente al claustro se ubica una zona de paseo, con una

Dos rincones de la villa, junto al Ayuntamiento y en la calle Jesús, hacia el Calvario. En las fotografías pequeñas, una ventana gótica y el escudo de la ciudad.

La iglesia parroquial de Pollença, con su impresionante rosetón, fue erigida por los templarios.

escultura de Ben Jakober y un jardín con arbustos autóctonos de la isla. En este jardín botánico se ubica una pieza de artillería que formó parte de la torre de defensa de Cala Sant Vicenç y la estatua dedicada a Joan Mas, con los versos que le dedicara Costa i Llobera.
El Ayuntamiento, situado en el viejo claustro de Montision instaurado por los jesuítas en 1686 y restaurado por Costa y Llobera, recoge una muestra interesante de retratos de hijos ilustres. Puede visitarse el templo de Montision, hoy cerrado al culto. El templo parroquial, erigido por los templarios, contiene un suntuoso retablo barroco que estaba en Montision. De principios de siglo son los 14 cuadros que prepresentan el Vía Crucis, pintados por Atilio Boveri, pintor argentino, Massgraber, alemán y Joaquín Tudela. Todos se establecieron en esta ciudad.

En la plaza, además del templo, se ubica un centro tan singular como el Club Pollença, que ha marcado la dinámica cultural de la población. Perdido ya su carácter elitista, es centro de reunión y de tertulias.
Desde el Carrer del Lleó todo un conjunto de calles conservan el estilo popular y tradicional. Fachadas de piedra, portal en arco y ventanas pequeñas. Afortunadamente, este estilo se repite en las construcciones modernas como elemento de preservación del carácter. Constituyen rincones pintorescos las calles Bonavista, Estrella, Salut, Padronada, Bou, El Rost de Montision.
Junto al Ayuntamiento, en el camí de Jesús, empieza la escalinata con tantos escalones como días tiene el año que asciende hasta el oratorio, en lo alto de una colina, donde se venera la imagen de la Mare de Déu del Peu

de la Creu. Es el Calvario. Bajando la escalinata bordeada de cipreses se celebra el día de Viernes Santo el *Devallament,* que despierta gran interés. Y si el Calvari flanquea la ciudad desde el norte, en el sur está el Puig de Santa María, con otro oratorio, que conserva un camino empedrado y al que se pretendía dar acceso con un teleférico. Es un remanso de paz. Cuenta con una torre de defensa y murallas. Es área de especial interés por sus encinares. Su último tramo tiene que ser recorrido necesariamente a pie y hay servicio de hospedería. En este lugar, de maravillosas vistas sobre la villa, los pollencins se congregan en romería el martes posterior a Pascua. Tanto Pollença ciudad como el término municipal, con urbanizaciones lujosas disimuladas, ofrecen rincones muy interesantes. Entre ellos destaca por supuesto el Port de Pollença, «U Moll» como lo llaman los nativos. Su fama y sus paisajes arrastraron al iniciarse la primera guerra mundial a toda una pléyade de artistas que huían del conflicto. A finales de los años veinte

La calle Jesús, también llamada «el calvario», que asciende hacia el oratorio de la Virgen del Peu de la Creu.

pequeños establecimientos de comidas ya se habían convertido en hostales y hoteles, con lo cual la tradición de la industria hotelera venía ya de antiguo. Esta tradición ha conseguido a lo largo de años una solera y calidad casi proverbial, que han marcado el carácter cosmopolita de turismo de calidad y de sofisticada modernidad. El Port de Pollença se ha convertido en un lugar sacro para el mundo del turismo insular. La península de Formentor y los inconfundibles y coloristas valles del interior rodean a Pollença de paisajes extraordinarios y únicos.
Así pues, la *eixida* a Pollença no puede ser única. Las fiestas locales pueden ser una buena excusa para ir recorriendo el norte de la isla. Por Sant Antoni bajan un pino de Ternelles en pleno jolgorio y los *foguerons* se arman con arte y estilo. Pocos días después celebran Sant Sebastià, con l'Estandard y el baile de Es Cavallets. Por el Corpus, sale Sant Joan Pelós y Les Aguiles. Y el 2 de agosto, día de la patrona, celebran el simulacro de la batalla de Moros y cristianos. La fiesta se inicia al salir el sol y se prolonga hasta la noche. Es uno de los pocos pueblos que celebran una victoria histórica y no una derrota. La victoria sobre los corsarios turcos de Dragut el 31 de mayo de 1550. Las notas de *L'Alborada* estrenan todavía hoy las fiestas a

la salida del sol: la gente, después de la verbena se agolpa frente al Ayuntamiento al alba, esperando en silencio las dulces notas de esta composición de origen gallego. Tras el oficio solemne, ya por la mañana, comienzan los *cossiers* a bailar en la plaza. Tradición y diversión llenan las calles pollencinas en las que corre también, porque no puede faltar en jolgorio que se precie, el *mesclat,* un licor mezcla del típico palo malloquín y el anís seco. Con él en el cuerpo se afronta mejor la batalla.

El claustro de Santo Domingo, donde tienen lugar toda clase de ferias (como la de Artesanía, en la fotografía pequeña) y se celebran actos sociales y culturales.

SÓLLER (Mallorca)

Mar y montaña. Huerta y pedregal. Valle cerrado, pueblo abierto. Villa señorial y mercantil. Mallorquín y extranjero. Calmado e inquieto. Solemne y fantástico. El pueblo de Sóller es pura paradoja.

La ciudad, de diez mil habitantes, está rodeada por un mar de naranjos dueños de una amplia sima, en la que destronan a olivos, almendros, manzanos y algarrobos, señores de los bancales superiores. El topónimo es árabe, *Sullair,* valle de oro, y desde luego la riqueza agrícola del lugar no desmiente este sentido originario del nombre. La historia de esta población está ligada a la agricultura y a su importante puerto, única rada natural en toda la costa de la Tramuntana, duramente castigada durante los siglos XVI y XVII por el acoso de los piratas berberiscos. Una vez desaparecido el corso y de nuevo libres las vías de navegación, por este puerto se exportaron cítricos y otras frutas a puertos galos. A finales del siglo pasado, numerosos sollerics se establecieron en Francia, Bélgica y Suiza al frente de negocios de importación de frutas, los denominados «Jardins d'Espagne». Las cosas fueron bien a la mayoría de aquellos que volvieron a la tierra que los viera nacer. Y es que para un solleric irse es pensar en volver. Y volver ha sido reinstalarse, con antillana entonación, o con modas y modismos afrancesados como el uso de la «erre» arrastrada.

Una primera oleada de emigrantes trasatlánticos regresó a Sóller para construirse una casa de tipo colonial, mejorar los cultivos de la huerta y ampliar las variedades de frutos, frente a los casones de los propietarios tradicionales de los olivos de Castelló. Pronto impulsaron la creación de fábricas textiles, y con una línea marítima propia empezaron a comerciar con el Levante

Sóller, capital de uno de los valles más ricos de Mallorca.

Un edificio modernista y la plaza más céntrica de Sóller, junto a la iglesia parroquial dedicada a San Bartomeu.

peninsular y el sur francés. Se abrió un túnel en las entrañas de la Serra de Alfàbia y Jeroni Estades, conocido popularmente como «Sa Padrina», y se impulsó el tren eléctrico que no echara humo en el interior del túnel. Fue una época de esplendor en la que Sóller era uno de los pocos pueblos señores de Mallorca, con unos ideales de vida y unas prácticas sociales que podrían considerarse, a principios de siglo, absolutamente burguesas. La ciudad incluso contaba entonces con un flamante banco, el *Banc de Sóller,* del que queda el edificio.
Durante este periodo de euforia económica y bienestar social se edificó la fachada modernista de la iglesia parroquial de Sant Bartomeu; obra de un notable discípulo de Gaudí, Joan Rubió i Bellver, que diseñó sus planos inspirándose en modelos góticos. La construcción de la fábrica original del templo se llevó a cabo entre los siglos XVI y XVII. También modernista y con una fachada de piedra blanca impresionante, es el actual Banco Hispano, en la misma plaza y del mismo arquitecto, así como Ca'n Prunera, en la calle de la Luna.
En los alrededores de esta última calle, con las de la rectoría, Bisbe Nadal, Quadrado y Sant Bartolomeu, brilla el cuidado y el gusto exquisito de sus edificios de diferentes estilos, desde el colonial hasta el más moderno, pasando por los de fachada historicista.
Otros interesantes conjuntos arquitectónicos son el convento de Sant Francesc, situado en lo alto de una pendiente en la entrada del pueblo, con fachada barroca y un bello claustro, y el también barroco oratorio de Sant Felip Neri, situado en la parte más oriental de la villa, en la barriada de s'Alqueria.
Insólitos e interesantes son también el Museo Balear de Ciencias Naturales de Sóller y su Jardín Botánico, situados ambos en la finca de Es Camp de Ca Prohom, en uno de los márgenes de la carretera del Port.
Para recorrer los cinco kilómetros que separan la ciudad del puerto hay que subir, y merece la pena, en un tranvía de estampa decimonónica que se detiene más o menos cada cien metros, permitiendo la bajada en cualquier punto del trayecto. El Port aparece ya en documentos de

finales del siglo XIV con el nombre de Port de Santa Catalina. Desde aquí, se cuenta, navegó hasta Sicilia subido en el lomo de una ballena, Guillem de Torroella para entrevistarse con el rey Arturo y su hermana bruja Morgana. Luego regresó al Port para plasmar por escrito tamaña aventura. Hoy, un puerto más prosaico y menos fabulador se ha consagrado al turismo con una importante oferta hotelera.

Sin embargo lo mágico y lo fantástico están presentes en Sóller. La montaña, con sus fuentes, torrentes y barrancos misteriosos. El barranco de Sa Coma esconde un *negret* y su leyenda. El Puig de Sa Mola tiene su Cuca. Astros como la Luna o el Sol están presentes en la nomenclatura popular de sus calles. Sin ir más lejos, desde 1978 y durante varios años consecutivos, centenares de personas se han dado cita aquí durante la noche de San Juan bajo la convocatoria de una noche de «unidad cósmica».

Los días 13 y 14 de mayo se celebran en Sóller las Festes de Ses Valentes Dones (fiestas de las valientes mujeres). Se recuerda con ellas a Francisca y Catalina Casanovas, que tuvieron una honrosa actuación en la defensa del asalto del corsario berberisco, Otxalí, a la ciudad. Son también muy típicas las fiestas patronales de Sant Bartomeu, el 23 y 24 de agosto. Además de divertirse con el colorido y la animación de estos festejos, es obligado probar los *pets de monja*, pastelillos de receta tradicional muy sabrosos, a pesar de lo escatológico de su nombre: ventosidades de monja.

El tren que une la villa de Sóller con su puerto, (junto a estas líneas) lugar de arribada de miles de turistas.

VALLDEMOSSA (Mallorca)

Panorámica de Valldemossa, uno de los más románticos y bellos lugares de Mallorca.

Es el más bello lugar que jamás he habitado y uno de los más bellos que jamás he visto! ¡Y apenas disfruté de él!» escribió George Sand en *Un invierno en Mallorca.*

Los paisajes de Valldemossa, las montañas que vierten su avalancha de encinares y olivos sobre los roquedos de la accidentada costa, su mar intensamente azul pero voraz y fiero, han cautivado a lo largo de la historia a numerosos personajes ilustres. Se adelantaron a todos en el siglo pasado George Sand y Frederic Chopin, precursores del turismo en estas tierras. Ambos llegaron a Mallorca acompañados de los dos hijos de la primera. Su primera experiencia en estas tierras no fue demasiado agradable a juzgar por lo que la escritora plasmó en *Un invierno en Mallorca.* De su primer alojamiento, el propietario los expulsó por miedo a la tuberculosis que padecía el genial polaco. Se instalaron más tarde en la Cartuja de Jesús Nazareno, que se había convertido en una especie de hotel donde las antiguas celdas se alquilaban a visitantes. Allí les aguardaba la incomprensión de los vecinos y una climatología en verdad adversa. La admiración de Sand por las bellezas paisajísticas que circundan la villa y sus pocas satisfactorias impresiones sobre el talante de los nativos, quedaron patentes en la crónica de su estancia aquí. Y es que acostumbrados a la vida social de las principales capitales europeas, los hábitos parisinos de la pareja no encajaron bien en la sociedad mallorquina de principios del siglo XIX. Es fácil imaginarse la estupefacción de las matronas locales ante una mujer con pantalones, que además fumaba y convivía en pecado con un bohemio enfermo. Tampoco gustaba a la escritora la humedad del ambiente y los rigores del crudo invierno mallor-

SANTA CATALINA THOMAS PREGAU PER NOSALTRES

Arriba, a la izquierda, el palacio del Rey Sancho. Debajo y en las fotografías pequeñas, caracolas utilizadas como maceteros y azulejos con episodios de la vida de Santa Catalina Thomàs. En esta página, una mujer ataviada con traje típico barre un patio.

quín. Definitivamente, George Sand detestaba las costumbres mallorquinas pero admiraba la belleza del paisaje: «Mallorca –dice– no se puede comparar con ningún paraje conocido. Los hombres, las casas, las plantas y hasta las piedras del camino tienen un caracter diferenciado».

Entretanto, Chopin afanaba sus mermadas energías en la composición musical y vivía al margen de cuanto lo rodeaba, sumido en un caleidoscopio de pentagramas y melodías del que únicamente lo sacaban sus terrores nocturnos y su deplorable estado físico. Otros ilustres personajes pasaron por esta ciudad y sus magníficos parajes. Miguel de Unamuno, Azorín y Rubén Darío también fueron viajeros que recalaron en las celdas privadas que habían sido propiedad de los monjes cartujos.

Pero a pesar de que Valldemossa se relaciona inevitablemente a las figuras de Chopin y George Sand, en el pueblo, aquí , sobre el terreno, la gente se siente mucho más identificada con la figura de Santa Catalina Thomàs. En todas las viviendas del municipio existen numerosas referencias a la santa, beatificada en 1792 y canonizada en 1930. Cada año el 28 de julio la ciudad celebra un desfile en su honor.

Y es que la realidad en Valldemossa supera los tópicos. Se encuentra a pocos kilómetros de Palma y en la actualidad se ha convertido en un pueblo dormitorio de la capital. Su topónimo es mestizo, de raíces catalanas y árabes: *Vall* (valle) *de Muza* (gentilicio musulmán). Está sobre una colina, a 437 metros de altitud, y se desliza suavemente por la ladera del cerro. Presiden los extremos del caserío sendos campanarios. Las terrazas concéntricas irradian de la linde de las casas. Hay verdor en el valle y en algún roquedo se vislumbra el ocre de la roca desnuda, convertida en barranca. El paisaje es idílico y extraño, mágicamente silencioso.

La primera imagen que se obtiene de Valldemossa al llegar por la carretera de Palma, es encantadora. Entre las casas de piedra construidas hábilmente en la falda de la montaña destaca el campanrio de la Real Cartuja de Jesús de Nazaret, con azulejos de vivas tonalidades que centellean bajo el sol mallorquín; el azulejo está muy presente en toda la villa. Los dedicados a

Santa Catalina Thomàs, hija y patrona de la villa, ornan las fachadas de sus calles. Son plegarias que ruegan su intercesión divina, generalmente acompañadas por la ilustración de algún episodio de su piadosa biografía. Junto a las viviendas han surgido tiendas de recuerdos, artesanía y cafés; el principal medio de subsitencia ya no es la la agricultura sino el turismo. Pese a la afluencia de visitantes, el marco sosiega cualquier ánimo bullicioso. En la plaza de la Cartuja, sólo rompen el silencio los borboteos de la modesta fuente y el canto de los pájaros.

La Cartuja de Jesús de Nazaret fue fundada por los monjes cartujos en el siglo XV. Todavía hoy se conserva la celda ya mencionada, habitada en su momento por Chopin y Sand, la número cuatro. Además del piano, que posiblemente fuera usado por Chopin, en la Cartuja puede observarse la antigua farmacia de los monjes y diversos recuerdos de la estancia del Archiduque Luis Salvador de Austria en la zona.

La iglesia del monasterio fue construida en el siglo XV y conserva algunos vestigios góticos en su fachada. Fue remodelada tres siglos más tarde como se puede observar en sus interiores neoclasicistas. Los frescos de las bóvedas y la cabecera fueron pintados por Fray Miguel Bayeu, cuñado de Goya. Fray Joaquín Juncosa pintó en el siglo XVII los grandes cuadros que cuelgan en las paredes. Destaca la colección de relicarios y ornamentos de la sacristía. El claustro, de sencilla traza, evoca la muda meditación del cartujo, con voto de silencio.

Junto a la *Cartoixa* se encuentra el Palau del Rei Sanxo, donde se realizan exhibiciones folclóricas y conciertos. En la década de los 20 fue propiedad de los Sureda, una familia de intelectuales que trabaron amistad con personajes como Miguel de Unamuno, Santiago Rossinyol, Rubén Darío y Jorge Luis Borges. Se pueden recorrer además, algunas de sus estancias y salones con mobiliario y decoración sobria pero señorial. Para admirar en toda su integridad el empaque de la torre palaciega se desciende a través de un callejón empedrado y medieval hasta el mirador des Llardoners. La terraza depara hermosas vistas sobre el valle del moro Muza, sus bancales repujados de verde y el caserío valldemossí. Valldemossa cuenta también con su Museo Municipal. En su sección de arte contemporáneo se pueden admirar obras de pintores como Picasso, Miró, Tàpies, Millares y Saura, entre otros. Se pueden ver además xilografías y prensa de la antigua imprenta Guasp, del siglo XVI, y fondos documentales, bibliográficos y pictóricos del Archiduque. La iglesia parroquial de Sant Bartomeu, tiene una torre muy similar a la cartujana. Cuenta con un mirador junto a un campanario que evoca un alminar islámico. De su flanco arranca la calle

De izquierda a derecha, la biblioteca, la reproducción de una celda monacal, una antigua escultura en un jardín y un salón palaciego en la Cartuja. A la derecha, el exterior del edificio y la torre–campanario

Rectoría, angosta y quebrada, de firme empedrado con amplios cantos y fachadas engalanadas con flores en honor a Santa Catalina Thomàs, cuya casa natal se encuentra en el número cinco. La capilla conserva un hueso del dedo de la santa que, por cierto, fue robado en una ocasión, para horror de todo el vecindario. En las afueras del pueblo, la primera *possessió* que se ve fue propiedad del Archiduqe. Son Moragues, que así se llama, conserva el conjunto escultórico de Giulio Monteverde que el propio Archiduque costeó en memorio de Catalina Homar. Hoy es un restaurante donde, como en tantos otros sitios de la villa, se pueden probar las famosas *coques* de patata, un dulce con patata, harina y huevos cuya antigua receta guarda con celo cada familia del lugar.

ALAIOR (Menorca)

Alaior significa adentrarse en la Edad Media de Menorca. El paso del tiempo no ha conseguido romper con un aire medieval que sus habitantes han sabido mimar y conservar como pocos. Su emplazamiento es estratégico; emerge a lomos de un montículo alrededor del cual se va desgranando una bella ciudad que se encuentra situada a doce kilómetros de Mahón, la capital de la isla. Por su importancia se puede decir que ocupa el tercer lugar en el territorio insular después de la capital y de Ciutadella. Es un destacado centro de producción de leche de vacuno, ganado que forma parte del paisaje de esta localidad, que sabe sacarle el mayor partido; y de la leche, el queso. No todo el queso que reluce en Menorca es de Mahón. Aquí, sin ir más lejos, nos encontramos con un importante centro de elaboración de queso industrial y artesano. Está de más explicar que no es lo mismo. El industrial se puede adquirir casi en cualquier tienda de ultramarinos de la península. El artesano es otra cosa. Se fabrica siguiendo paso a paso el ritual de una receta que ha ido sobreviviendo al tiempo y a la industria. Con esmero y paciencia, muchos habitantes de Alaior tienen todavía en sus manos ese poder de elaborar toda una delicia para el paladar. Pero también ocupa su lugar en la economía de esta zona la industria del calzado que ha sabido labrarse un buen nombre en el mercado nacional e internacional.

Alaior fue fundada en un emplazamiento que ya habían habitado los árabes, que le llamaron *Ihalor*. A principios del siglo XIV el rey de Mallorca Jaime II fomentó el desarrollo de esta nueva población, siguiendo una política que incluía la creación de núcleos urbanos intermedios entre los dos extremos de la isla: Mahón y Ciutadella.

Entre Maó y Ciutadella, Alaior es la más activa población del interior de la isla de Menorca.

En Alaior llama la atención su casco histórico, que se encuentra en perfecto estado de conservación. Se respira un aire medieval en cada uno de sus rincones, y en un recorrido por sus calles hay dos visitas obligadas: La iglesia parroquial de Santa Eulàlia, construida entre 1674 y 1680, y la iglesia de San Diego (1623–1676). Esta última fue convento de la orden franciscana y todavía conserva su claustro denominado popularmente «Sa Lluna» (la luna). Las funciones eclesiásticas del edifico han dado paso a lo largo del tiempo a otras un tanto más prosaicas: ahora es un conjunto de viviendas. En la calle Major nº 14 de este centro histórico sorprende por su belleza la Casa Salort. Su edificación data del siglo XVIII, y destaca por su sobria fachada neoclásica.

Es imprescindible marcarse una ruta en los alrededores del pueblo para conocer interesantes parajes relacionados con la historia del lugar. El periodo talayótico mantiene todavía sus huellas por algunos lugares que demuestran que la isla responde a esa conocida idea de «museo al aire libre». Muy cerca de Alaior se encuentra el conjunto arqueológico de Torralba. Su localización es fácil ya que la Taula, dos grandes bloques de piedra con forma de T, sobresale por encima de las paredes que rodean el poblado talayótico. El santuario y la taula presentan un buen estado de conservación. El resto del poblado no ha tenido tanta suerte y el tiempo ha dejado su huella imborrable. Aquí se hallaron restos de animales y de cerámicas, aunque el descubrimiento más importante fue el de una pequeña estatuilla de bronce de gran antigüedad con la figura de un carnero.

De camino a Son Bou se encuentra otro impresionante poblado talayótico, uno de los mayores de Menorca. Se trata de Torre d'en Gaumes. Tres talaiots, torres de defensa, bien conservados y una sala hipóstila. Ya en la costa sur, la cultura talayótica ha dejado su huella en Cales Coves donde se encuentra la necrópolis de este periodo más importante de Menorca, declarada Monumento Histórico Artístico en 1931. Está formada por unas noventa cuevas abiertas en la roca de los acantilados. En una de ellas, la denominada Cova de's Jurat se han encontrado inscripciones pertenecientes a la época romana

El barrio alto de Alaior y la fachada ce su Ayuntamiento.

en buen estado. Se cuenta que en ella se celebraban ritos paganos en honor de Júpiter. Por cierto que su entorno, con sus dos playas, es uno de los más bellos de la isla.
Cambiando de escenario y de época, merece la pena detenerse en la playa de Son Bou. Allí se asienta una basílica, en este caso paleocristiana, construida probablemente en el siglo V, periodo en el que existía una comunidad cristiana organizada en Menorca. Se trata de una basílica de planta rectangular con veinticinco metros de largo por doce de ancho. Está formada por tres naves separadas por dos hileras de columnas y entre sus riquezas tiene especial interés la pila bautismal cilíndrica, con su cavidad interior tallada en forma de cruz.
En el término municipal merecen una visita la ermita de Sant Llorenç de Binixems y los centros turísticos de Son Bou y Cala en Porter, y aún queda por reseñar la cueva de Xoroi, en el núcleo turístico de Cala en Porter. Situada al borde de un impresionante acantilado, hoy se ha convertido en una de las salas de baile más concurridas de toda la isla.

Una calle céntrica de Alaior, con casas encaladas. Junto a estas líneas, la iglesia parroquial de Santa Eulàlia, construida en el siglo XVII.

CIUTADELLA (Menorca)

El brazo de mar que conduce al puerto de Ciutadella visto desde la Plaza del Borne.

Su ilustre pasado es indiscutible y palpable en todos y cada uno de los rincones de la ciudad. Situada en el extremo occidental de la isla, se configura como un importante centro turístico, industrial y comercial. Fue capital de Menorca hasta la dominación inglesa, a principios del siglo XVIII, y es sede episcopal desde el siglo V. Está bañada por un pequeño puerto que se adentra hasta el mismo corazón de la ciudad antigua, donde los palacios y las iglesias se alternan en un entramado de angostas calles ofreciendo un conjunto monumental de gran belleza que ha merecido la declaración de Monumento Histórico Artístico. Testigos directos de su esplendor fueron los miembros de la aristocracia menorquina, que no dudaron en hacer de Ciutadella su lugar de residencia. Al igual que ocurriera en Mahón, el núcleo urbano primitivo que dio lugar a la actual ciudad fue fundado por los cartagineses, que le dieron el nombre de *Jamma*. El obispo Severo, en el siglo V, ya la designó sede episcopal a través de una carta encíclica. Durante la dominación árabe, Ciutadella (denominada entonces *Medina–Minurka*) pasó a ser la capital de la isla hasta la mencionada dominación británica en el sigloXVIII (1708–1781).

Esta intensa historia está reflejada en cada una de las piedras que conforman su casco antiguo, de origen árabe y medieval. Como cualquier lugar de merecido prestigio artístico, los monumentos arquitectónicos se suceden uno tras otro y un recorrido tranquilo por sus callejuelas y plazas permite descubrir rincones de gran belleza. Desde luego con estos antecedentes a uno no le queda más remedio que olvidarse del coche nada más llegar a la ciudad y disponerse a disfrutar de un pausado recorrido a pie.

Si iniciamos la visita desde la plaza Alfonso III debemos tomar la calle de Maó hacia la plaza Nueva, para entrar en una de las calles más curiosas de la ciudad. Lleva el nombre del polígrafo menorquín José María Quadrado, aunque también es conocida como Ses Voltes. Sus dos lados están rodeados de arcadas en su primer tramo, luego continúa cubierto solamente el lateral izquierdo hasta la plaza de la Catedral. En esta calle está situado el monumento al *Bé*, o sea al Cordero Pascual, una figura ligada muy estrechamente a las celebraciones de las fiestas de Sant Joan. La pieza es obra del artista menorquín Matías Quetglas. Ya en la plaza de la Catedral se levanta la impresionante iglesia de Santa María, de estilo gótico catalán. Como todo en la ciudad también tiene su gran historia. Fue construida sobre la antigua mezquita musulmana por orden de Alfonso III en el siglo XIV. Quedó seriamente dañada tras el violento ataque turco que asoló la ciudad en 1558, por lo que tuvo que ser reconstruida. Su portal princi-

Uno de los faros–fortaleza del puerto (arriba), un molino restaurado y la calle porticada también llamada *Ses Voltes*.

La plaza de la Catedral al amanecer. A la derecha, un rincón céntrico de Ciutadella.

pal es de estilo neoclásico. Cabe destacar la capilla de las Ánimas del siglo XVIII. Un lugar privilegiado frente al portal principal de la iglesia lo ocupa el palacio Olivar, de sobrio estilo neoclásico construido en el siglo XVII.

En la calle Major de's Born nos encontramos con los palacios Salort y Torre Saura, situados uno frente al otro y construidos en el siglo XVII, aunque fueron posteriormente reformados en el XIX. Precisamente de este siglo data la hermosa fachada del palacio Torre Saura, que se distingue también por la cara de mujer cubierta por un velo situada sobre la puerta. Este detalle también tiene su particular historia: se cuenta que es una prueba de la enemistad con la familia Salort, del palacio vecino, con quienes, según la leyenda, los inquilinos del Torre Saura se llevaban a matar. Solamente por sus fachadas los dos palacios merecen una larga pausa; solamente podremos visitar el palacio Salort, el único de toda la ciudad abierto al público.

Ya en la plaza del Borne, llama la atención otro palacio, el de Vivó, con una llamativa fachada rosa de estilo neoclásico. En medio de la plaza se levanta un obelisco conmemorativo de la valiente resistencia de los ciudadelanos ante el asalto turco que padeció la ciudad en 1558. A la derecha de este monumento se encuentra el famoso Teatro de's Born, reinaugurado en 1991 tras unas obras de rehabilitación, y escenario de los acontecimientos culturales más importantes que tienen lugar en Ciutadella. Junto al teatro, el Cercle Artistic de Ciutadella, una asociación cultural que dona el Premio Born de teatro.

Nadie ha engañado a nadie al decir que Ciutadella es pura historia y cultura. Todavía uno puede hacerse una paradita en el propio Ayuntamiento de la ciudad, antigua residencia de los gobernadores de la isla y situado frente al palacio Torre Saura. Merece la pena visitar el pequeño museo municipal y el mirador existente

A la izquierda, una de las casas con huerto que dan al brazo de mar y al puerto. Debajo, la plaza del Borne, centro neurálgico de la ciudad, con el bello edificio del Ayuntamiento.

detrás del edificio, que ofrece una visión general del puerto de Ciutadella. En el ayuntamiento se custodia también el «Llibre Vermell», cuyas cubiertas rojas recogen documentos del año 1300 al 1669 salvados del expolio turco.
Uno puede deleitarse con el estilo barroco de la iglesia y el claustro del Socors, antiguo convento de agustinos que hoy alberga un auditorio y el Seminario Diocesano; la antigua iglesia del Roser y la iglesia de San Francisco dejan ver también el peso histórico de la ciudad.
En el término municipal se encuentran varios monumentos megalíticos. Destacan la Naveta de Tudons, máximo exponente de naveta menorquina y considerado el edificio más antiguo de Europa; la necrópolis de Cala Morell; los talaiots de Montefí y Torre Vella y los poblados de Son Catlar, Torre trencada y Torre Llafuda.
Si después de tan enriquecedora visita a uno le quedan ganas de divertirse un poco, no tiene más que hacer coincidir este recorrido histórico con las fiestas de Sant Joan, que se inician el domingo anterior al 24 de Junio, día del santo. Sus orígenes no están muy claros, ya que todo lo escrito sobre estas fiestas fue destruido durante el ataque turco de 1558. Se especula con la posibilidad de que fueran fundadas por los caballeros de la Orden de Malta, debido a que son presididas por una bandera con esta cruz.

El famoso Teatro d'es Born, reinaugurado en 1991 y escenario de los acontecimientos culturales más importantes que tienen lugar en Ciutadella.

El jolgorio en cuestión es todo un ritual cargado de gestos y costumbres repetidas a lo largo de años que dejan al visitante con la boca abierta por su espectacularidad y originalidad. El día 23 de junio el *fabioler* (hombre de la flauta) montado en un asno se dirige al palacio del *caixer senyor,* a quien solicita autorización para empezar a avisar a los *caixers* (caballos y jinetes) para formar la *qualcada,* especie de curioso desfile que forman el caballero noble, el casado, el soltero, dos payeses, uno de los cuales tiene que ser soltero, y un representante del clero. El momento culminante se alcanza cuando todos, reunidos en una plaza, deben demostrar sus dotes sobre el caballo, mientras la banda municipal toca el «jaleo», cuya melodía pertenece a la zarzuela *El postillón de la Rioja*. De allí salen hacia Sant Joan de Missa para asistir a las Completas. De regreso entran por la calle de Sor Agueda para ir a correr en la plaza. Van y vienen tres veces desde la plaza de España a la de Pío XII. La historia se repite al día siguiente, día de Sant Joan, con el mismo protocolo que la víspera.

Después de la risa y la alegría, unas cuantas palabras: «Fins l'any que ve si Dèu ho vol», hasta el año que viene si Dios quiere, ponen el punto final y dan paso a la tranquilidad y el reposo de esta ilustre ciudad de Menorca.

FORNELLS (Menorca)

No hay duda. Aquí la que manda es la langosta. Tal vez gracias a ella sea Fornells uno de los nombres más conocidos de Menorca. Y es que sus calderetas de langosta han alcanzado una reconocida y merecida fama dentro y fuera de la isla. La receta es muy conocida en todas partes pero no consigue cualquiera dar con el toque mágico de esta famosa caldereta. Por intentarlo, apuntamos los pasos que han de seguirse.

Lo primero que hay que hacer es atar la langosta, que deberá estar viva, y ponerla en cinco tazas de agua hirviendo unos quince minutos. Se retira luego del fuego y se trocea. Mientras se cuece se habrá confeccionado un sofrito a fuego lento, con cebolla, tomate y ajos. La salsa resultante será completada con perejil y con los trozos de la langosta para que el conjunto se rehogue durante cinco minutos. Se regará con cuatro tazas del caldo, reservado después de haber cocido la langosta. Se añadirá sal y pimienta, dejándose hervir a fuego vivo durante veinte minutos. Por último, hay que añadir dos cucharadas de coñac y cocer cinco minutos.

Ya en la mesa, cada comensal pone en su plato unas finas rebanadas de pan para escaldarlas con el caldo y trozos de langosta. Si lo de la cocina no está hecho para uno, lo mejor sin duda es darse una vuelta por Fornells.

La agreste y recortada costa norte se rompe en uno de sus puntos más abruptos para dar paso a un excelente puerto natural en cuya bahía se levanta esta pequeña población, la más septentrional de la isla y dependiente administrativa y políticamente de Es Mercadal. El conjunto de blanquísimas casas asomadas al mar se halla perfectamente integrado en el entorno natural, ofreciendo una bella estampa marinera.

Fornells es uno de los pueblos marineros más bellos y mejor conservados de toda la costa del Mediterráneo.

Dos vistas del conjunto urbano desde el mar y, a la derecha, la iglesia parroquial de Fornells.

Fornells se mantuvo como pueblo de pescadores hasta los años setenta. Estos encontraban en él uno de los escasos refugios de la costa norte. En la actualidad ha pasado a ser defintiviamente un centro turístico de primer orden en la isla, y en las Baleares; siendo incluso frecuentado por la familia real española. Sin embargo, nada ha perdido de su encanto ni de su tranquilidad y buen gusto. Los habitantes de su núcleo urbano se esfuerzan por mantener todo el sabor de su antigua tradición marinera mediterránea. La bahía es todo un paraíso para los amantes de los deportes naúticos. Concentra embarcaciones de recreo en dos clubs, el Naútico Fornells y el Puerto de Fornells, que tiene cuatro kilómetros de longitud y en algunos puntos hasta dos kilómetros de ancho, aunque su calado es pequeño.
Caseríos blanquísimos con tejados inclinados, con muchas paredes y parcelas, con establos y porquerizas, acequias y pequeños puentes, forman parte del paisaje inconfundible de Fornells, cuyo origen parece estar en la construcción de un castillo contra los ataques berberiscos en 1625, en tiempos de Felipe IV de Castilla. Al pie de sus murallas y baluartes se formó un pequeño núcleo de población, con una iglesia cuyo origen se remonta al siglo XVII, aunque fue sustituida por la actual en el año 1800. El castillo, Castell de Sant Antoni, fue demolido en el año 1782 por Carlos III.
Tiene más interés la torre de vigilancia del siglo XVIII, en el cabo de Fornells. La robusta torre ha resistido estoicamente el más fuerte de los embates, el del tiempo. Desde allí se divisa a lo lejos el impresionante Cap de Cavalleria, un enorme precipicio de 90 metros sobre el nivel del mar. Sin duda merece la pena acercarse hasta él para contemplar una vista impresionante de la

costa norte menorquina, especialmente en los días en los que el viento sopla con fuerza. Las rocas aparecen fragmentadas después de soportar las embestidas de los elementos, y la escasa vegetación deja ver también en sus formas el azote de la tramuntana. En el interior de la bahía de Fornells pueden verse la «Illa Gran» o de «Ses Sargantantes», la «Illa Petita» o «des Porros», y la «Illa des Revells». Al fondo de la bahía se encuentran unas lagunas muy desecadas, con salinas abandonadas que a veces dejan ver algunas aves acuáticas de la zona.
También aquí se ubican las ruinas de una de las basílicas paleocristianas menorquinas más importantes: la basílica de *Cap des Port de Fornells.* Está formada por distintos cuerpos y dependencias levantadas en sucesivas etapas, sin orden. Su nave principal, que es la más reciente, está orientada de este a oeste, como es preceptivo por la liturgia. Parece ser que alrededor había un poblado, cosa que hizo suponer que allí estuviera la tercera ciudad fenicia menorquina: *Sanisera,* cuyos restos están en realidad en lo que hoy se llama *Sa Nitja.*

Arriba, el lugar donde estuvo emplazado el viejo molino de Fornells. Junto a estas líneas, un rincón de la villa.

Un rincón del centro de la ciudad y, debajo, una vista de la entrada al puerto.

A lo largo de este trayecto por el puerto pueden verse numerosas plataformas flotantes que no son ni más ni menos que criaderos de mejillones. Este puerto es el único de Baleares donde se cultivan. Son de tamaño pequeño pero de gran calidad. Pero en tan agradable paseo quedan todavía algunas cosas que destacar. Los buques petroleros que descargan en Cala Figuera; un magnífico reloj de sol en la «S'Hort Nou» realizado por el ingeniero Rafael Soler Gayá y desgraciadamente, una central eléctrica que ocupa un lugar privilegiado en el puerto. Grandes y buenos restaurantes esperan en el tramo del muelle que lleva hasta la «Punta de's Rellotge». A nadie viene mal reparar los estragos del paseo con un buen aperitivo de sobrasada, *camot* y *carn–i–xua*, embutidos típicos de la isla, con un buen vino y con otra delicia para el paladar, el famoso queso de Maó. Además aquí no se puede renunciar por nada del mundo a un buen plato de *escupiñas,* una variedad de marisco que únicamente se cultiva en este puerto. También los *corns, peus de cabrit* y los dátiles merecen un capítulo aparte. Hay que

probarlos. Después de toda una lección gastronómica, uno se tiene que replantear volver a las andadas. La verdad es que no cuesta decidirse. Volviendo a tierra y abandonando el puerto, una hermosa ciudad está esperando para mostrarnos todos sus encantos.

Situándonos en el mismo corazón, nos encontramos con la plaza de la Constitución. Destaca por su interés y singular belleza el edificio del Ayuntamiento, de estilo neoclásico, inaugurado en 1613 y reformado en 1789. Según el archiduqe Luis Salvador de Austria «aunque algo pesado, el edificio no es feo, y bien se puede decir que es el único de Mahón entre los seglares que posee arquitectónicamente cierto valor». En su fachada pueden obervarse tres grandes arcos; el central con una escalinata de acceso. En el interior del edificio, obra del ingeniero militar Francisco Fernández Angulo, destaca el salón de sesiones con su galería de notables con los retratos de menorquines ilustres.

En la misma plaza se levanta la iglesia de Santa María cuyos trabajos de construcción se iniciarion en 1748 y finalizaron en 1772. Tiene una sola nave con pequeñas capillas laterales. En esta iglesia fue instalado en 1809 un órgano considerado como uno de los mejores del mundo a juicio de los expertos. Uno de ellos está colocado sobre la entrada principal. Consta de tres partes, la central con tres cuerpos, y mide en su conjunto quince metros de alto por nueve de ancho. Tiene cincuenta y un registros y tres mil seis tubos. Toda una obra de arte. Bajo el órgano, en la entrada de la iglesia, están los epitafios del marqués de Fremeur y del conde de Lannion, hechos colocar por Luis XV en

En la página anterior, el edificio neoclásico del Ayuntamiento (arriba), el mercado del pescado, y el viejo claustro del Carmen, convertido en mercado. Sobre estas líneas, el enigmático Talayot de Trepuco, el más importante de toda la isla de Menorca.

memoria de estos dos gobernadores de la isla. Tras la iglesia de Santa María, en la plaza de la Conquista, está la Biblioteca Pública de Maó. A través de esta plaza se accede a un mirador desde donde se puede deleitar la vista con unas hermosas panorámicas del puerto. El verdadero centro comercial de la ciudad se encuentra en las calles Nou y Hannover. Allí, además de hacer las compras necesarias o entretenerse un rato con sus escaparates, puede uno alcanzar la Plaza Real, una zona muy agradable con numerosas y concurridas terrazas. Después de un breve descanso, merece la pena conocer la Plaza del Carmen en cuyo claustro se ha instalado el mercado de Maó.

Son muchos en definitiva los rincones históricos de esta ciudad que cuando se engalana lo hace de verdad. Una de las fiestas más animadas son las de Gràcia. Se celebran los días 7, 8 y 9 de septiembre. Tienen gran vistosidad por las *Corregudes* (carreras) que se celebran en el *Cós de Gràcia*. El día 29 de junio el protagonista vuelve a ser el puerto con la *Festa de's Capellet de Sant Pere*.

Ya en las afueras de la ciudad, el entorno de su término municipal acoge una de las zonas húmedas más importantes de las Islas Baleares: el Parque Natural de la Albufera de's Grau. Por supuesto, el paseo está recomendado especialmente a entomólogos y ornitólogos, pero es una auténtica delicia para todos los amantes de la naturaleza en general. El entorno no defrauda a nadie. Es utilizado por numerosas aves migratorias para invernar, y en la actualidad están censadas alrededor de ciento cincuenta especies diferentes. Un hermoso y viejo pinar cercano, que rodea la marisma, contribuye a que el paisaje sea aún más admirable.

ES MERCADAL (Menorca)

Es una pura tentación. A uno se le hace la boca agua hablar de este pueblo, cuna de la repostería menorquina. Los paladares más golosos y los que se deciden por unos días a arrojar la toalla de su estricta tabla de calorías harán su agosto en esta localidad, situada en el centro de la isla, en un pequeño valle a la sombra de Monte Toro, que con sus 358 metros de altura, es la mayor elevación de la isla. Elevación física y del espíritu es la que muchos menorquines han encontrado en lo que es sin duda el centro espiritual de la isla. Desde aquí se puede disfrutar de las mejores vistas panorámicas de toda la isla. En los días despejados Menorca se abre a sus piés y el cielo está más cerca.
Esta población fue creada como asentamiento intermedio durante la repoblación de la isla por los catalanes en el siglo XIV. Muchos de sus habitantes continuan dedicándose a la fabricación de las *avarques*, antiguo calzado de madera utilizado por los campesinos del lugar.
Nadie puede criticar a los residentes de Es Mercadal de no cuidar la estética de sus calles. Las casas se conservan pulcramente encaladas, con un blanco reluciente que alegra la vista y nos aleja de todo lo gris y oscuro que normalmente nos rodea. Sobresale entre ellas la iglesia dedicada a San Martín construida en el siglo XV, aunque fue restaurada y agrandada en 1807. Destaca también un gran aljibe que construyeron los ingleses en el siglo XVIII para el abastecimiento de agua potable a la población.
En Es Mercadal lo mejor que uno puede hacer es colgarse la mochila a la espalda y emprender una caminata que sin duda deparará muchos momentos agradables. Se puede comenzar cuesta arriba para ir subiendo a Monte Toro. En la cima hay un monasterio edifi-

Panorámica del blanquísimo Es Mercadal, cuna de la mejor repostería menorquina.

cado a fines del siglo XVI por los frailes agustinos en cuya iglesia se encuentra la imagen de la Virgen de Monte Toro, patrona de los menorquines. En la actualidad, no existe ninguna comunidad de frailes que habite en el convento y el edificio se utiliza como lugar de encuentros y retiros de la comunidad católica de Menorca. Sobrecoge en esta cima un agradable silencio que invita a la meditación o cuanto menos, al descanso. No en vano ha sido el lugar escogido por muchos conocedores de la isla que ansiaban la retirada del mundanal ruido a través de la oración y el pensamiento. Si de alegrar la vista se trata, nada mejor que unos buenos prismáticos para disfrutar prácticamente de todo el paisaje insular.

Es Mercadal invita a visitar otros rincones de gran belleza. Todos están dentro de este pequeño municipio, aunque se encuentran fuera del centro histórico y del casco urbano de la localidad. El estrecho puerto de Addaia está rodeado de verdes colinas que forman un conjunto paisajístico de valor incalculable. A continuación están los importantes centros turísticos de Macaret, Arena d'en Castell y son Parc. Continuando el recorrido por esta zona agreste de la costa, uno puede sorprenderse con la Mola de Fornells, un destacado accidente geográfico que impresiona por sus enormes acantilados y el fantástico paisaje que las rocas configuran como auténticas protagonistas. Precisamente en este enclave, se encuentra la cueva natural Na Polida. Aviso para navegantes: su único acceso es por el mar por lo que resulta difícil y peligroso. Nada aconsejable para urbanitas metidos a bucólicos durante unos pocos días. Pero no hay que preocuparse porque hay otros puntos de máximo interés. Cala Tirant tiene en sus cercanías una interesante zona húmeda. En Cavallería que se encuentra en la punta más septentrional de la isla se alza un faro, a cuyos pies hay unos impresionantes acantilados de 90 metros de altura sobre el mar. Desde el extremo del Cap de Cavalleria, el paisaje es impresionante. Al atardecer, el cielo tiñe las rojas masas de rocas que lo enmarcan. La manzanilla y otras plantas aromáticas señalan su presencia. El solitario faro ofrece el único indicio humano en la zona, en la que es muy frecuente la presencia

Una de las estrechas calles del pueblo y la iglesia de San Martín, del siglo XV, aunque restcurada en el XIX.

de aves marinas como el halcón peregrino o el alimoche. Frente al cabo se recorta el islote de Sa Nitja o des Porros, lugar donde crían las gaviotas. Mirando desde el cabo hacia tierra pueden verse, a lo lejos, las calas Tirant y Binimel.là que también tienen su interés.
Cala Tirant es una playa ancha de arenas oscuras, con aguas limpias y fondos rocosos. En las dunas de Tirant, los abejarucos crían en primavera y hay una pequeña laguna entre cañas y juncales. Cala Binimel.là ofrece una playa de grava fina, limpísima y arena roja con una pequeña marisma rodeada de pinos y sabinas.
Ahora sí. Es momento de soltar la mochila y darse un pequeño homenaje. Uno vuelve al pueblo y en la famosa confitería Ca's Sucrer se hace con unos *amargos* y algunos *carquinyols*. Los primeros son pastas elaboradas con almendra, azúcar y huevo. Los «carquinyols» son pequeños pastelitos secos que contienen también huevo, harina, almendras y azúcar. Se consumen al por mayor en las fiestas del pueblo que se celebran el tercer domingo de julio en honor a Sant Martí.

Un airoso molino restaurado (arriba), el Santuario de la Virgen del Monte Toro, patrona de Menorca, y junto a estas líneas, una calle de Es Mercadal a mediodía.

EIVISSA (Ibiza)

Eivissa al amanecer desde uno de los baluartes de la muralla renacentista, que se conserva intacta.

Blanca, histórica y supersticiosa, la pequeña Eivissa conserva un encanto que la ha convertido en lugar de veraneo para miles de viajeros, que la han visitado a lo largo de los últimos cuarenta años. Cita obligada para personajes destacados en las artes, en la economía, en la política o en el espectáculo, Eivissa puede ser todavía un reducto de paz y armonía.

La ciudad de Ibiza recibe en catalán el nombre de Eivissa, aunque los naturales la llaman *La Vila*. Su dilatada historia nos lleva hasta el siglo VII antes de Cristo, cuando fue una colonia fenicio–púnica de considerable importancia en el comercio marítimo de la época, muy poblada y con importantes recursos económicos.

La ciudad de casas blancas que se derraman desde el montículo en que se encuentra situada, presenta un marcado carácter y una fuerte personalidad, y su imagen desde el mar de pequeño y bullicioso puerto ha llegado a convertirse en un paisaje reconocido en todo el mundo.

Al igual que otras ciudades del Mediterráneo, la ciudad se encuentra dividida en dos partes muy diferenciadas. Sa Penya es la que está junto al puerto, al nivel del mar. Estuvo habitada en otros tiempos por pescadores y marineros. Sus casas son sencillas y reúnen todo el tipismo de la zona, a pesar de su notable degradación en algunos rincones. En un cerro próximo, ubicación ideal para repeler indeseables ataques de piratas, rodeada de murallas, se encuentra Dalt Vila. Aquí se encontraban antaño, junto a la catedral, los talleres de los gremios artesanos, las pequeñas industrias y las casas de los nobles y jerarcas. Los bares, restaurantes, tiendas y galerías de arte ocupan hoy lo que en otro tiempo fueron viviendas. Desde cualquier ángulo terrestre, marítimo o aéreo, el conjunto de esta

ciudad antigua tiene un encanto que siempre han intentado atrapar literatos y pintores.
Se accede normalmente a Dalt Vila por el Portal de ses Taules, una de las puertas en el recinto de la muralla renacentista que guardaba de enemigos a la ciudadela de Eivissa. El acceso, en pendiente, constituye un verdadero cordón umbilical entre Dalt Vila y el resto de la ciudad y de la isla. Su estilo es manierista y en sus costados aparecen unas estatuas romanas halladas en las excavaciones efectuadas en el siglo XVI para levantar las murallas. Las murallas se conservan casi en perfecto estado y están catalogadas como Monumento Nacional. Tienen siete baluartes para la artillería de la época. Desde alguno de ellos, accesibles, se observan las más preciosas panorámicas sobre la ciudad baja; el paisaje rural de la isla, la necrópolis cartaginesa, los impresionantes acantilados y los islotes que adornan las cercanías del pueblo.
El portal da paso al patio fortificado y la sala de armas de la fortaleza, en cuyo interior se conserva una escultura también romana de Lucio Oculacio. Son las actuales plazas de

Desamparados y de Vila. Desde ellas, varios callejones en cuesta invitan a ser recorridos en un paseo sin prisas. Desde cualquiera de ellos puede penetrarse en el dédalo de calles, plazuelas, cuestas y callejones, que componen uno de los entramados urbanos más peculiares y característicos del Mediterráneo. En todas estas calles se encuentran elementos de arquitectura noble y popular suficientes para comprender el

Las azules cúpulas de la iglesia de Santo Domingo (arriba), con la catedral gótica al fondo. En la fotografía pequeña, el interior de este último templo.

La Eivissa extramuros desde el Portal de Ses Taules.

atractivo que Dalt Vila tiene tanto para los curiosos y turistas ocasionales como para los expertos en urbanismo y en arquitectura popular.
La Catedral de Eivissa está dedicada al culto de Santa María la Mayor o de les Neus, por ser esta festividad religiosa la más próxima a la del día de la conquista de la ciudad por las tropas de Guillem de Montgrí, el 8 de agosto de 1235. Santa María de les Neus ofrece un aspecto de mezcla estilística sin estridencias, construida posiblemente sobre la base de algún primitivo templo en honor de Astarté o sobre los de algún otro dedicado a los dioses romanos. En el Museo de la Catedral se puede admirar la que resulta ser toda una obra maestra de la orfebrería gótica mallorquina, La Custodia.
El recorrido histórico por esta parte antigua de la ciudad es interminable. Todo tiene su belleza

En la página anterior, *Sa Peña*, el antiguo barrio marinero. Arriba, el lienzo este de la muralla, con la catedral al fondo. En las fotografías pequeñas, la plaza del Mercado (arriba), y un hotel en *Sa Marina*, el barrio comercial extramuros.

y su interés. Desde el mirador del Ayuntamiento pueden contemplarse el puerto y la costa vecina, con sus islotes y su intenso tráfico de embarcaciones de toda índole. Son notables los tejados de las cúpulas y cimborios de la inmediata iglesia de Santo Domingo, de estilo barroco.

Bares, restaurantes, comercios de recuerdos y artesanía llenan las calles blancas de Dalt Vila de rumores y estampas insólitas. Ya resulta raro encontrar a alguna mujer enlutada, vestida como siempre vistieron las mujeres de Eivissa, con falda larga, pañuelo y sombrero, curioseando discretamente el paseo del turista desde los reducidos balcones de sus casas, tras el débil refugio de las persianas. Son otros tiempos .

En esta parte marinera de la isla no podía faltar el Paseo Marítimo por el que se llega a la playa d'en Bossa, el principal centro turístico de los alrededores de la ciudad, que tiene su centro real en la actualidad en El Ensanche. Como todos los ensanches en todas las ciudades, aquí no hay un estilo definido para sus edificios ni para sus calles. Hoy por hoy, esta zona recoge la vida administrativa y comercial de Eivissa.

La ciudad moderna de la isla está llena de contrastes. En Sa Penya, el barrio marinero antiguo, residen inmigrantes sin recursos y gitanos desfavorecidos. Ropa tendida por doquier, cubos, escobas y restos de muebles forman parte de sus calles. Por el contrario, Sa Marina puede considerarse una de las zonas con más alta densidad de comercios de todo el país, paraíso de visitantes amigos de las tarjetas de crédito. En la ciudad moderna se encuentra también el Museo Arqueológico des Puig des Molins, cuya sección al aire libre alberga unas dos mil tumbas abiertas en la roca de las cuales se han reconstruido algunas de gran interés.

El Paseo de Vara del Rey, centro neurálgico de la ciudad nueva y albergue para los hoteles más antiguos de la isla, vive cada verano el jolgorio de los numerosos actos con que se celebran las fiestas patronales de la ciudad. En este paseo, el más conocido de la capital ibicenca, tiene lugar cada 5 de agosto la fiesta de la Virgen de las Nieves y el día 8 del mismo mes, la conmemoración de la conquista de la ciudad por las fuerzas de Guillem de Montgrí.

SANT MIQUEL DE BALANSAT (Ibiza)

Situada sobre una loma, con muros gruesos que le confieren apariencia de fortificación militar, dominando desde su estratégico asentamiento toda la zona, aquí, en Sant Miquel la iglesia es la que manda. Se la quiere y se la mima, también se discute por ella; los mayores se quejan del poco respeto urbanístico que las nuevas generaciones le han tenido. En sus proximidades, un núcleo de casas antiguas y modernas se encargan de darle el aspecto de pueblo, en el sentido más usual del término. Sant Miquel fue cabecera de la zona de Balansat, uno de los cuatro antiguos *curtons,* cada una de las partes en que la isla fue dividida por los conquistadores. Y es que aquí todo tiene su historia.

El ambiente rural de este singular pueblo sirvió de inspiración al insigne poeta local Marià Villangómez. En su libro, *L'any en estampes,* escrito en elegante prosa poética en catalán, recoge con una especial sensibilidad la imagen esencial de los paisajes de esta zona y de los hombres y mujeres que han tenido la suerte de ir construyéndolos a lo largo de los siglos.

La iglesia es una de las más antiguas de toda la isla. Fue construida entre los siglos XIV y XV. Presenta influencias del barroco italiano, aunque sus muros más antiguos son del siglo XIV. Cumplió funciones de defensa, de ahí su aire de fortaleza que la diferencia claramente de las más modernas. Su patio descubierto, cerrado por unos arcos que aparentan una doble fachada, es el escenario todos los jueves por la tarde de sesiones del tradicional *ball pagès* ibicenco. Como todo, también el baile tiene su historia.

Las mujeres, ricamente enjoyadas, con faldas largas, blancas o negras, delantal, pañuelo, lazos de colores; los hombres, de blanco, pantalón ancho en la cadera, estrecho en los tobi-

La iglesia de Sant Miquel de Balansat, una de las más antiguas de Ibiza (siglos XIV–XV), es el centro neurálgico de la villa.

llos, cubiertos con un sombrero rojo parecido a la barretina catalana y con chaleco negro. El hombre lleva unas *castanyoles,* grandes castañuelas de sonido muy característico. Una vez puestos en escena comienza la acción. Todo un ritual. Para empezar, él invitará a una mujer que escoge entre muchas. Ella acepta danzar con él sin apenas mover los pies, y este leve movimiento permanece casi invisible al espectador puesto que se desarrolla bajo la larga falda. Durante la danza, mantendrá los ojos fijos en el suelo y los brazos casi inmóviles, con tan solo un balanceo lleno de sutilidad y femineidad. Mientras, el varón da grandes zancadas, con mucho giro y aspaviento, cuanto más mejor. Sus movimientos se acompañan con el sonido de las *castanyoles*. Admiradores no le faltan a la especial pareja ningún jueves del año. La sesión de baile y tipismo merece la pena. En verano, también los jueves por la tarde, se celebra en el mismo lugar el *mercat de s'Hot,* donde es posible comprar productos agrícolas, objetos de artesanía local y otros muchos recuerdos de la visita.
Si uno viene a caer por Sant Miquel un 29 de septiembre, puede disfrutar de la fiesta grande del pueblo con bailes, verbenas, carreras de trotones y desfiles debidamente aderezados con *frígola* y *herbes* y *oreietes,* sabtosas especialidades gastronómicas del lugar.
Desde Sant Miquel se llega al puerto del mismo nombre descendiendo por un camino sinuoso. En esta carretera, una desviación conduce hacia Na Xamena, una zona de rectos acantilados con un entorno natural de pinares costeros. Esta franja costera delimita un espacio de gran interés ecológico por la abundancia de vida animal, que incluye algunos endemismos en los pequeños islotes de la zona, como alguna rara especie de lagartija en Ses Margalides o en la Isla Murada frente a la Punta de Sa Creu. Para ver casi las mejores vistas de Sant Miquel, no hay más que acercarse a esta última. El cerro de la iglesia y al fondo la Atalaya de San Lorenzo, en el centro de la isla constituyen una estampa impresionante. En una de las puntas que guardan el Port se alza una torre de defensa del siglo XVII, la torre vigía del Mular.
En el puerto mucho han cambiado las cosas desde que los *miquelers* celebraban allí el día

Las casas pequeñas, cuadrangulares y encaladas rodean la iglesia de Sant Miquel, cuyo patio (en la fotografía central) hace las veces de plaza mayor.

de su patrón con una gran comida. Hoy el Port es un lugar muy urbanizado y con todos los servicios de un lugar de vacaciones. Sus enormes bloques de apartamentos y sus grandes hoteles son sin duda el contraste con toda la zona que los rodea, conservada casi en estado virgen.

Muy cerca de aquí, el contacto con la naturaleza vuelve a reestablecerse en la cueva de «Can Marça», unas cuevas naturales con ambientación luminosa y sonora. Su formación tuvo lugar hace más de cien mil años. Su acondicionamiento, realizado por expertos mediante cascadas artificiales y juegos de luces, busca reproducir las etapas históricas anteriores, en las que el agua subterránea formaba los grupos de estalactitas y las terrazas calcáreas que hoy están en su mayor parte fosilizadas, por la desaparición de la humedad natural. Además de su innegable belleza ecológica y del descubrimiento de huesos y fósiles animales de gran interés arqueológico, la cueva conserva huellas de un uso más cercano, el de escondrijo para el contrabando.

La Isla Murada, frente a la Punta de Sa Peu, guarda la pequeña bahía del Port de Sant Miquel (en las fotografías pequeñas).

SANTA EULÀRIA DES RIU (Ibiza)

Es la ciudad del río, el único de todas las Baleares, y como es natural, alrededor de él han circulado durante siglos historias fantásticas y mitos culturales. Sus aguas conocieron las invasiones de antiguos piratas y regaron las tierras de L'Horta. Hoy las cosas han cambiado; la climatología lo ha privado de su antiguo caudal y aparece seco la mayor parte del año.

Santa Eulària, con unos 16.000 habitantes en la actualidad, es uno de los tres núcleos urbanos mayores de la isla de Ibiza, junto con Vila y con Sant Antoni de Portmany, con la que compite como polo de atracción de turismo. Es cabeza de un extenso término municipal y comprende además las parroquias de Sant Carles, Santa Gertrudis y Nostra Senyora de Jesús.

El núcleo antiguo que se alza sobre un montículo, el Puig de Missa, data del siglo XIV. Allí existió una capilla original dedicada a la Santa en el 1302 que fue destruida por una expedición de los piratas turcos. Posteriormente se edificaron una serie de molinos de agua y la gran torre semicircular que hoy está integrada en el conjunto de la iglesia. Desde ella, una batería de cañones defendía la comarca más fértil de toda la isla, además de los molinos destinados por aquel entonces a tareas industriales.

La iglesia actual, edificada en su mayoría durante el siglo XVI, también recogió las necesidades defensivas de aquella época, tomando el aspecto de fortaleza que los añadidos de los siglos XVII y XVIII consiguieron disimular.

A la torre y nave principal se sumaron durante el siglo XVII las dos capillas laterales y el magnífico porche con doble fila de arcos, quizá el más bello de todas las iglesias y con una característica peculiar: su microclima. Durante todo el año conserva una temperatura y humedad casi cons-

Santa Eulària des Riu es la ciudad del río, el único de todas las Islas Baleares.

tantes, debido al grosor de sus muros. La puerta fortificada dió paso a su aspecto actual, más religioso, en el siglo XVIII, cuando se construyeron las casas del vicario y del cura y la sacristía, que terminaron por dar al conjunto su carácter de pequeño poblado. Durante la Guerra Civil desaparecieron todos los objetos antiguos de culto, siendo sustituidos por otros de estilo barroco procedentes de San Millán de Segovia.

En el Puig de Missa se ubica también el Museo dedicado al pintor impresionista Laureano Barrau, que residió en la villa durante cuarenta y siete años. El Museo Etnológico de Ibiza también forma parte de este conjunto, y alberga una interesante muestra de utensilios, vestimentas y otros aspectos de la cultura de la isla.

Todo en esta zona antigua del pueblo ha sabido acoplarse al estilo más tradicional de la arquitectura rural, hasta el cementerio, cercado por un muro perfectamente integrado con el resto de las edificaciones. Este conjunto notabilísimo, con numerosas casas apiñadas alrededor de la iglesia, es hoy Bien de Interés Cultural y goza de una merecida protección oficial.

La ciudad nueva y la urbanización destinada al turismo se esparcen hacia la costa bajo este monte de Missa, y constituyen un vértice de

El núcleo antiguo está en el Puig de Missa, en torno a la iglesia de Santa Eulalia, de los siglos XIV y XV.

comunicaciones hacia los restantes lugares de la isla, sobre todo hacia las numerosas playas y calas del mismo término municipal.
El pueblo tiene su eje principal en el paseo marítimo que en su parte central es también una concurrida playa. Recorre toda la anchura de la ciudad desde el extremo del puerto deportivo hasta la desembocadura y la zona final del cauce del río, en su desembocadura. En el centro de la ciudad la plaza de España se adorna con un monolito dedicado a sus habitantes por la heroica intervención en el salvamento del vapor Mallorca en 1913. Muy cerca, el paseo de La Alameda reúne en su mercadillo artesanal todo tipo de tenderetes bulliciosos y muy concurridos. Los miércoles por tradición, el mercadillo cambia de escenario y se traslada a Es Canà–Punta Arabí, una zona netamente turísitica a poco más de 5 kilómetros.
En dirección opuesta, saliendo de Santa Eulària en dirección a Ibiza, se encuentra la antigua iglesia de Nostra Senyora de Jesús. Su consagración data del año 1498 y un contiene un hermoso y valiosísimo retablo protorenacentista

firmado por Rodrigo de Osona, lo que la convierte en una de las joyas artísticas de la isla.
El 12 de febrero Santa Eulària se viste de gala para festejar a su patrona. El primer domingo de mayo hay también desfile de carrozas, verbenas y bailes folclóricos a cargo de las agrupaciones locales Es Broll y Colla Labritja. El calendario festivo continua el día 3 de este mismo mes; día en el que se celebra una concurrida romería popular hasta la cercana ermita de Sa Creu Den Ribes.

La ciudad está siempre repleta de extranjeros. Arriba, la rambla y la plaza del Ayuntamiento. A la derecha, el puerto deportivo.

COMUNIDAD VALENCIANA

La Comunidad Valenciana, también llamada País Valencià, hace honor a su calificativo de «Huerta de Europa». Efectivamente, desde que los árabes mejoraron y rediseñaron sus viejos sistemas de riego visigodos, los fértiles campos de estas tierras han proporcionado siglo tras siglo cosecha tras cosecha, en ocasiones hasta tres y cuatro al año, de cultivos de huerta y cítricos. Como en la mayoría de la costa mediterránea española, también aquí el clima es bueno y la tierra fértil, y el mar abierto ha traído hasta la costa, desde la antigüedad, visitantes y colonos llegados de muy diferentes lugares que a lo largo de los siglos han conformado la personalidad de esta tierra, una tierra que a decir de los historiadores tuvo su edad de oro en pleno renacimiento, durante el siglo XV, y que decayó a principios del XVII con la expulsión de los moriscos, que constituían entonces la más importante de sus comunidades.

En nuestros días las tres provincias de la Comunidad Valenciana conforman un cuerpo político que gobierna un territorio de 23.255 kilómetros cuadrados donde viven casi cuatro millones de personas. Es una de las comunidades españolas de más activo carácter comercial, y su capital, Valencia, está entre las mayores y más importantes ciudades de España. En cuanto a su paisaje y sus pueblos, se extienden desde la orilla del mar hasta elevados y casi inaccesibles riscos poblando fértiles planicies, ricas vegas o alzándose vigilantes en sólidas construcciones defensivas sobre abruptas peñas. La mayoría están encalados, y en todos ellos late la abierta afabilidad de sus pobladores, que durante siglos han hecho una práctica del arte de la hospitalidad.

BENICARLÓ (Castellón)

En la comarca del Bajo Maestrazgo, Benicarló es una populosa villa polifacética, de talante industrial, agrícola y marinero. Al nordeste de la provincia de Castellón, se asienta en la Plana de Vinaros y se asoma al Mediterráneo desde la Costa del Azahar. A mucha gala lleva haber sido una floreciente alquería musulmana, que sucumbió al brazo invicto de Jaime el Conquistador, rey de Aragón y Cataluña desde 1213. Su propio procurador, un tal Fernando Pérez de Pina, expidió en 1236 una carta puebla para 30 pobladores, a fuero de Zaragoza. La cosa debió ir bien, porque diez años más tarde se la trataba ya de villa y se había otorgado a sus habitantes franquicia de peaje y portazgo en los puentes de Tortosa y Benifallet. Desde 1316 formará parte de la Comanda de Vinaroz y Benicarló, propiedad de la poderosa orden de Montesa, y en 1370 Pedro IV el Ceremonioso la transforma en una especie de puerto franco, con el preciado derecho de embarcar y desembarcar en su playa toda clase de mercancías, exentas de cualquier tipo de contribución. Pero no todo fueron parabienes en su historia. Los benicarlandos también tuvieron que enfrentarse a sangrientos y desafortunados avatares históricos. La guerra de las Germanías convulsionó el reino de Valencia en la primera mitad siglo XVI. Este movimiento social, acaudillado por la burguesía, intentó poner freno a los abusos y privilegios de los señores y Benicarló vivió muy de cerca estos acontecimientos cuando los agermanados sitiaron la villa. Apenas había conseguido sobreponerse cuando en 1556 sufre el asalto de los piratas turcos. Pero logrará resistirse, al igual que lo haría en agosto de 1810, durante la guerra de la Independencia, haciendo frente a los ataques del general Suchet. Los

La villa de Benicarló, industrial, agrícola y marinera, vista desde la entrada al puerto.

carlistas irrumpieron en 1837 y arrasaron la localidad, en cuya ayuda acudirá el general Marcelino Oraa, que un año más tarde, atacado por las tropas Cabrera tuvo que capitular. El episodio carlista culminó en 1873, fecha en la que Cucala prendió fuego a la estación de ferrocarril. En el siglo XIX hay que reseñar el desarrollo que experimenta el comercio de sus vinos, exportados a Sudamérica de la mano de los irlandeses Witte y O'Connor y el francés d'Hubi, además del prestigio que alcanza su industria tonelera.

Su municipio nos susurra al oído historias de los íberos con un poblado bien fortificado en la Tossa Alta o Vilamar, otro en el Puig y una necrópolis en el Bolavar, con urnas funerarias. La llanura domina el paisaje con arrogancia y el río Seco atraviesa el municipio de oeste a sureste por el paseo llamado rambla de Cervera, eligiendo entre todas a la localidad de Benicarló para entregar sus aguas al mar. La agricultura es generosa con sus gentes, y tanto las tierras de regadío como las de secano obsequian con exquisitos frutos. Dentro de la huerta, los pozos alimentan a duras penas el cultivo de cereales, legumbres, tubérculos, verduras, naranjas y otras frutas. Algarrobos, almendros, olivos y viñedos desafían la falta de agua y salen airosos. De sus vides brota un singular caldo negro que ha sido objeto de un intenso trasiego comercial desde la Edad Media, mientras que los muebles y la cerámica capitanean su industria.

En la ribera derecha del río Seco, el pueblo de Bernicarló seduce a los turistas en medio de una extensa planicie, ofreciendo a la costa el característico rostro de su barrio marítimo. La construcción de su puerto, ubicado en el Grao de Benicarló, se inició en 1932, y en 1946 ya estaba listo para entregarse en cuerpo y alma a la pesca. Junto a él, un monumento venera para la eternidad a Juan Pérez Sanmillán y Miguel, marqués de Benicarló e impulsor estas obras. Bogas, rape, langostinos, sardinas, pulpo y sepia monopolizan las capturas y hacen las delicias de los visitantes, que pueden acceder a ellas a buen precio en la Lonja. Los edificios de apartamentos, los hoteles y las urbanizaciones de todo tipo se alinean frente al Mediterráneo en la extensa playa de esta pequeña potencia

Dos escenas en el puerto de Benicarló, atendiendo al regreso de los pesqueros.

turística, cuyo desarrollo ha metamorfoseado por completo la fisonomía de su antiguo casco urbano. Proyectada hacia el futuro, conserva muestras del pasado que ennoblecen la villa. La espléndida iglesia parroquial se levantó en la primera mitad del siglo XVIII en honor a San Bartolomé Apóstol. Su fachada se ciñe fielmente a los cánones barrocos y se eleva al cielo con una torre–campanario octogonal. En su interior guarda un bello Nazareno de José Esteve Bonet y valiosas piezas de orfebrería morellana del siglo XVI. Su antigua capilla del Cristo del Mar tuvo el honor de ser elevada a la categoria de parroquia en 1970 bajo la advocación de San Pedro Apóstol. La recoleta ermita de San Gregorio, el Convento de San Francisco y la Casa de la Baronesa, declarada Monumento Histórico Artístico, adornan la localidad con su ilustre estampa. Calebra sus fiestas la segunda quincena de agosto en honor a una letanía de santos: Santa María del Mar, San Bartolomé, San Abdón y San Senén. Y como dispuso Carlos I en 1523, celebra feria durante los ocho días anteriores y posteriores al de San Bartolomé.

Dos detalles de la iglesia parroquial. Junto a estas líneas, la fachada del edificio del Ayuntamiento.

Vista general de Benicasim, en la Costa del Azahar.

BENICÁSIM (Castellón)

A trece kilómetros de Castellón y cubriéndose las espaldas con el Cabo de Oropesa, el pueblo de Benicásim brilla en la Costa del Azahar seduciendo cada día a los turistas de todo el mundo. La Semana Santa inagura cada año la temporada y el gentío acude en desbandada, como si de aves migratorias se tratara, en un intento de robarle al débil sol el ansiado moreno. Estas sugerentes playas de delicada arena y sus moradores veraniegos se dejan innundar por la cegadora luz del Mediterráneo inmersos en un paisaje montañés de extrema belleza. Dentro de la comarca de la Plana Alta, la villa y sus contornos permanecen blindados por la Serralada de les Palmes, la Serra de les Santes y el mar. Hacia el norte y justamente en los lindes con el término municipal de Oropesa, la sierra de Cantallops penetra en el *Mare Nostrum* dando vida al bello rincón de la Olla de Benicásim, privilegiado escenario escogido por las Villas de Bernicásim para instalar su habitáculo y jactarse de ser uno de los puntos de veraneo más antiguos de la región. El centro del pueblo se asienta en una llanura, atravesada por la antigua carretera de Valencia a Barcelona, y se extiende por la falda de un pequeño cerro coronado por las ruinas del Castillo de Montronés, apenas a un kilómetro escaso de la costa.

En el municipio, surcado por los barrancos de Cantallops, Les Agulles y Farses, se dan cita espesos bosques y sotobosque típicamente mediterráneos, aunque por desgracia todos los años saltan a los medios de comunicación noticias que dan cuenta del efecto devastador de las llamas, como el incendio que arrasó toda la fauna y flora del valioso Desierto de las Palmas en 1982. Donde el regadío lo permite, sus

habitantes cultivan verduras, patatas y trigo, y hasta 500 hectáreas de arroz se adueñan del paisaje en en la zona del Quadro. Junto con olivos y algarrobos, el secano se dedica especialmete a la uva moscatel, mientras que las granjas avícolas y las colmenas señorean su ganadería. Los preciados dones que ofrecen estas tierras toman la villa en las ferias de los sábados y los jueves. Sin embargo, el turismo capitanea su economía hasta límites insospechados, cuadruplicando su población en los últimos cien años y sapilcando sus dominios de incontables urbanizaciones.

Desde los inicios de la Edad de los Metales, los trogloditas dejaron huella de su presencia en La Comba, en la Mola del Cigalero y en los enterramientos de Fontallada. Los cimientos del castillo de Montornés nos trasportan a su ajetreado pasado prehistórico. Sobre ellos edificaron los romanos y más tarde se levantó la fortificación medieval que hoy exhibe sus ruinas como único trofeo. De los tiempos del imperio quedan todavía algunos restos de un vía romana en el Pas Empedrat. Los pobladores más antiguos de

El benigno clima es una de las bendiciones de este lugar. Arriba, detalle de una fachada de finales del XIX.

Una gran residencia de vacaciones frente a la playa.

Benicásim se instalaron en un principio en un lugar más elevado que el actual y fundaron el caserío de Santa Agueda, agregado a Castellón hasta el siglo XIX, en que se le otorga término municipal propio. A mediados del siglo XVI ostentaba el título de baronía en la persona de Violenta de Cazalduel y en 1603 le será concedida carta de poblamiento. En 1679 el barón Joaquín Gombao Ezcurra cede las rentas de sus pastos y herbajes a su sobrino Francisco Pérez Bayer. Este erudito personaje será el artífice de la iglesia parroquial, construida entre 1669 y 1776 en honor a Santo Tomás de Villanueva. En torno a ella se organizó la villa tal y como hoy la conocemos. Entre el monte Bartolo, las agujas de Santa Ana y el castillo de Montornés se encuentra el Desierto de las Palmas. En este lugar inundado de palmitos instaló su residencia una comunidad del Carmelo a finales del siglo XVII, que llaman desierto a los lugares dedicados al retiro espiritual. Además del convento, construyeron varias ermitas en busca de soledad y recogimiento, como la dedicada al Nacimiento de Cristo, de 1698, y la de Santa Teresa, que data de 1755 y es la que mejor ha hecho frente al paso del tiempo. La primera abadía sucumbió a un corrimiento de tierras en 1783 y la que hoy engalana la villa fue terminada en 1796. El Retiro de las Carmelitas hace frente a los tiempos que corren con una destilería y su delicioso Licor Carmelitano.

Los avispados benicassuts saben y asumen que su amada localidad está tomada por las instalaciones hoteleras, y que cuando llega el estío multitudes bulliciosas se apiñan en sus playas. Es la época en que los tenderetes de recuerdos se sacan a las calles para cautivar al vistante y el pueblo muestra su rostro más turístico en medio de una confusión de razas y lenguas. Después llegará un largo invierno y tiempo suficiente para digerir la vorágine estival. El amor a las tradiciones les delata como fieles representantes de la Comunidad Valenciana, y casi se diria que se reservan para la intimidad la celebración de sus fiestas patronales, en honor a Santo Tomás de Villanueva y a San Antonio Abad, que se celebran el 23 de septiembre y el 17 de enero, respectivamente.

CATÍ (Castellón)

Catí es un pequeño pueblecito del interior castellonense perdido en la comarca del Alto Maestrazgo que rezuma Edad Media por todos sus poros. Esta villa de origen musulmán, que a duras penas sobrepasa el millar de vecinos, se ubica en medio de un valle flanqueado por altas montañas, inmersa en la belleza de un paisaje abrupto y sobrecogedor. Tras la reconquista cristiana de la península, Jaime I el Conquistador otorga su carta–puebla a Blasco de Alagón en 1239, y aunque después pasará a manos de la Corona, a su pesar permanecerá encadenada durante largos siglos a la poderosa jurisdicción de Morella. Esta dependencia incomodará sobremanera al soberbio Catí, que resurge esplendoroso de sus cenizas a partir del siglo XV, y empecinado en conquistar su independencia se verá envuelto en numerosos conflictos que interrumpen su paz y sosiego. La ansiada liberación llega por fin en 1691 de la mano del enfermizo y abúlico Carlos II, erigiéndose en villa por Real Privilegio. El Catí primitivo muestra sin reparos sus encantos al visitante curioso y observador. Conserva intacto su trazado medieval y el núcleo habitado no se ha atrevido a rebasar la muralla que mandó construir Pedro IV el Ceremonioso en el siglo XIV, para hacer frente a los continuos ataques del entonces rey de Castilla y León, Pedro I el Cruel.

La enrevesada orografía del término recibe el azote implacable del cierzo quebrada por numerosos barrancos y poblada por bosques de encinas, matorrales y monte bajo. Las fuentes de finas aguas brotan por doquier como por arte de magia: Canaleta, Masada, Teix, Gatellá, Fenassá y Avellá son las más significativas. Esta última dio origen en la villa al decimonónico balneario de L'Avellá, cuyas aguas, con pro-

Panorámica de Cati, a la derecha. Junto a estas líneas la Lonja Municipal y, debajo, el lavadero público de la villa, que aún se utiliza por los vecinos.

piedades bicarbonatadas cálcicas, gozan de reconocida fama en toda la región y son mano de santo para las afecciones de la piel. Desde hace unos años, el propio Ayuntamiento de Cati se encarga del embotellamiento y comercialización de este preciado tesoro subterráneo. Los masoveros, solitarios agricultores del Maestrazgo que habitan en sus masós o típicas casas de campo, laboran de sol a sol en sus tierras de secano cosechando cereales, patatas, garbanzos y vides. En la Edad Media y a expensas de una destacada cabaña ovina que pastaba sin descanso en la zona, cobró mucha relevancia una floreciente industria textil que protagonizó un sustancioso comercio con otros pueblos del Mediterráneo. De aquellas glorias no queda en nuestros días rastro alguno, puesto que fueron desapareciendo progresivamente en favor de otras actividades agrícolas y ganaderas, y en especial en torno a una importante y sabrosa industria quesera. De sus dotes artesanas hacen gala sus pobladores con la fabricación de elegantes muebles de madera de pino y primorosas labores de ganchillo.

Los ecos de la vieja Edad Media persisten en sus calles y rincones, con los habituales contrafuertes de sillares de piedra adosados a sus casas enfoscadas en blanco. La religiosidad popular cobra vida en las innumerables capillas y ermitas, como la pintoresca de San Vicente que sorprenden al turista al doblar una esquina compartiendo fachada con otras construcciones modernas. En los alrededores merece una mención especial la ermita gótica de Santa Ana, construida en 1441, con hermosos retablos del siglo XIV y XV que han desaparecido, pero que sirvieron para descubrir a la escuela de pintores del Maestrazgo. Junto al balneario, Nuestra Señora de L'Avellá es un notable eremitorio del siglo XVI, aunque reformado posteriormente. Sin embargo, la obra religiosa emblemática de la villa es su iglesia parroquial, dedicada a la Asunción de la Virgen. Se trata de un templo gótico con bóveda de crucería y dos valiosas puertas laterales rómanicas, una de doble arco y otra sencilla, propias de la forma de hacer en el siglo XII. Aunque las obras para ampliar la primitiva iglesia comenzaron en el año 1350, las intervenciones se sucedieron hasta el siglo XVIII. En 1615 se terminó el campanario y la bella capilla de la Comunión, decorada con pinturas al fresco, se acabó en 1742. Atesora

El campanario de la iglesia parroquial de la Asunción, terminado en el año 1615.

Pinturas al fresco (1742) de la capilla de la Comunión, en la iglesia parroquial de la Asunción. A la derecha, la fuente de San Vicente.

en su interior joyas y objetos de los siglos XIV y XV, y un espectacular retablo de Baco Jacomart donde se representan las figuras de San Lorenzo, San Pedro de Verona y San Vicente Ferrer.
Cuando el pueblo de Catí vivió su apogeo histórico en los siglos XIV y XV, las ilustres familias de comerciantes y mercaderes ennoblecieron la villa con elegantes construcciones góticas que hoy resplandecen en toda su pureza arquitectónica, inundadas de arcos apuntados, ventanales ajimezados y blasones nobiliarios. Destacan la Casa de Miralles o Sant Joan de 1445, la del barón de Casa Blanca, restaurada entre los siglos XVII y XVIII, la Abadía gótica del siglo XIV, y el Ayuntamiento, una soberbia obra edificada en 1427 que alberga una espaciosa logia para las reuniones del concejo abierto, y dos esbeltos parteluces que dan al salón principal del piso superior.
Catí se abandona a sus festejos patronales el 26 de julio y el 8 de septiembre, en honor a Santa Ana y a la Mare de Déu de l'Avellá. Pero su fiesta por excelencia es la romería de la ermita de Sant Pere de Castellfort del último día de abril y el primero de mayo. La procesión a Sant Pere de Castellfort se celebra «para la mies que brota débil, para el río que sólo es sucesión de charcos y matas de adelfas, para que las fuen-

tes manen...» Los penitentes, exclusivamente hombres, cumplen su mandato ataviados con capote y barretina, y en medio de un silencio sepulcral cantan letanías mientras caminan a paso ligero. En su peregrinación visitan distintas ermitas de la zona y al anochecer llegan a la de San Pere para entonar con júbilo el *Regina Coeli*. A lo largo del camino se les ofrece varias veces rapé y en el Mas de Pinella beben agua con cazalla para levantar el ánimo y se someten gustosos a la cena tradicional un exquisito plato de *felsos i arrós* aderezado con peregil, ajos tiernos, pimiento rojo y canela. Esa noche duermen en Castellfort y al amanecer cantan *la despertá* y emprenden la ruta hacia otras ermitas por intrincados caminos. El día de San Antón también es sonado por su exquisito *pan-oli,* un panecillo de harina, aceite y aguardiente que quita el sentido, sin menospreciar la *coqueta* y la *casqueta,* a base de confitura de calabaza, y la deliciosa rolleta. La oferta gastronómica de este pequeño pueblo castellonés suma y sigue con los quesos, la cecina, los frutos secos, el turrón, la cuajada, el ternasco y los *prims*.

Uno de los pórticos de la iglesia parroquial y un jinete a la antigua usanza en Cati.

LUCENA DEL CID (Castellón)

Coronando una ancha escalinata de bancales, la que fue capital histórica de la antigua baronía o tenencia de Alcatén descansa sobre la cresta de un monte, ajena a la polémica que trae de cabeza a los historiadores sobre si su origen es musulmán o romano. En el centro de la provincia de Castellón y dentro de la comarca de Alcatén, Lucena del Cid se siente dueña y señora de un extenso municipio escarpado donde el agua ha minado pacientemente profundos valles y tajos. Buena muestra de este fenómeno geológico es el impresionante Salt del Cavall, una herida de muerte de 250 metros de profundidad excavada entre dos montes al sur de la villa. Sus bosques fueron aniquilados para alimentar los voraces hornos de cerámica de Alcora y Onda, y en un pelado paisaje preñado de barrancos y fuentes, como la que da vida al saludable balneario del Prat, el río de Lucena traza orgulloso su estela. Su agricultura es pobre. Los masos, típicas casas de labranza, inundan la comarca y los masoveros cultivan huertas en el fondo de los barrancos, y cereales, leguminosas, olivos, almendros y algarrobos en las tierras de secano. Con sus frutos acuden a los mercados de Lucena llevando a cuestas la imagen de la tradición. Cuenta también con canteras de mármol negro, piedra caliza y caolín. A mediados del siglo pasado Lucena florece al calor de sus industrias de lienzos, tejidos de lana, seda y algodón, junto con la fabricación de mantas, alpargatas, papel, licores, etc, y una bollante industria cerámica. Pero esto ya son historias de abuelitas y hoy Lucena del Cid amortigua su decadencia agrícola e industrial con un turismo que se muere por sus huesos.

Los restos encontrados en la Cova Fonda, els Castellets y en el Barranc del Salt del Cavall,

Lucena del Cid, dueña de un extenso y escarpado municipio en el centro de Castellón.

atestiguan los asentamientos humanos en la Edad del Bronce, al igual que los hallados en la Mola de les Fleixes y en el estrato más profundo de la Torre de Foios. Los restos de esta torre ibérica, única en el País Valenciano, formaban parte de las fortificaciones de un poblado datable en el siglo IV a. de C. Sólo algunos fragmentos de *terra sigillata* descubiertos en la Mola de les Fleixes, nos hablan de los romanos en el término de Lucena. La historia relata que bajo la sombra del castillo de Alcatén, la villa y sus dominios crecían en el lugar que el Conquistador concedió a Juan Ximén de Urrea en 1233, aunque el misterio envuelve aún en qué momento fue poblada por cristianos y accedió a su propia carta puebla. Por entronques matrimoniales, el señorío recayó en los condes de Aranda, y más tarde en las garras de los duques de Híjar. Como sucedió en todo Levante, la expulsión de los moriscos de 1609 mermó su población considerablemente. La historia pone a Lucena del Cid en el candelero a tenor de la primera guerra carlista del siglo XIX. Después de múltiples asedios, el general O'Donnell acude en su auxilio, acción que le valdrá el noble título de conde de Lucena. Cuando el año 1833 tocaba a su fin, el carlista Carnicer amenaza la villa y el aguerrido comandante en plaza le sale al paso con una milicia secundada por paisanos, y le obliga a retroceder. Al cabo de dos años el famoso guerrillero José Mira el Serrador insiste en sitiar la ciudad, aunque una columna de apoyo acude desde Castellón y emprende la retirada. El mismísimo Cabrera intentó tomar esta plaza por asalto, pero las tropas de O'Donnell le derrotaron en Useras el 15 de julio del año 1839.

Las mujeres de la bella localidad de Lucena (la coletilla «del Cid» se añadió en el siglo XVIII), abarrotan de geranios sus calles estrechas y retorcidas. La villa conserva sabiamente su tipismo tradicional y un curioso sabor a pueblo montañés. El antiguo castillo del duque de Híjar que domina la población desde lo alto, posteriormente fue cárcel y tras su restauración alberga unas escuelas. La plaza mayor o de la Fuente está flanqueada por arcadas y soportales ojivales, y en el centro luce una recia fuente de piedra con gruesos caños. La iglesia arciprestal, dedicada a la Asunción de María, es de orden corintio y se construyó en la primera mitad del siglo XVIII. Formada por tres naves, guarda a cal y canto un hermoso retablo del siglo XV, y desde el corazón de la nave central parte una escalinata de 38 peldaños que conduce a una peculiar cripta. Conserva una valiosa cruz pro-

La ermita de San Antonio, una de las más bellas de los alrededores de Lucena.

cesional gótica del siglo XV trabajada en plata dorada, un cáliz de plata de la misma época y un *Lignum Crucis* del siglo XVI. Las ermitas salpican la población y sus aledaños, brillando con luz propia la de San Miguel de les Torrecelles, junto a una fortificación medieval, y la de San Antonio, desafiante sobre un peñasco inexpugnable en el barranco de la Pedreñera.
En Agosto Lucena del Cid se engalana con sus fiestas patronales en honor a la Asunción de María, y las de San Miguel y San Hermelao a finales de septiembre. Pero el 18 de enero celebra con dulzura el día de Sant Antoni con sus deliciosos *pastissos* del Santo, rellenos de calabaza o boniato, *prims,* y *coquetas.* La noche anterior se encienden las hogueras, y jinetes con antorchas acompañan al Santo por sus calles antiguas y empinadas, mientras el gentío acude a cuestas con su animales para obtener la bendición. Una procesión mañanera consigue llegar a la inaccesible ermita de San Antonio y se trae la imagen a la iglesia de Nuestra Señora de la Asunción, en donde permanecerá una semana antes de volver a su fortaleza inexpugnable. Cada año, en el templo y con un gran cirio en mano, los asistentes a los oficios escuchan en un silencio sepulcral los gozos que el sacristán recita con su monótona voz.

La torre de la iglesia arciprestal de la Asunción y dos escencs callejeras.

MORELLA (Castellón)

Entre el Bajo Ebro y Levante, una imponente villa fortificada se vislumbra desde la lejanía. Sobre un majestuoso peñón en forma de cono truncado y a más de mil metros de altitud, el castillo de Morella se erige en centinela del Maestrazgo. La villa se desparrama a sus pies en graderío con el rostro hacia el mediodía, prisionera de una vieja muralla de más de dos kilómetros y medio de contorno sobre la que se alzan catorce torres y seis puertas de acceso, con la gótica de San Pedro como estrella indiscutible. Morella, corazón del Maestrazgo y capital de la comarca de Los Puertos, mantiene su aire belicoso porque siempre le tocó interpretar el papel de plaza fuerte. Bautizada como *Castra Aelia* por los romanos, en las telarañas del pasado dormita su participación en infinitas guerras, y se enorgullece de que el 15 de agosto de 1414 se celebrara en su magnífica iglesia de Santa María la Mayor una misa pontifical oficiada por el Papa Luna que contó con la regia presencia de Fernando de Aragón y tuvo sermón por cuenta de San Vicente Ferrer. Gozó de voto en las Cortes del Reino de Valencia con rango de Villa de Primera Clase, y como enclave privilegiado se erigió en centro económico entre Aragón, Cataluña y Valencia.

Se da a conocer como tierra de lechazo y cabrito, de miel y queso, de toros bravos, caza y tortas. La villa fue conquistada a los musulmanes en el año 1084 por Rodrigo Díaz de Vivar, el Cid Campeador, y fue nuevamente tomada en 1117. Se debatió entre los dominios de musulmanes y cristianos hasta que Blasco de Alagón, consejero y mayordomo real, la conquista definitivamente en 1232 por su cuenta y riesgo. Jaime I montó en cólera y exigió al tal Blasco la plaza para la Corona. Pero el de Ala-

Vista general de Morella con su fortaleza, construida a más de mil metros de altitud.

gón ostentó el señorío hasta su muerte, acaecida en 1250. Tras ésta, Morella y sus aldeas pasaron al patrimonio real. Participó en la guerra de la Unión de parte de Pedro el Ceremonioso, y junto a Juan II tras el levantamiento de Cataluña; en 1520 no se suma a los agermanados, y a principios del siglo XVIII, en plena guerra de Sucesión, los partidarios del archiduque consiguieron doblegarla en dos ocasiones. Durante la guerra de la Independencia, los franceses la ocuparon desde 1810 hasta 1813, y en 1833 Carlos de Borbón es proclamado Carlos V en Morella, que se convierte en un neurálgico centro carlista. Cuando acaba la guerra en 1838, Ramón Cabrera, *el Tigre del Maestrazgo,* se negó a aceptar la rendición y se encerró en Morella, hasta que un año después Espartero le arranca la capitulación a cañonazos, y se hace con el noble título de conde de Morella.

Declarada Conjunto Histórico Artístico en 1963, Morella embruja al visitante con su aire tranquilo y pintoresco. Las calles que siguen fielmente su perfil son relativamente llanas, como la típica calle de Blasco de Alagón, con sus tre-

Fachada y arcos apuntados en el atrio del Convento de San Francisco.

centistas *porxos* o soportales a ambos lados, ocupados en el pasado por los obradores de la floreciente artesanía morellana. Las rúas transversales se las ven y se las desean para trepar por la montaña y en ocasiones tienen más de escaleras que de calles. El Ayuntamiento conserva una parte gótica del siglo XV, con puerta ojival y ventanales mudéjares, mientras que la obra nueva data de 1602. Alberga en su salón de sesiones un retablo de la escuela de Miguel March, pintado en 1645 con pasajes de la conquista de Morella en el que no falta la figura de San Julián, patrón del pueblo. En la Plaza dels Estudis se conservan balcones de madera propios de su arquitectura popular tradicional, y las antiguas casonas solariegas de las rancias familias morellanas, reconocibles por sus puertas de arcos pétreos y nobiliarios escudos, con espléndidas verjas y aldabas de bronce bruñido salpican la localidad. Buenas muestras son el edifico de la Cofraria de Labradores, las casas de Piquer, dels Estudis y del Consell, o la del Cardenal Ram, que hoy acoge un hostal. La casa Rovira fue escenario del parricidio de una fervorosa madre morellana y del consiguiente milagro de San Vicente Ferrer. En su fachada un retablo de azulejería relata cómo esta enajenada madre quiso ofrecer lo mejor que tenía al santo, y para ello descuartizó a su hijo y lo guisó primorosamente, hecho que sobrecogió al dominico valenciano, que resucitó al niño.

En la parte alta de la villa y a la sombra del castillo, la iglesia de Santa María la Mayor se sabe el templo gótico más bello del País Valenciano. Con honores de basílica menor, sus obras comenzaron en el siglo XIII y es poseedora de dos espléndidas portadas góticas; la de los Apóstoles, del siglo XIV, y la de las Vírgenes, del XV. Al coro alto, sostenido por arriesgada bóveda casi plana y coronado con una crestería del siglo XV, se sube por una hermosa escalera de piedra esculturada, mientras que su monumental altar mayor del siglo XVII nos seduce con su estilo churriguerresco. Albergaba valiosas pinturas de Tiziano, Juan de Juanes, Espinosa y Ribalta que hoy están en el Museo Eclesiástico. Por un graderío semicircular con tres arcadas góticas se penetra en el convento de San Francisco del siglo XIII, con su bello claustro del gótico primitivo. En él se ha instalado el Museo Etnológico de Morella y el Maestrazgo, donde se exhiben cerámicas, utensilios caseros, pinturas, y muestras de la famosa artesanía textil morellana, representada en sus renombradas mantas de lana y en sus alforjas de vistosos colores. En su término descansan varias ermitas, aunque los honores recaen en el santuario de Vallivena, edificado en primera mitad del siglo XVIII sobre un templo anterior del siglo XV, que a su vez sustituía a una antigua ermita. Es neoclásico, y tiene un bello campanario de sillares de piedra. En su interior custodia una diminuta imagen policromada en barro cocido: es la patrona de los morellans.

El bullicio y la algarabía se adueñan de Morella cuando se viste de fiesta. En enero se celebra la de San Julián y San Antonio Abad, esta última con una representación conocida como Santatón. En verano, agosto monopoliza la fiesta encomendándose a San Roque. Al son de la dulzaina, los niños morellanos recorren todo el pueblo interpretando una vieja danza, Els Pele-

grins, ataviados con un descolorido sayal, que pasa de padres a hijos. En las pastelerías se agotan los *Flaons,* pasteles de requesón fresco, y los *cócs* en tomate, merienda obligada en las tardes de vaquillas, en compañía de buenos vasos de *préssec en vi* (melocotón con vino). El Papa Urbano IV estableció la fiesta del Corpus en la villa en 1246, y desde entonces se festeja a bombo y platillo. La víspera tienen lugar *La Degollá,* una tradición del siglo XVII que representa la matanza de los inocentes ordenada por Herodes. Cada seis años y durante la cuarta semana del mes de agosto, los morellans se entregan a sus fiestas en honor a la Virgen de la Vallivana (en cumplimiento a una promesa hecha cuando finalizó la peste de 1674) con solemnes actos religiosos y una muestra del folklore morellano con danzas como la de Els Tornes, Els Llauradors, Els Teixidors, o Els Arquets.
Los entusiastas de la prehistoria no deben perderse las pinturas rupestres de Morella la Vella, las más interesantes de todo Levante. En un abrigo rocoso descubierto a tan sólo seis kilómetros de la villa, los carvernícolas se iniciaron hace muchos miles de años en el arte de la pintura dando cuerpo a esmeradas escenas guerreras y vivaces representaciones de cacerías.

En la página anterior, el atardecer sobre el viejo acueducto extramuros. Arriba y a la derecha, cúpula y detalles de la fachada y las arquivoltas del pórtico en Santa María la Mayor.

PEÑÍSCOLA (Castellón)

Las calles estrechas y escalonadas de esta villa amurallada trepan hasta la fortaleza de piedra que destaca sobre el blanco caserío. Solemne, sobria, rotunda y cargada de historia, se eleva a casi 50 metros de altura con la soberbia de haber sido morada y lugar de autodestierro del Papa Luna. Las ciclópeas hechuras del castillo que se alza sobre el pueblo y el conjunto de murallas que rodean la que fue Plaza de Armas, encierran toda la historia de Peñíscola. Algunos tramos de su muralla medieval se atribuyen a los romanos, aunque las que hoy nos sorprenden fueron levantadas entre finales del siglo XIV y principios del XV, sin contar las que miran al mar, realizadas por Joan Baptista Antonelli en el XVI. Tiene tres puertas de acceso. La de Santa María recibe a los recién llegados en calidad de Puerta Principal para sorprenderlos con el Bufador, un chocante fenómeno natural que hace brotar agua de una grieta con una banda sonora muy peculiar. Al naciente, la puerta de Felipe II o Portal Fosc, con su estilo italiano, da paso a la zona alta del pueblo. Al suroeste, la del Papa Luna se ubica en la parte más baja de la muralla y da paso al recinto que fuera residencia pontificia. El castillo actual es sobre todo una obra templaria realizada entre los siglos XIII y XV, con añadidos y reformas de la Orden de Montesa y del antipapa Luna, que caprichosamente mandó construir una torre cuadrada con una escalera tallada en la roca que desciende hasta el mar.

Sobre la Costa del Azahar, Peñíscola se adentra en el azul turquesa del Mediterráneo edificada sobre un peñón soldado a la costa por una estrecha lengua de arena, ubicación que dio pie a los romanos para apodarla *Península*. Entre los fenicios y los cartagineses se debate su

La villa de Peñíscola y una de sus extensas playas vistas desde el castillo.

La fortaleza medieval que fue residencia del Papa Luna.

origen, y algunos autores la identifican con la primitiva *Chersonesos* citada por Estrabón. Bajo la denominación de *Penyíscola,* los musulmanes, que llegaron en el año 718, integraron los castillos de Cervera y Pulpis y las alquerías de Vinaroz, Benicarló, Irta y la propia Peñíscola. Fue plaza fuerte durante la época visigótica, y Jaime I la hizó suya en 1233. Los árabes se la entregaron sin ofrecer resistencia y el Conquistador la ocupó respetando las leyes y costumbres de la población musulmana, que continuó morando en el interior de sus murallas. De esta forma quedó incorporada a la Corona y el rey de Aragón se la otorgó en testamento a su esposa doña Violante en 1242. Ocho años más tarde se le otorga carta puebla bajo el Fuero de Valencia. En 1294 Jaime II se la cede a la Orden del Temple a cambio de Tortosa, aunque en 1307 tendrá que hacer uso de la fuerza para recuperarla. Hacia 1319 pasa a manos de la poderosa Orden de Montesa, que se la entregerá en usufructo al cardenal aragonés Ramón de Luna, Benedicto XIII o El Papa del Mar, a quien rendirá obediencia como pontífice. Pero ésa es otra historia. Tras su muerte querrá recuperlarla, y la gobernadora María se la vende en 1441 por 150.000 sueldos. A finales del siglo XV se reintegra a la Orden esta cantidad y vuelve a manos de la Corona, momento en el que Felipe II refuerza su fortificación. Participó activamente en la guerra de las Germanías, y tras la guerra de Sucesión se ganará el título de «Muy Noble, Muy Leal y Fidelísima Ciudad» por su apoyo incondicional a los borbones. En 1812 será tomada por los franceses durante la guerra de la Independencia. En la primera guerra carlista se mantiene fiel a Isabel II por encima de las presiones de Cabrera, e inmediatamente después de la segunda se procede al desmantelamiento militar de su Plaza.

A caballo entre los siglos XIV y XV, el Cisma de Occidente marcaría para siempre la historia de la Iglesia, que tendría dos Papas simultáneos. Uno de ellos, el Papa Luna, fue víctima y verdugo. Hombre piadoso y cultivado, pertencía a la más rancia nobleza aragonesa y defendió su derecho al Papado con uñas y dientes. Sustituyó a Clemente VII como Papa de Aviñón con el

nombre de Benedicto XIII, al tiempo que otro Papa instalado en Roma que contaba con la obediencia de ingleses, alemanes e italianos. El resto de los países, incluida España, cambiaban de bando en función de las circunstancias. El Concilio de Constanza de 1414 enderezará el entuerto con la elección de Martín V como Sumo Pontífice y la desautorización expresa del Papa Luna. En su delirio papal y creyéndose en posesión de la verdadera Iglesia, se retirará al castillo de Peñíscola en 1415 y allí permanecerá hasta que la muerte acude a su encuentro en 1423. Como excomulgado no tuvó derecho a sepultura en lugar sagrado, y fue trasladado a su pueblo natal, Illueca. Su tumba sería profanada por las tropas francesas tres siglos más tarde, que arrojaron sus restos al río Isuela. Tras la peripecia, no obstante, aún se conserva su cráneo.

La arquitectura de este bello pueblo marinero, agrícola y hostelero rezuma un indudable carácter levantino. La impecable blancura de sus casas cúbicas se deja interrumpir por la alegría colorista de los geranios. Como carecen de tejado, se coronan con terrazas planas, y numerosos, pequeños e irregulares vanos se protegen con persianas de la inmensidad de la luz del Mediterráneo. Numerosas casas blasonadas se cuelan en sus callejuelas para atestiguar con su presencia la nobleza pretérita. En ascendencia hacia el castillo nos topamos con la iglesia de Nuestra Señora de la Ermitana, patrona de la villa. Fue realizada entre 1708 y 1714 sobre otra anterior. Luce una sobria portada del siglo XIV, y guarda un cáliz de plata sobredorada y una cruz procesional que pertenecieron al testa-

Arriba y a la izquierda, dos plazas de Peñíscola. En la página siguiente, una vista del castillo desde la playa, la iglesia de Nuestra Señora de la Ermitana y un detalle de la fortaleza.

rudo antipapa, otra cruz donada por Felipe II y un *Lignum Crucis* de Gil Sánchez Muñoz.
Junto con Vinarós, constituye la zona más próspera de la comarca, en un intrincado territorio cuajado de barrancos. La tierra cultivada ocupa una quinta parte del municipio, con huertas de frutales, agrios y hortalizas, mientras que la vid, los cereales, los olivos y los algarrobos son las estrellas del secano. El mar le surte copiosamente de langostinos, y un turismo en avalancha es reponsable de que los bloques de apartamentos y los hoteles interrumpan el sueño medieval en el que se sumerge la villa, donde las playas de dorada y fina arena compiten en belleza con una inmediata costa escarpada y rocosa salpicada de idílicas calas. Los días 8 y 9 de septiembre hace gala de su rica tradición folklórica, deleitando a su patrona con las danzas *paniclans*. Un desfile de danzantes con enaguas y otros de aspecto moruno se apoderan de la villa con sus coreografías guerreras. Tras la pelea ejecutan una torre humana y, más difícil todavía, los danzantes compiten en resistencia con un compañero sobre los hombros.

Las azoteas de Peñíscola vistas desde el castillo y, a la izquierda, un arco árabe con una media luna en piedra.

sistema defensivo de cal y canto, reforzado con estacas transversales de olivo y sabina. Uno de ellos sale de las eras de las Almas, pasa por la plaza de los Jurados y llega hasta la puerta de la Verónica, y el otro va por la Torre de Botxí y la del archivo de la Catedral. La Torre de Botxí y la Torre de la Cárcel, ésta última restaurada a finales de los años sesenta del presente siglo, se mantienen en pie sobre su planta cilíndrica, con unos 20 metros de altura y 9 de diámetro. Tras la dominación romana, *Segobriga* fue una importante sede episcopal visigoda y Próculo el primer obispo de esta diócesis del que se tienen noticias con anterioridad al año 589. Godos y musulmanes edificaron un castillo sobre esta urbe. En él encontró refugio el rey moro de Valencia Abu Sa'id Abd Al–Rahman, desposeído por Abu–Dynmail Zaiyan, hasta que el rey Jaime I conquistó la plaza en 1245. De la época medieval queda un largo trecho de muralla que ciñe al casco antiguo y otras dos torres. El castillo vivió sus años de gloria a finales del siglo XV, pero la construcción en pleno casco urbano del palacio de los duques de Segorbe, provocó su paulatino abandono, y eso que aún en 1620 pudo albergar a Felipe IV. Durante siglos, el señorío dependió de la Corona, y Juan II lo convierte en ducado en 1469, aunque un profundo descontento invade a los segorbinos. No quieren abandonar su condición realenga y para defenderla protagonizaran disturbios y sublevaciones. Personajes de sangre azul aragonesa ostentarán este título nobiliario hasta el siglo XVII, en que pasa a manos de los duques de Medinacelli.

A partir del primer sábado de septiembre, Segorbe celebra con entusiasmo sus fiestas patronales dedicadas a la Virgen bajo la triple advocación de Cueva Santa, Loreto y de la Esperanza. Es una oportunidad de oro para ir de romería, quedarse boquiabierto con los magníficos bailes tradicionales que se ejecutan, y tras la caminata, chuparse los dedos con su típica olla y las deliciosas y dulces *Clarisas*. Los amantes de la artesanía podrán admirar el trabajo preciosista de los alfareros segorbinos, y una curiosa muestra de bastones de madera tallada, un arte que los habitantes del lugar han heredado de sus antepasados.

En la página anterior, la torre de la Catedral y una carreta en la huerta en día de cosecha. A la derecha, una pequeña plaza céntrica de Segorbe y la antigua torre de la cárcel, en medio del lienzo de la muralla.

VINARÓS (Castellón)

Es una moderna estación veraniega que conserva sus típicas tradiciones marineras a flor de piel. Casi rozando las tierras catalanas del delta del Ebro, Vinarós inagura el País Valenciano por el norte con sus paradisíacas playas de arena y cantos. Sus casas se alinean frente al mar Mediterráneo desprecintando para los turistas la costa del Azahar, y a su espalda se extiende la inmensa llanura, mientras el mar lame testarudamente su litoral desde hace siglos para ganar terreno a una tierra salpicada de coscoja y lentisco, romero, palmito y aliaga. Desde la Edad Media, la avispada villa de Vinarós se lanzó a comercializar la saludable agricultura de su comarca a través de su puerto. En un principio con el vino y la madera de los bosques de encinas del interior castellonés, y hoy con sus deliciosas naranjas, las almendras, el aceite y las hortalizas. El comercio del vino vinarocense con destino a Europa y a las colonias americanas respiraba a pleno pulmón en el siglo XVI. De la mano de los White y de los Mac Donell, a finales del siglo XVIII se erige en centro exportador por antonomasia de una comarca que producía delicado caldo en abundancia, hasta el punto de que parte de la cosecha se transformaba en rico aguardiente para enviarlo directamente a Marsella, Cádiz o La Habana. Al ver la luz el siglo XX la filoxera arruina este floreciente negocio y los naranjos, los olivos y los algarrobos se adueñaron del paisaje vinarocense, sin olvidar el exitoso avance de los almendros en las últimas décadas.

Y es que desde el siglo XIV, la profunda y tranquila playa de Vinarós hacía sus méritos para convertirse en el puerto de Aragón. En 1709 una Real Orden lo equiparaba al de Valencia, Denia, Alicante y Peñíscola y se le autorizaba

Vinarós tiene un importante puerto pesquero. Arriba, atarceder en la dársena.

para el comercio exterior del Reino. Tras muchas tentativas frustradas, consigue permiso para iniciar las obras de su muelle en 1866, y once años después estrenará el actual muelle de Levante, mientras que el de Poniente tuvo que esperar hasta 1885. Hoy su puerto ha quedado relegado a la importación, con la pesca como única actividad portuaria de copete, favorecida por la escasez de sardina en el Cantábrico, el traslado de algunas empresas norteñas a Vinarós y la avidez marisquera de los turistas.

Tras un atareado pasado de cavernícolas, íberos y romanos, Vinarós fermenta en una alquería musulmana llamada *Vinalaloz,* que con la conquista cristiana quedará enmarcada en el término de Peñíscola. Girón de Ballester y otros cincuenta valientes reciben en 1236 una carta puebla de Gil de Atrosillo para que procedan a su poblamiento. En 1294 el rey de Aragón Jaime II se la entrega a la Orden de los Templarios junto con Benicarló y otras villas y castillos, pero tras su disolución a principios del siglo XIV, pasará a manos de la recién estrenada Orden de Montesa. Vinarós y Benicarló tendrán que

La Cofradía de Pescadores de Vinarós y un grupo de hombres recogiendo redes.

esperar hasta 1395 para liberarse de Peñíscola y acceder a término y jurisdicción propia. En este mismo siglo un tal maestre Hugo de Folcalquier mandó edificar un imponente recinto amurallado que se ha dejado desdibujar por el tiempo. Situándonos en el comienzo del carrer del Socors y en dirección sur–norte, partía de la Torre del Migdia y llegaba hasta la torre del carrer del Sant Joan. Luego torcía en ángulo recto hacia el este por dicha calle y la de Sant Metges, y pasaba por la calle de Santo Tomás, antes carrer del Vall, para encontrarse con la Torre Jussana. De ahí seguía por la Torre d'En Cifre y por las calles Jovellar y Sant Vicent,. donde le esperaba la primera torre para inciar un círculo vicioso que duró muchos siglos. A partir del siglo XVIII los vinarossencs se cansan de vivir en las estrecheces de aquel bello recinto amurallado y florecen los arrabales extramuros, que a su vez serán amurallados en el siglo XIX junto con el barrio marinero, por temor de los díscolos carlistas. Años antes, concretamente en 1880, Alfonso XIII la investía con el título de ciudad. Como tantos históricos se apunta que en 1571 desembarcó en su muelle Miguel de Cervantes, y que desgraciadamente, en 1712 le sobrevino la muerte en la villa al duque de Vendôme, mariscal de Francia. Las tropas del general Franco llegaron al Mediterráneo por esta ciudad para desgajar en dos al bando republicano.

Su hermosa iglesia renacentista del siglo XVI comparte escenario con un caserío multiforme salpicado de rascacielos hoteleros. Su torre cuadrada, que confiere un aire de fortaleza a su estampa, y la parte central del edificio pertenecen al siglo XVI. Su cautivadora portada fue construida entre 1698 y 1702. La policromía en negro y dorado que la engalana, se sale de su inmaculada superficie blanca para definir la peculiar visión del barroco valenciano de sus autores, Juan Viñas y Bartolomé Mir. Como contrapunto, la plaza de toros se destaca junto al puerto. Si se quiere aprender a bailar *els camarades* hay que personarse en sus fiestas patronales, en enero dedicadas a San Sebastián y San Antón y en mayo en honor a San Gregorio. A un tiro de piedra de Vinarós se encuentra la ermita de Nuestra Señora de la Misericordia y San Sebastián, donde los venarossencs veneran fervorosamente a una imagen de la Virgen del siglo XV, tallada en madera. Pero además, se trata de un mirador privilegiado para contemplar la esencia y el encanto del paisaje de La Plana y la inconmensurable inmensidad del *Mare Nostrum*, eterno y silencioso testigo de la historia y las vicisitudes de este lugar de la costa.

La iglesia parroquial de Vinarós, renacentista, tiene un hermoso pórtico barroco (a la izquierda). Arriba, el interior de la nave central.

ALBAIDA (Valencia)

la villa de Albaida se eleva sobre un risco desde su fundac ón a manos de los árabes durante el siglo XII.

Albaida nació musulmana. Tras la conquista cristiana vivió su adolescencia como baronía, sus años de juventud hecha un condado y la madurez en los brazos de un marquesado. Sus ondulados dominios, enmarcados entre el río Clariano y la sierra de Argullent, se adentran en las tierras sureñas de la provincia de Valencia. El río Albaida pasa junto a la villa, dejándola a su izquierda sobre un altozano, y comienza a tallar el valle que lleva su nombre en una tierra habitada por frondosos pinares que la surten de madera en abundancia. Aunque el regadío hace sus pinitos, el secano monopoliza la agricultura con hortalizas, frutales, aceitunas y algarrobos, destacándose el cultivo de la uva de mesa como producto estrella indiscutible. Las delicadas velas de cera, algunas la mar de pintorescas, dan vida a una antiquísima industria artesanal que se estableció en la villa en el siglo XV y que junto con los textiles, especializados en la elaboración de colchas, mantelerías, visillos, sábanas, mantas, toallas, paños de cocina y géneros de punto, acumulan un bagaje de siglos a su espalda y dan renombre a esta localidad.

Albaida se hace la moderna con amplias avenidas, pero no puede ocultar su pasado medieval, presente en su bello casco antiguo, salpicado de casonas nobles, arcos y restos de su antigua muralla. Un conglomerado anárquico de volúmenes asciende vestido de blanco y se abre a la luz con innumerables e irregulares vanos, junto con estrechas ventanas terminadas en arco de medio punto. Por encima de todas ellas se eleva majestuosa la torre de piedra de su iglesia arciprestal. Es una obra del siglo XVII, restaurada en el XIX, que se vanagloria de los diez lienzos de José Segrelles que ennoblecen su altar

mayor, y de una imagen de la Virgen del Remedio, patrona del pueblo, esculpida en 1740 por Juan Bautista Balaguer. En la plaza de la iglesia se imponen con su fuerza arquitectónica el antiguo palacio señorial, un sólido edificio con tres torres cuadradas que fue residencia de los marqueses de Albaida, y el Museo Segrelles, creado por el pintor en la casa donde moraba y tenía su estudio, y que también alberga la biblioteca municipal. El pintoresco lugar de Aljor fue antaño un pueblo morisco independiente, pero desde el año 1888 forma parte de los arrabales de Albaida.

El enterramiento de Camí Real d'Alacant y los fondos de cabañas de Sifó de les Fanecades son los restos más antiguos que se conocen, datables en la Edad de los Metales, y en la Covalta reposan los restos de un importante poblado ibérico. Jaime I será el artífice de su conquista a los musulmanes, a los que permitió seguir habitando en la villa respetando su cultura y sus costumbres. Pero el infiel se alzó en rebelión, y ante este mal pago, el Conquistador expulsó a toda la población musulmana y procedió a repoblar la villa en 1258 con leales y devotos cristianos. En 1279 Pedro I el Grande otorga en calidad de feudo la villa, castillo y alquerías a Conrado Lanza, a quien pronto le serán confiscados. Al llegar Jaime II al trono le cede el señorío al valiente almirante Berenguer de Vilaragut, y entre sus herederos se debate su destino hasta 1406, que vuelve de nuevo al patrimonio real. En 1471 la iglesia y la aristocracia se reparten la tajada. Luis de Milá, cardenal de los Cuatro Santos Coronados, se hace con el feudo, reservándose potestad y jurisdicción criminal sobre la villa, y Berenguer Martín de Torres el dominio directo de la baronía. Al prelado le sucedió el noble Jaime del Milán, a quien Juan II convierte en el primer conde de Albaida en 1477. Este personaje era señor de altos vuelos y consigue casarse con Leonor de Aragón, sobrina de Fernando el Católico, y su apellido se tranforma en Milán de Aragón. En 1520 La villa se suma a los agermanados y en 1604 Felipe III le concede el maquesado al

Ariba, el castillo que fue residencia señorial de los marqueses de Albaida y una pequeña calle del pueblo.

cuarto conde. Treinta y cinco años más tarde y a causa de los gravosos tributos cobrados por el insaciable marqués, los labradores albaidins se levantan contra el señor y el virrey los reprime brutalmente. Con la llegada de la guerra de la Independencia, el convento dominico de Santa Ana fue centro neurálgico de la lucha contra el invasor, bajo el mando de la Junta de Valencia. Entre los siglos XVIII y XIX, el marquesado pasa a manos de los barones de Otos y del Marqués de Benamejís. Desde el año 1906 Albaida goza ya del título de Ciudad y tiene a los condes de Artellón como titulares.

El 7 de octubre Albaida vibra en el bullicio de sus fiestas patronales, que se inaguran con la tradicional alborada, en la que no desentona ni un alma, y continúa con las comparsas de Moros y Cristianos, que inundan la villa con sus estrafalarios atuendos. Es una oportunidad de oro para saborear la exquisita repostería del lugar, elaborada a base de almendras, que da forma a numerosas especialidades de dulces de indudable origen árabe.

La iglesia parroquial del siglo XVII donde se guarda la hermosa talla de la Virgen del Remedio, patrona de Albaida, esculpida en 1740. A la derecha el rincón donde está ubicado el museo de pintura dedicado a Segrelles.

BOCAIRENT (Valencia)

Esta noble villa descansa sobre un cerro y contempla serena la inmensidad del paisaje que la circunda dentro del valle de Albaida, sabiéndose dueña y señora de las llaves que cierran las puertas de la provincia de Valencia por el sur. Las fachadas blancas y color crema se apiñan en su ascenso hacia la iglesia, consagrada a la Virgen de la Asunción, situada en lo más alto de la colina y construida en el mismo lugar donde antaño se alzaba el castillo de Bekirén. Fue levantada a principios del siglo XVI, pero el desgraciado terremoto que castigó la región en 1748 derribó su torre campanario y en el siglo XVIII se acometió su restauración con minuciosa delicadeza. En su Museo Parroquial exhibe orgullosa tablas de Juan de Juanes, pinturas de Ribalta, Sorolla y Segrelles, así como delicadas piezas de orfebrería del siglo XVI y una valiosa pila bautismal del siglo XIV. El casco antiguo es depositario de un rancio barrio medieval que cautiva al visitante con su trazado irregular de calles estrechas y casas abigarradas, aunque su espectacular plaza de toros tallada en la roca en 1843 monopoliza la atención de todo el que se acerca a esta localidad valenciana aún por descubrir. Cuenta con un Museo Arqueológico comarcal que alberga innumerables restos de las distintas culturas que poblaron sus tierras desde que el mundo es mundo. Los cavernícolas vivían a sus anchas en las múltiples cuevas que salpican sus dominios, como la Cova del Vinalopó y de la Sarsa, o la Cova Emparedada y la Covacha de la Caseta Molina, que escondían en sus entrañas restos de cerámica cardial datables en el inicio de la Edad de los Metales. En el Racó y en el Cabeçò del Cirer quedan restos de poblados íberos de cierta envergadura y en el yacimiento

Una hermosa panorámica de Bocairent, tomada desde el cementerio, frente al pueblo.

de la Lloma de Galbis se encontró, junto a cerámicas áticas y de barniz negro, la famosa escultura del león de Bocairent, perteneciente al siglo IV a de C. Los restos romanos no se han hecho notar demasiado hasta la fecha, y tan sólo en Les Llomes nos sorprenden algunas sepulturas tardías y una cripta subterránea excavada en el suelo, con cámara central abovedada, galerías y otras cámaras secundarias de menor rango.

Un arco da entrada a la plaza Mayor de Bocairent, con la torre de la iglesia de la Asunción al fondo.

Bocairent se inscribe entre las comarcas ásperas y montañosas de la desconocida Valencia del interior, donde la accidentada orografía cobra tintes de espectacularidad como contrafuerte y resplado de la planitud de su franja costera. La sierra Mariola y las montañas de Ontinyent y Fontanares flanquean sus límites dentro de un paisaje escarpado y montañoso, suavizado en el centro por el valle de Bocairent. Los ríos Vinalopó y Clariano nacen en el término para regar sus tierras en compañía de los barrancos de l'Infern, de Fos, de la Foieta y de la Frontera. La mayor parte del terreno está tomado por frondo-

sos bosques de pinos y encinas, que comparten espacio con amplias zonas de monte bajo que se destinan a pastos. Las ovejas fueron una de sus fuentes de ingresos más relevantes hasta el siglo XIX, pero hoy su presencia es casi simbólica. El secano se debate entre los cereales y la uva, mientras que en las escasas huertas se cultivan cereales, frutales y hortalizas. Sin embargo, la industria acapara su economía y aporta la mayor tajada de su riqueza a los laboriosos bocairentins, que se han destacado tradicionalmente con la fabricación de mantas de gran renombre, como demuestra el hecho de que ya en 1587 la Real Fábrica de Paños de Bocairent era subsidiaria de privilegios reales. Le siguen muy de cerca las industrias papeleras, alimenticias y de derivados de la madera.

Bocairent no oculta su origen musulmán y se sabe que durante el siglo XI perteneció a la taifa de Denia. Jaime I el Conquistador la gana para la causa cristiana en 1245 y al iniciarse el siglo XIV, el vizconde de Castellnou disfrutará de su propiedad. En 1345 Pedro IV el Ceremonioso otorga esta suculenta baronía a Berenguer de Vilaragut y Sarriá, integrándose dentro de ella las villas de Ontinyent, Bocairent y Biar. Durante la guerra de las Germanías presta su apoyo incondicional a Carlos I y éste la recompensa con creces dándole su autorización expresa para celebrar una feria anual del 1 al 15 de septiembre y un mercado semanal al que acudían gentes de toda la comarca con sus frutos y productos en ristre. En 1536 estrena la recoleta capilla del Cristo y diecinueve años más tarde las agustinas ermitañas fundan un hermoso convento. La guerra de la Independencia ensombreció su existencia, aunque en 1812 numerosos voluntarios de esta villa vencieron a las tropas de Napoleón en la finca que desde entonces se llama La Derrota. En la navidad del año 1873 vivirá el último episodio sangriento de su historia, con la contienda protagonizada por los carlistas de José Santes y los gubernamentales de Valeriano Weyler junto a la ermita del Cristo.

Del 1 al 6 de febrero celebra sus fiestas de San Blas, abogado de la garganta y patrón de la villa tras una cruda epidemia de difteria que asoló a la población de la villa en 1632, y en

Una pequeña y discreta plaza en el barrio más antiguo de Bocairent.

la que el santo intercedió para que cesara. En su honor, pintorescos desfiles de Moros y Cristianos llenos de color y exotismo se adueñan de sus calles desde 1830. Además, entre el 29 de agosto y el 2 de septiembre festeja a San Agustín y su hermosa plaza es entonces escenario de un antiquísimo baile popular denominado la *Dançá de Bocairent,* que se ejecuta con destreza y entrega desde tiempo inmemorial durante cinco noches consecutivas por estos amantes acérrimos de las tradiciones de su tierra. El *Cap de dança* es desde siempre una mujer casada que invita a bailar a las demás parejas de mayorales, hasta que el pueblo entero se suma a la coreografía repicando las castañuelas al compás de la melodía que marcan la *dolçaina* y el *tabalet*. Ellas, ataviadas con llamativas faldas y el tradicional jubón, engalanan sus peinados con argollas y *arracades,* mientras los varones visten media corta y ceñida de terciopelo, faja, armilla y pañuelo a la cabeza o *barret*. Los festejos se aderezan con la fina repostería bocairentin, que seduce el paladar de propios y extraños con mazapanes, *olieta* y *pericanas*.

El Calvario o Via Crucis (arriba) y la fachada del Ayuntamiento de la villa.

CULLERA (Valencia)

Cullera espera impaciente al Júcar en su desembocadura, asomada al mar desde el centro del arco que traza en la costa el Golfo de Valencia, orgullosa de ser uno de los centros turísticos estrella de la Costa Blanca. El turismo de masas ha transformado su primitivo rostro urbano, que convive sin demasiados reparos con las urbanizaciones y los conjuntos residenciales, mientras los naranjales festonean sus estimulantes calas. El caserío se despliega entre la ribera izquierda del río Xúquer y la montaña de Les Raboses para mostrar al mundo entero sus contrastes. El hermoso casco antiguo descansa en la ladera del monte con callecitas trepadoras y barriadas apiñadas, y el ensanche moderno sigue la orilla del río hasta la inmensa playa de fina arena de San Antonio, donde se alinean frente al mar infinitos bloques de apartamentos y avenidas de comercios de recuerdos. Su fervor religioso se encarna en cuatro iglesias, a cual más bella. La más antigua es la dedicada a los Santos Juanes, edificada en el siglo XVII sobre un primitivo templo gótico del que solamente se conserva una capilla. La iglesia de la Sangre y la de San Antonio de Padua se levantaron en 1953, y en 1969 la de San Vicente Mártir. El Hospital ocupa el antiguo convento que los agustinos fundaron en el siglo XVII, y a tiro de piedra de la desembocadura del Júcar se yergue la Torre de Marenyet, testimonio vivo de los tiempos de Felipe II. Ascendiendo por un caminito zigzagueante sembrado con las casillas del Calvario se llega a un hermoso templo de estilo neobizantino construido a finales del siglo pasado que domina la villa desde un contrafuerte del monte. Es el venerado Santuario de la Virgen de la Encarnación, la Mare de Déu del Castell para los cullerans. En las cercanías del templo,

El Santuario de la Virgen de la Encarnación, lugar de culto en toda Cullera.

Vista de las azoteas del pueblo desde el Castell, después de una tormenta.

los restos de un castillo erigido por los musulmanes sobre ruinas íberas y romanas se mantienen en pie a duras penas, conservando todavía parte de sus murallas y torres, como la legendaria de Santa Ana.
Los restos arqueológicos encontrados en la Muntanya del Castell permiten establecer una secuencia histórica continuada desde el Paleolítico hasta la época visigoda. La fortaleza de Cullera fue muy valorada en la Antiguedad porque su situación estratégica permitía controlar la costa y las riberas del Júcar a vista de pájaro. Jaime I se atrevió a atacarla, aunque desistió muy pronto y la destinó a refugio para aquellos musulmanes que no quisieran vivir en Valencia bajo el mando cristiano. Pero en 1240 entrega la mitad del castillo a la Orden del Hospital, reservándose la otra mitad para la Corona. En

1286 Cullera asciende a la categoría de Villa Real, aunque al poco tiempo cae en las manos de Al-Azraq. La Orden de Montesa se hace con su dominio en 1319, pero en 1364 Pedro el Cruel se la arrebata y en su poder permanecerá hasta que Pedro el Ceremoniso la reconquista y recontruye su castillo. Con Martín I el Humano accede a la autonomía municipal y se transforma en villa con voto en las cortes de Valencia. En 1550 el corsario Dragut osa atacarla y la población se resiste. En 1899 Cullera obtiene el título de ciudad.

Los cullerans viven entregados a sus modernas explotaciones agrícolas de regadío y a una pujante industria turística. Su talante marinero se alimenta de las capturas características de la pesca de bajura mediterránea, mientras que el Lago de l'Estany y sus cercanías pantanosas la surten de sabrosos ejemplares de agua dulce. Sus habitantes se regocijan cada año con las fiestas al Cristo de la Buena Muerte del mes de octubre, pero sólo se entregan en cuerpo y alma en las celebraciones dedicadas a su patrona, la Mare de Déu del Castell, en las que tiene lugar un acto religioso cargado de lirismo durante el sábado siguiente a la Pascua de Resurrección. Por la noche, los recios hombres del mar, ataviados con jersey negro y pantalón blanco, protagonizan la *Baixada* de su pequeña y delicada Virgen desde el santuario de la Virgen de la Encarnación hasta la playa. Allí le esperan las barcas que todas las tardes remontan la desembocadura del Júcar y subastan el pescado en la Lonja, pero esta vez engalanadas con bombillas de colores. Cuando los hombres se introducen en el mar con el paso iluminado, el pueblo entero reza el Rosario de la Aurora del Mar mientras amanece en el Mediterráneo. Al finalizar el ritual acuático lanzan bengalas desde las embarcaciones e inundan el silencio con el sonido de las sirenas. Tras la misa devuelven a la venerada Virgen a su trono-dorsel con vivas, aplausos y lágrimas, y marchan a desayunar el tradicional chocolate con la coca de cabello de angel. En el aire queda suspendido el clamor de un pueblo que ha recibido el día al grito de ¡Visca la Moreneta! ¡Visca la Patrona de Cullera!

En Cullera conviven, a decir verdad un poco apretados, marineros y turistas.

GANDÍA (Valencia)

Gandía, noble villa medieval y cuna de Francisco de Borja.

En la comarca valenciana de La Safor y circundada por huertas y naranjales, Gandía se deja invadir por la estrepitosa luz del Mediterráneo y por una avalancha de turistas que cuaja sus playas arenosas y poco profundas en el extremo sur de la Costa Blanca. Su casco antiguo se asienta en un llano junto a la margen izquierda del río Serpis, aunque el *boom* económico, comercial y turístico transfiguró su imagen urbanística, hasta engullir con su ensanche a los antiguos municipios de Beniopa y Benipeixcar. La Gandía medieval giraba en torno a las calles del Riu, hoy Canónigo Morell, Major y de la plaza del Santo Duque. Hacia ellas convergían otras callejas laterales formando un conjunto arquitectónico abrazado por una muralla que fue levantada a finales del siglo XIV. La judería resplandecía en el nordeste y la morería se ubicaba extramuros, con mezquita incluida. El siglo XVI se despide con continuos terremotos que asolan la villa y como por estas fechas se inicia su despegue económico, el cuarto duque de Gandía, Francisco de Borja y Aragón, prolonga sus defensas y abre cuatro puertas. Estas murallas desaparecieron a finales del siglo XIX, pero para la posteridad conserva tres torres. Una de ellas descansa entre el colegio de las Escuelas Pías y el río, otra se hace llamar el Torreón del Pino, y cierra la triología la Torreta de la calle de Pérez Culla. A tres kilómetros de este primitivo epicentro se localiza el Grau de Gandía, desde donde la villa se asoma al mar. En este barrio descansa su puerto desde 1893, justamente en la desembocadura del río San Nicolás. Se ufana de ser el primero de España en la exportación de cítricos, y es que no en balde Gandía es el país de las naranjas. Junto a él nos saluda el edificio del Club Náutico y a su izquierda se dilata la inmensa playa, flanqueada por un conglomerado de hoteles y bloques de apartamentos que llena por completo su kilométrico paseo de Neptuno.

La Colegiata de Santa María y el Palacio Ducal protagonizan su complejo munumental. Santa María fue en sus orígenes una mezquita árabe que Jaime I se encarga de incorporar al Reino de Valencia tras la Reconquista. A finales del siglo XIV, Alfonso el Viejo ostenta el ducado y costea su reconstrucción, ampliada más tarde por la duquesa María Enríquez, esposa del primer Borja de Gandía. Esta influyente familia obtendrá para ella la categoría de Colegiata en 1499 del papa Alejandro VI, noble condición que pierde casi cuatro siglos más tarde y recupera de nuevo en 1911. Se trata de un hermoso y sencillo templo de estilo gótico de una sóla nave y capillas laterales, en cuyo exterior destaca un magnífico rosetón y dos bellos pórticos. El magnífico Palacio Ducal, antigua fortaleza musulmana que los sibaritas duques de Borja transforman y convierten en su residencia durante los siglos XV y XVI, combina con sabia elegancia elementos góticos y renacentistas. En 1890 la Compañía de Jesús se hizo con él, y desde entonces es su morada. Una escalera de arcos apuntados une las diferentes plantas de este espectacular edificio, donde uno queda boquiabierto ante el salón de las Coronas, engalanado con soberbios tapices realizados por el jesuita Martín Coronas entre 1862 y 1928, la sala de los Carroç y Centelles, la celda–oratorio de San Francisco de Borja y la Galería Dorada, con sus cinco estancias profusamente decoradas bajo los cánones barrocos y sus primorosos techos de Gaspar de Huerta.

Gandía como tal brota en la España musulmana y ya en 1249 figura como cristiana en el Llibre de Repartiment de Jaime I. Como vivía a pecho descubierto, en 1305 Jaime II la exime de tributos durante un lustro para que gaste 25.000 sueldos en su amurallamiento. Dieciocho años más tarde dona la villa a su hijo el infante Pedro, pero la muralla sigue sin construirse. Alfonso I el Benigno insiste en lo mismo, cediendo al Ayuntamiento el derecho de sisa en 1387 para que proceda de una vez por todas a su fortificación. El 13 de abril del año 1399

El Ayuntamiento (arriba), y el pórtico sur de la Colegiata gótica de Santa María.

Martín I el Humano la eleva a ducado en la persona de Alfonso de Aragón, y desde 1485 pertenecerá a la casa de Borja en calidad de feudo. Cuando el siglo XV toca a su fin vuelve a la Corona transformada en villa señorial, y el segundo duque de Borja instala en ella una pequeña pero suntuosa corte. Son los años en que Gandía empieza a florecer impulsada por el cultivo de la caña de azúcar. El tercer duque de Gandía, Juan de Borja, se casa nada menos que con Juana de Aragón, nieta de Fernando el Católico y gobierna entre los años 1497 y 1543. Menos mal que la noble señora muere en 1520 sin que sus ojos vean como los gandians se ponen de parte de los agermanados, y eso que dentro de sus muros, que tanto se habían hecho esperar, hallaban cobijo la nobleza gandiense, los musulmanes de los contornos y

El Paseo que bordea la Colegiata de Santa María atraviesa el centro de la villa.

las tropas castellanas. En julio de 1521 la batalla de Vernissa da el triunfo a los rebeldes, que ocupan Gandía y su comarca, y fuerzan a los mudéjares a convertirse al cristianismo con bautizos en masa y por la fuerza de las armas.

Cuando el movimiento agermanado sucumbe, Juan de Borja vuelve a su amada villa. Su hijo Francisco le sucede desde 1543 hasta 1551, fecha en la que renuncia a sus títulos y bienes para ordenarse miembro de la Compañía de Jesús, delegando en su primogénito Carlos. Antes de retirarse de la vida mundana Francisco de Borja, canonizado en 1671, extiende la muralla e incorpora la Vila Nova al nuevo recinto en un afán de defender la localidad de los piratas turcos y de los corsarios a sueldo del rey de Francia. Este santo duque también ordenó construir un colegio que en 1548 será elevado a la categoría de Universidad por medio de una bula pontificia. Situada en el lugar que hoy ocupan las Escuelas Pías y regentada por jesuitas, fue muy renombrada en sus dos siglos de existencia y por ella pasaron figuras como Baltasar Gracián, Juan Andrés y Antonio Cavanilles. Tras el decreto de expulsión de estos religiosos en 1767, Carlos III procede a su supresión en 1772. A Sant Borja dedica Gandía sus fiestas del mes de octubre, y en la festividad de San José hace la competencia a Valencia con su plantada de fallas.

Gandía vivió en la prosperidad durante todo el siglo XVI, a expensas del cultivo de la caña–miel, de sus molinos para la manufactura de azúcar, y gracias a sus fábricas de aguardiente, confites, y toda clase de dulces. Con la expulsión de los moriscos de 1609 su suerte se trunca. Pierde más de un tercio de la población, en su mayor parte mano de obra especializada para los menesteres azucareros, y se queda sin armas ante el gigante americano y sus obedientes esclavos. De este duro golpe tardará más de ciento cincuenta años en recuperarse, y lo hará de la mano del rey Carlos III, quien esta vez impulsó en la villa con la fabricación de tejidos de seda, las pieles y la industria del ladrillo y el azulejo. Hasta finales del siglo XIX, las moreras y las pasas monopolizarán el campo, pero a partir de esta fecha los naranjos se harán los dueños del paisaje agrícola.

Galería, un detalle del interior y el patio principal del renacentista Palacio Ducal de los Borja.

Torre del colegio de los jesuitas donde estuvo, entre otros, Baltasar Gracián.

ONTINYENT (Valencia)

Las primeras manifestaciones de la artesanía textil de este pueblo del interior valenciano se remontan al siglo XIII. A finales del siglo XIV los jurados de Ontinyent le arrancaron al infante Enrique de Aragón el permiso para gravar con impuestos los retales de paño y lana que se vendieran dentro de la villa. Durante los siglos XVII y XVIII moraban en ella un sinnúmero de tejedores, hiladores, tundidores, cardadores y tintoreros que, conscientes de su poder, se organizan y fundan un gremio. El estricto cumplimiento de sus Ordenanzas proporcionó a sus tejidos una perfección técnica sin paragón, que con el correr de los años sería reconocida por el propio Carlos IV, al otrogar en 1804 a la Real Fábrica de Paños de Ontinyent la autorización para colocar el escudo de sus Reales Armas en el frontispicio de su edificio gremial, sito en la actual calle del Tirador. A mediados del siglo pasado la decadencia se apodera de esta floreciente industria, pero a partir de 1940 resurge con más fuerza que nunca, aunando talleres de diseño y las últimas innovaciones técnicas del utillaje. Produce toda clase de tejidos para el hogar en cantidad y calidad suficiente como para despuntar entre las veinticinco primeras empresas españolas exportadoras de textiles. Pero su poderío industrial dentro de la provincia de Valencia no acaba aquí. La construcción, la metalurgia y el ramo de la madera brillan con luz propia, sin olvidar sus prósperas fábricas de licores y embutidos, con unas morcillas en aceite que quitan el sentido.

En la zona meridional del Valle del Albaida y sobre un escarpado paisaje dominado por la sierra Grossa, Ontinyent descansa entre abruptas montañas como una moderna villa de casi 30.000 habitantes. Ibérico es el origen de esta

El centro de Ontinyent, con su espectacular torre de la iglesia de Santa María, con cimientos del siglo VI.

Atardecer en una pequeña plaza de la villa. Al fondo, la iglesia de San Rafael.

población, que integraba la Contestania, y el infante Alfonso de Castilla el primer cristiano en tomarla, aunque Jaime I la reconquista en 1245. En toda su historia la villa no se separó de la Corona, pero fue estratégicamente utilizada por los monarcas para compensar a familias y magnates varios. En su historia destaca el apoyo incondicional a los agermanados, la terrible crisis económica y demográfica que padeció en el siglo XVII y de la que no se recuperaría por completo hasta finalizar la guerra de Sucesión del siglo XVIII. En 1812 los franceses se ensañaron brutalmente con los ontinyentins. Como correspondía a una villa real de primera, gozó de voto en las cortes valencianas y en 1904 le fue concedido el título de ciudad.

El barrio de La Vila muestra su primitivo semblante sobre una colina bordeada por el río Clariano. Sus calles estrechas y empinadas, en otro tiempo abrazadas por una sólida muralla, nos transportan a la Edad Media en menos que canta un gallo. Junto con la monumental iglesia de Santa María, fue declarado Conjunto Histórico Artístico en 1974, y hasta nuestros días perduran los escudos nobiliarios de sus casas. En el templo de Santa María confluyen en armonía el estilo románico, el gótico y el renacentista. Se alzó sobre una mezquita árabe tras ser conquistada por Jaime I en 1245. Los cimientos de su esbelta torre pertenecen al siglo VI, y aunque la obra de mampostería finaliza en el siglo XV, hasta 1601 no se da por terminada. En una capilla lateral guarda una imagen de la Soledad atribuida a Mariano Benlliure. Pero si de capillas se trata, la de la Purísima se lleva todos los honores. Es una obra de la segunda mitad del siglo XVII donde se rinde culto a una imagen de plata realizada en 1625 y que desde 1642 es patrona de Ontinyent. En el mes de diciembre la agasajan con su fervor mariano, previa advertencia de Els Angelets del último domingo de noviembre. Es una tradición que se remonta a 1622 y en la que ocho colegialas de La Milagrosa que se distinguen por su dulce trino, anuncian con sus coplas la cercana festividad de la Purísima disfrazadas de tiernos ángeles. También de Santa María es el puente que se eleva sobre el Clariano, construido en 1953.

Un imponente arco central de 60 metros de altura comunica la villa con un populoso barrio periférico. Ontinyent es villa de iglesias. La de San Carlos Borromeo perteneció al convento de jesuitas que se instaló en la villa en 1703. La hermosa iglesia de San Rafael es obra del siglo XIV y conserva una escultura del Cristo Yacente de Benlliure, mientras que la de San Francisco formó parte de la abadía de religiosos franciscanos observantes. Otros templos son los de San José y San Rafael, y el de la Preciosísima Sangre. Por si fuera poco, cabe mencionar también un convento de monjas carmelitas de clausura papal de 1575 y un hospital regentado por las Hijas de la Caridad de San Vicente de Paul que da acogida a ancianos y niños desamparados. En las afueras de la ciudad destacan la ermita de San Esteve y la de Santa Ana, en la que se venera desde 1553 al Santísimo Cristo de la Agonía y en cuyo honor Ontinyent celebra sus coloristas fiestas de Moros y Cristianos en la última semana de agosto.

Construcciones escalonadas en el centro del pueblo.

REQUENA (Valencia)

La moderna Requena se da a conocer en el mundo entero a través de sus ricos caldos, con espumosos naturales, especialmente los rosados. Acogidos y protegidos bajo la denominación de origen Utiel–Requena, son demandados por numerosos países europeos y dentro de nuestras fronteras se consumen en Asturias y el País Vasco, mientras que las bodegas de Jumilla, Cariñena y Rioja lo solicitan para dar color y fuerza a sus vinos. Sus jóvenes Fiestas de la Vendimia hacen las delicias de los amantes del buen yantar desde 1947. El primer domingo de septiembre y los tres días anteriores, la villa se convierte en un inmenso chiringuito donde el rico caldo se escancia a raudales, acompañado con exquisitos embutidos para no perder la cabeza, aunque con el morteruelo requenense se le hacen los ojos chiribitas a cualquiera. Los festejos religiosos corren a cargo de la tradicional Feria y Fiesta de los Dolores, pero como se celebra a últimos de agosto coincide irremediablemente con la Vendimia y vuelve a convertirse en una exaltación de sus vinos.

Desde la época de las cavernas Requena acogió asentamientos humanos, y con el apelativo de *Rocuna* aparece en los primeros documentos históricos del mundo visigodo. Con los musulmanes saboreó las mieles de la fama a costa de sus caballos y jinetes, bajo los nombres de *Rocuina, Rekina o Rechena*. En el siglo XII Ramiro II de Aragón y Alfonso VIII de Castilla fracasan en sus intentonas y tendrá que llegar un arzobispo, de Toledo para más señas, llamado Rodrigo Ximénez de Rada a conquistarla para un rey, Fernando III de Castilla, en 1219. A partir de este momento y durante muchos siglos, quedará encadenada a este reino como enclave estratégico y fronterizo frente al de Valencia.

Panorámica de la villa de Requena desde el viejo puente sobre el río Magro.

Alfonso X le otorga carta puebla en 1257 y nueve años más tarde el Fuero de Requena. En la segunda mitad del siglo XV Enrique IV de Castilla entrega la villa al conde de Castrojeriz y al poco tiempo la ostenta el marqués de Villena, pero cuando Isabel I sube al trono castellano vuelve a su condición de realengo. En esta época es ya una población artesana e industrial, entregada a la fabricación al por mayor de tejidos de seda y lana. Su poderío textil floreció hasta mediados del siglo XIX con medio centenar de telares sederos, pero hoy sólo queda como botón de muestra un pequeño taller especializado en vestidos y capotes de torero. En defensa de sus intereses, los comuneros requenenses se pondrán de parte de los agermanados, y su participación será decisiva en la triunfal batalla de Gandía. En la Edad Moderna estrecha sus lazos con Valencia, entre otras cosas porque muchas familias valencianas contribuyeron a engrandecer su industria textil, introduciendo a finales del siglo XVII modernas técnicas de tejido e incrementando las plantaciones de moreras. En la guerra de Sucesión los requenenses apuestan por el Borbón, quien tras la batalla de Almansa de 1707 les concede privilegios y da a la villa el título de Fidelísima. Tras la ordenación territorial de 1851, las comarcas de Requena–Utiel y Villena se incorporan al Reino de Valencia.

La Villa, las Peñas y el Arrabal son los tres barrios que configuran su contrastada imagen urbana. El primero se alza sobre un promontorio y en él descansa la Requena monumental e histórica, declarada Conjunto Histórico Artístico en 1966. Hasta mediados del siglo XIX la ceñían murallas y torres, hoy vivas en la zona norte, donde se conserva un muro de su pasado musulmán con dos torreores coronados en ladrillo. Muy cerca se alza la torre del Homenaje de la antigua fortaleza, construida en el siglo X. Hasta anteayer hizo las veces de cárcel y hoy alberga el Museo del Vino y el Museo Arqueológico. Por sus calles laberínticas no pasan los siglos, y la Edad Media se respira en sus bellos callejones de Segura y Paniagua, este último con connotaciones mudéjares, como ocurre en la Plaza de la Villa o en al arco del Ovejero. El templo de

La Plaza de la Villa, que todavía guarda todo el sabor de viejos tiempos.

Dos magníficas portadas góticas adornan el pueblo de Requena. A la izquierda la de San Salvador, y a la derecha, frente al pintor, la de la iglesia de Santa María.

Santa María es la estrella de la parte oriental, gótica en su origen y hoy enmascarada con adornos y elementos barrocos y neoclásicos. En su imagen se impone la poderosa torre rectangular que antaño cumpliera funciones defensivas y la hermosa portada gótica del siglo XV. Una portada semejante pero protagonizada por la imagen de San Salvador luce en la iglesia del mismo nombre, que se alza entre la anterior y la fortaleza con su estilo gótico. El palacio del Cid del siglo XV, la casa de Santa Teresa y la del Santo Oficio, orgullosa de su escudo con atributos pontificios, también ennoblecen esta parte de la ciudad. En el barrio del Arrabal descansa el que fuera convento del Carmen, en cuya iglesia nos sorprenden los bellísimos azulejos que recubren el zócalo, mientras que en la barriada de las Peñas brilla la ermita de San Sebastián. En la Plana de Utiel, el pueblo de Requena resplandece a casi un kilómetro de la margen izquierda del río Magro, de modo que por más que se empina no puede reflejarse en sus aguas.

SAGUNT (Valencia)

Los orígenes de este pueblo histórico se pierden en las tinieblas de un remoto pasado. Algunos autores atribuyen su fundación a colonos griegos procedentes de la isla jónica de Zakynthos. Para otros hunde sus raíces allá por el siglo V a. de C., al calor de un poblado ibérico asentado en lo alto del cerro del Castell que habría tenido el nombre de *Arse*. La denominación de Sagunto quizá llegará dos siglos más tarde, coincidiendo con la romanización. El caso es que desde su más tierna infancia este pueblo indígena triunfa en el tráfico marítimo y mantiene una intensa relación comercial con los romanos, convirtiéndose en su fiel aliada ante los trágicos hechos que se avecinan. Cuando los cartagineses aparecen en escena intentan una y otra vez apoderarse de la plaza. El Tratado del Ebro del año 226 anterior a nuestra era, pondrá fin a la polémica con el reparto de una suculenta tajada: la costa mediterránea de la Península entre las dos potencias de la época. Roma se hace con los territorios situados al norte del Ebro, y los de Cartago regentaran los del sur, con lo que Sagunt queda bajo el dominio cartaginés, aunque en un principio será respetada como protegida de los romanos.

Pero Aníbal, que no se andaba con chiquitas, decide atacarla y conquistarla y es entonces cuando los saguntins harán gala de su ejemplar heroismo, perpetuándose en los anales de las historia al preferir la muerte antes que rendirse al invasor. La ciudad estuvo sitiada durante ocho largos meses y al filo de sus fuerzas, sus habitantes intentarán pactar con el enemigo. Pero las condiciones exigidas por el general catarginés serán tan duras que optaron por aguantar hasta el final. En este punto de la historia la leyenda se apresura a contarnos que los saguntinos

Sagunt visto desde el Vía Crucis en día de tormenta.

encendieron una inmensa pira en la que ardieron sus riquezas y aquellas personas no válidas para el combate, mientras que los restantes entregaron su vida en la última batalla.
Los hermanos Escipión se la arrebatan y los supervivientes del desastre reconstruyen la ciudad en la ladera del monte del Castell, transformándose lentamente en una ciudad romana de lustre, que en tiempos de César obtuvo la categoría de municipio de derecho romano. Entre el año 75 y 74 vivió bajo el poder sertoriano,

Los tejados del pueblo vistos desde la colina del teatro romano y una panadería.

para volver a los brazos de Roma y sumergirse de lleno en la historia del Imperio. En el siglo VIII y al mando del fiero Tariq, los árabes ocupan Sagunt y la bautizan con el nombre de *Murbaitar.* Como plaza fuerte que defendía la entrada desde Aragón o Cataluña hacia Valencia cobra un gran protagonismo, y el propio Cid Campedor la ocupa en el año1098. Entre los años 1238 y 1239 formará ya parte integrante del reino cristiano creado por Jaime I y comienza a llamarse *Morvedre,* aunque tras la guerra de Sucesión los borbones castellanizan el vocablo para llamarla *Murviedro.* Finalmente, en 1869, adopta de nuevo el nombre romano de Sagunt. Durante la guerra contra los franceses será asediada y castigada severamente en 1811 por el general Suchet. Sagunt introducie entonces en la historia un héroe local, un tal Josep Romeu. Para su capa, la ciudad guarda haber sido escenario de la proclamación de Alfonso XII como rey de España de la mano del general Martínez Campos, es decir, espectadora de lujo de la Restauración de los Borbones y el fin de la República. Orgullosa de su ilustre pasado, Sagunt guarda las puertas de Valencia por el norte y se deja bordear por el río Palancia que se precipita hacia el Mediterráneo en su desembocadura en medio de una costa envuelta en caprichosas formas, esculpidas por las dunas. Desde el siglo XVIII hasta finales del XIX fue tierra de viñedos y puntera exportadora de vinos y aguardientes a Francia. Pero tras los estragos causados por la filoxera a principios del siglo XX, como hemos dicho, los cítricos se apoderan del paisaje agrícola del Campo de Sagunt. Su actividad pesquera ocupa los vagones de cola en la costa valenciana, con una pesca litoral donde triunfa la sepia. En el presente siglo la villa se zambulle en una frenética actividad industrial basada en una siderurgia potenciada por intrépidos finan-

El escenario del restaurado teatro romano de Sagunt, construido en la época de Septimio Severo.

El cerro *dels Castells*, con construcciones de origen árabe y elementos romanos, visto desde el Teatro.

cieros vascos y en la exportación de agrios. Al sur de la desembocadura del Palancia y a cinco kilómetros del casco antiguo, emergió una ciudad paralela, que es la barriada del Puerto; entre ambas casi llegan a rozar los 50.000 habitantes. Las vecindarios obreros se apiñan monótonos y cuadriculados frente al muelle y la factoría, mientras que en la playa emergen edificos hoteleros y zonas residenciales. En contraste con esta imagen, la primitiva Sagunt aprovecha para lucir sus rancios encantos. Entre restos de su primitiva muralla, calles tortuosas y empinadas se desparraman desde la calle Mayor, situada en la parte más baja de la villa y llena de reminiscencias góticas, hacia la falda septentrional del cerro del Castells, atravesando su típico barrio de la morería. Su enorme castillo alcanza los 750 metros de longitud y en él dormitan restos romanos, visigodos, árabes y cristianos. La Torre del Hospital y los Tres Castellets formaban parte del recinto exterior y conservan ciclópeos vestigios prerromanos. La Plaza del Mercado seduce al visitante con su acusada pendiente y sus soportales pétreos, en donde hasta puede contemplarse algún que otro capitel romano. En la parte más alta se levanta la iglesia gótica de Santa María, con su moderno campanario y una hermosa portada plateresca. En la misma plaza Mayor se percibe lo que fue el almudín medieval y su ilustre ayuntamiento del siglo XVIII. Del siglo XIII es la iglesia de San Salvador, con elementos románicos y góticos. Pero el Teatro de Sagunt, construido en la época de Septimio Severo y Caracalla, y hoy marco de interesantes festivales de música y teatro, es el plato fuerte de la villa de Sagunt. Junto a él, los innumerables restos de las civilizaciones que pusieron los pies en estas tierras se exhiben, para gloria de la historia de esta ciudad, en el interesante Museo Arqueológico de la localidad.

XÁTIVA (Valencia)

Xátiva es la villa de las mil fuentes, poseedora de Colegiata y cuna de ilustres personajes, entre ellos dos Papas: Calixto III y Alejandro IV, ambos Borja, y del pintor José de Ribera. Sobre el monte Vernissa y dominando la villa desde lo alto, el castillo de Xátiva será convidado de piedra de una larga y ajetreada historia. Desde sus ciclópeos muros se divisa una panorámica privilegiada del sureste valenciano que abarca la comarca de la Ribera, los arrozales de la vera del río Júcar y el azul turquesa del mar Mediterráneo. Está formado por dos núcleos diferentes, el Castell Vell o Major y el Castell Nou, unidos por un sólido sistema de murallas que abrazan un amplio recinto con treinta torreones. Este monumento nacional ha sido fortaleza de todas las civilizaciones que moraron en Xátiva y cárcel de ilustres hombres, como los infantes de la Cerda o de Jaime d'Urgell. Su compacto caserío se derrama por la ladera norte de este cerro y el paseo de la Alameda marca la frontera entre dos estéticas de una misma villa. La parte alta, serpenteada por calles estrechas y tortuosas y la zona del llano, con rectas avenidas y espaciosas plazas. La primera, heredera de la Xátiva primitiva, nace en la Edad Media y permaneció amurallada hasta finales del siglo XIX con un trazado irregular que se ajusta fielmente las curvas de nivel que marca la orografía. La calle Montcada es la más bella, señorial y aristocrática de toda la ciudad, rematada con dos plazas: la de Tetuán con su fuente neoclásica, y la del Cid, de la que brota otra gótica del siglo XV. Las casas blasonadas lucen amplios patios en los que mana el líquido vital con lo que, entre públicas y privadas, Xátiva da cobijo a unas cincuenta fuentes. Junto a una de ellas se levanta el convento de

Panorámica de Xátiva, con la Seo de Santa María, del siglo XV, en primer plano. Debajo, vista aérea de una de sus calles principales de la villa, al atardecer.

San Agustín del siglo XVII, hoy Ayuntamiento, y el de Santo Domingo de finales del siglo XIII. Las rúas tranversales se escalonan hacia el castillo, y una de ellas aloja el Almudín árabe o almacén de trigo, que aunque enmascarado en su fachada, se reserva un delicado patio de columnas toscanas de finales del siglo XVI. En nuestros días alberga el Museo Municipal, con interesantes obras de Ribera, Vicente López y Benlliure, una pila árabe del siglo XI, arcos de herradura y yeserías mudéjares del siglo XIII. En esta zona descansa, aislada, la ermita de Sant Feliu, erigida en el siglo XIII sobre la que fuera su catedral visigótica en el VI, que fue declarada Monumento Nacional en 1930. De estructura gótica y nave única, nos seduce con un techo a dos vertientes de madera policromada. En la fachada lateral llama la atención un espléndido atrio apoyado en seis columnas de jaspe rosa, una de ellas estriada, que proceden del antiguo templo. A un tiro de piedra se encuentra la ermita de San José, construida al despuntar el siglo XIX, y cuya fachada principal se abre a una torre de la antigua muralla. Pero el edificio por excelencia de esta noble villa es el templo renacentista elevado a categoría de Colegiata por Benedicto XIII en 1413, la Seo de Santa María para los xativins. Monumento Nacional desde 1931, las obras se inician en 1569 sobre las ruinas de una mezquita musulmana. Su planta de tres naves y crucero, se engalana con girola, imponente cúpula y un campanario cuadrado rematado con templete. El altar mayor aloja una imagen de la Verge de la Seu, patrona de Xátiva, atribuida a Benlliure. Los Borja pontífices la agasajaron con generosos donativos materializados en tallas y pinturas valencianas del siglo XV, valiosas piezas de orfebrería y joyas litúrgicas. En esta misma plaza y frente a ella, compite en elegancia con esta iglesia el edificio del Hospital Municipal fundado por Jaime I y reconstruido en el siglo XVI. Aúna fachada renacentista, una puerta de estilo plateresco y otra lateral de estilo gótico tardío. Cuatro iglesias más, junto con múltiples oratorios y ermitas dispersas en las afueras de la ciudad, como la que se alza majestuosa sobre el cerro de El Puig, dan testimonio del fervoroso pasado de una población, no hay que olvidarlo, que dio dos Papas al gobierno de Roma.

Las fértiles tierras de la comarca valenciana de La Costera fueron codiciadas ya por los cavernícolas, como dan fe los restos paleolíticos hallados en la Cova Negra. Con el nombre de *Saitabi*, un brillante asentamiento íbero se instala en lo alto del cerro del Castell. Junto con *Arse* o Sagunt, fue la única localidad en la región que acuñó moneda ibérica. Tras la paz romana, la población se extendió hacia el llano, y se la conoció con el nombre de *Saetabis Augusta*. Su estratégica situación geográfica y el poder de su sector textil en torno al lino la convertirán en municipio de derecho latino y de nuevo en centro emisor del vil metal. Durante los siglos VI y VII, en pleno dominio visigodo, *Saetabis* se convierte en Sede Episcopal. Con la llegada de los musulmanes será *Medina Xateba*, y en ella construyeron una imponente fortaleza, a cuyos pies la ciudad se dejaba ceñir por fuertes murallas de piedra. Su florecimiento en torno a la industria del papel y su rica huerta obligaron a la población a ensancharse ladera abajo, y vuelve a cercarse. Mientras los cristianos seguían aferrados a sus pergaminos, los musulmanes gozaban de un alto nivel de producción y consumo de papel, siendo especialmente alabado el de Xátiva por su inigualable calidad, y ya entonces se exportaba a Italia, Egipto y Oriente. Dentro del Al-Andalus, *Xateba* fue un importante centro cultural durante los siglos XI, XII y XIII, generador de un sin fín de nombres ilustres entre los que destacan historiadores, jurisconsultos, médicos, poetas y literatos. En 1244 Jaime I acaba con su esplendorosa etapa musulmana, y seis años más tarde, el Conquistador la obsequia con una feria de diez días, que hoy sigue celebrando por todo lo alto del 15 al 20 de agosto. Por su fidelidad a Pedro el Ceremonioso durante la guerra de la Unión, consigue el título de ciudad en 1347. Será indiscutible centro agermanado, y se alzará en favor del archiduque Carlos de Austria en la guerra de Sucesión. Defendió su plaza con arrojo, pero en 1707 los partidarios de Felipe de Anjou expulsaron a su población y condenaron la villa a las llamas y a la pérdida de su nombre. Para escar-

Una de las hermosas ermitas que jalonan el camino que conduce al castillo.

El hermoso atrio de la ermita de Sant Feliu y una vista de la villa de Xátiva desde el cerro del castillo.

nio de sus gentes se la bautizó con el de San Felipe, sambenito que mantendrá hasta que las Cortes de Cádiz le devuelven el suyo propio en 1811. Con la guerra de la Independencia vuelve a ser atacada por los franceses, y durante las guerras carlistas del siglo XIX se transforma de nuevo en escenario bélico.
La Xátiva de hoy basa su prosperidad en las industrias conserveras, químicas y papeleras, junto con el cartonaje, la construcción y los textiles. A ellas se une la inagotable riqueza de su huerta, en la que destacan sus famosos cítricos. Por fin, y si de fiestas se trata, son muy renombradas la Semana Santa y las fiestas de agosto, en las que no faltan las batallas florales y los fuegos de artificio, en los que sus habitantes son verdaderos especialistas. En sus típicos mesones se puede degustar un exquisito arroz al horno, estofado de buey al vino tinto, una característica sopa de cebollas y rape con almejas. Y si al visitante aún le queda hambre no hay que perderse sus deliciosos postres caseros y sorbetes.

Dos construcciones señoriales en el centro de la ciudad.

ALCOI (Alicante)

Como todos los años desde 1276, los alcoyanos conmemoran la Reconquista con sus renombradas fiestas de Moros y Cristianos, declaradas de interés turístico y arquetipo de otras que se celebran en la región. Trajes, armas y maquetas descansan en su Museo de la Fiesta, que custodia este patrimonio cultural y artístico con mimo y esmero. Durante el 22, 23 y 24 de abril el pueblo en masa toma sus calles repletas de bombillas, tapizadas de confeti y juguetonas serpentinas, donde ondean miles de banderas blancas con la cruz de San Jorge y otros tantos gallardetes con la media luna del Islam. Se inaguran con la *Nit de l'Olla,* que convoca a todos los *festers* para cenar habichuelas muy cocidas con abundante cerdo. Con el estómago a reventar y la cuchara en el bolsillo de la chaqueta marchan para que las mujeres les vitoreen y aplaudan. Y es que el hombre es el protagonista indiscutible y se le trata con honores de guerrero. En un derroche de policromía y ante un gentío apiñado en las aceras, las tropas cristianas desfilan por la mañana, mientras que la tarde se viste de chilaba y turbante de seda, al compás de una música creada específicamente por los compositores locales. Al caer la noche Alcoy ha recibido ya a los dos ejércitos que al día siguiente lucharan a brazo partido por su posesión. Desde niños aprendieron el manejo de los trabucos y arcabuces de fabricación alcoyana. Las huestes del caudillo Al–Azraq, tras estafeta y embajada, toman el castillo y la media luna sucede a la cruz. Como los fieles no se resisten a perder la villa, por la tarde arremeten contra el invasor y le vencen. En la fortaleza aparece la imagen de un niño sobre un corcel blanco que encarna a Sant Jordi, símbolo del triunfo de una batalla

Alcoi, lugar donde son tradicionales las fiestas de moros y cristianos.

Uno de los puentes nuevos que dan acceso a los barrios periféricos de Alcoi.

espiritual. La pólvora se masca en el aire y para hacer frente a su regusto acre no hay nada como degustar la exquisita olla alcoyana u *olleta de músic,* a base de judías, carne de cerdo, asadura, botifarra de carne y arroz, o la típica pericana de bacalao, pimientos secos, pebrera y ajos, junto con arroces, manitas de cerdo hojaldradas y solomillo relleno de bogabante.

En el norte alicantino, Alcoy señorea una accidentada orografía de escarpadas sierras y profundas hoyas como capital de la comarca de El Comtat. Se asienta sobre una colina a 562 metros de altitud y a sus pies se precipita un gran barranco surcado por el río de Alcoi, llamado Serpis en sus tramos posteriores. Recoge las aguas de los ríos Barxell y Molinar, que también atraviesan la villa para confluir en el nordeste de su casco urbano, confiriéndole una peculiar estampa de elevados puentes y viaductos que ponen en contacto sus distintos barrios. Su afición industrial le viene de antiguo, con los famosos textiles de origen musulmán que surgen al calor de sus corrientes fluviales, y la manufactura de papel de tinta y molino, cuya solera

compite con la de Xátiva y la hará famosa siglos más tarde con su fino papel de fumar. Ambas actividades económicas gozan de buena salud en la actualidad, junto con la siderurgia, las artes gráficas y su tradicional artesanía confitera, en la que destacan las peladillas, los turrones, el *torrat ensucrat* y los pasteles de carne de ascendencia árabe. También se elabora aquí una refinada licorería en la que se destaca con un producto netamente alcoyano: su típico café–licor o *café gelat.*

Panorámica sobre las casas del pueblo y las torres de la iglesia de San Jorge.

Jaime I la cristianiza en 1244, y en 1276 padece el legendario alzamiento de Al-Azraq. Cuando llega la paz, pasará a depender del almirante de Aragón Roger de Lauria, pero a mediados del siglo XV Alfonso el Magnánimo la incorpora a la Corona, concediéndole el privilegio de voto en las Cortes valencianas. Agermanada por naturaleza, participa activamente en la sublevacion de los siglos XVI y XVII. En la guerra de Sucesión apostará por el archiduque austriaco, pero los borbones la obligan a rendirse en 1709 bajo amenaza de incendio. El general O'Donell se encarga de expulsar a los franceses, que la habían tomado en 1812. Sus casas se apiñan en calles blancas y estrechas que trepan hacia lo alto, cuajadas de macetas y tejados tapizados de verde musgo, presididas por la brillante cúpula azul de su iglesia. Su embrión creció primero junto al río, después sobre él y luego más allá, dando vida a dos ciudades superpuestas de irregular trazado. La vieja Alcoy salva los desniveles con calles escalonadas. La plaza Mayor, constituida por el que fue el convento de San Agustín, y la plaza de España, que alberga la Casa Consistorial en un noble edifico del siglo XIX poseedor de una interesante pinacoteca de autores locales, son sus centros neurálgicos, comunicados entre sí por el pintoresco pasaje de San Agustín. En la recoleta placeta del Carbó se encuentra la antigua Casa de les Corts, hoy Museo Arqueológico Camilo Vicedo, donde se exhiben numerosas huellas de la época de las cavernas y un rompecabezas de piezas pertenecientes a los resplandecientes poblados íberos del Puig y la Serreta. Durante la guerra civil española perderá parte de su patrimonio artístico, encarnado en las iglesias de San Agustín, San Mauro y Santa María, hoy de nueva planta. Tan sólo el hermoso templo del Santo Sepulcro del siglo XVI, que perteneció al cenobio de las Agustinas Descalzas, quedó en pie después del desastre. Aunque en 1317 ya existía una ermita dedicada a San Jorge (estuvo en obras desde mediados del siglo XVII hasta el XIX) en 1913 se procedió a su demolición; el actual templo se bendijo ocho años más tarde. La decoración de su impresionante ábside y del altar mayor corrió a cargo del pintor Cabrera y el escultor Ridaura. En contraste con su estética medieval, Algepsars, Tossals, Beniata y Les Eres representan las barriadas obreras de una villa que sobrepasa hoy los 60.000 habitantes.

La Plaza Mayor, con la Casa Consistorial del siglo XIX, a la izquierda, y la iglesia–convento de San Agustín al fondo.

ALTEA (Alicante)

Naranjos, nardos y jazmines impregnan de delicados aromas los pueblos de la costa alicantina, tomados por las pastelerías, los jardines y el insistente rumor de las olas. Altea nos deslumbra con la blancura impecable de su abigarrado caserío, que se deja impregnar por la estrepitosa luz del Mediterráneo en el privilegiado entorno de La Marina Baja. Torrada por el astro rey y envuelta en las brumas marinas matinales, la villa contempla la inmensidad del mar desde una colina, guardándose las espaldas con la escarpada sierra de Bernia, donde reposan los restos de un antiguo castillo–fortaleza. Las casas de cal brindan sus azoteas al sol, y se engalanan con primorosas rejas de color negro y exuberantes plantas de aire tropical e intensos colores. El anárquico conglomerado salpicado de irregulares vanos y arcadas asciende hacia los sillares desnudos del campanario de su hermosa iglesia de la Virgen del Consuelo, que recalca su protagonismo con el centelleo de dos cúpulas añiles, de claras reminiscencias árabes. Este templo elegante y sobrio, construido a principios de este siglo, preside su plaza empedrada y de ella parten numerosas calles de típico sabor mediterráneo que se precipitan hacia el barrio marítimo, inundado de gaviotas, pesqueros y embarcaciones deportivas, y en dirección a su peculiar playa de cantos rodados. El que fuera un pequeño pueblo de humildes pescadores se ha convertido en un destacado centro turístico dentro de la bellísima Costa Blanca. Pero Altea ha sabido conservar su pintoresco tipismo levantino a flor de piel, haciendo las delicias de los turistas procedentes de todas partes del mundo, y engatusando con sus encantos a muchos de ellos hasta el punto de que miles han establecido en esta villa su residencia.

Altea, un blanquísimo conjunto de casas que guarda las espaldas de la Sierra de Bernia.

A 51 kilómetros de Alicante, su municipio se asienta en una estrecha llanura litoral a los pies de la vertiente sur de las montañas de Bernia. Su costa norte, accidentada por diversos cabos, da vida a recoletas calas que invitan al chapuzón relajado, mientras que la zona sur se corresponde con la ensenada de Altea, de buen fondo y salpicada de playas de arena y cantos rodados. El río Algar atraviesa sus dominios de barrancos y altozanos de noroeste a sudeste, y entrega sus aguas al Mediterráneo al norte de la villa. Entre su desembocadura y la barra de la Galera emergen sobre el mar los islotes de la Olla, de reducida extensión y escasa elevación pero que aportan su granito de arena a la belleza del paisaje que rodea a este pueblo costero. De sus tierras de secano brotan a millares los almendros, algarrobos, olivos y cereales, mientras que el regadío está capitaneado por los naranjos, los frutales varios y las hortalizas. Sin embargo la pesca es la actividad por excelencia, con un puerto que ostenta orgulloso el cuar-

Pequeñas villas con huertos salpican los alrededores de Altea. En la página siguiente, una panorámica desde el paseo marítimo y la iglesia de la Virgen del Consuelo.

Plaza

to lugar dentro del litoral valenciano, bien surtido de abundantes sardinas, caballa, bonito, llobarro y bogas. Su tradición marinera nace en el siglo XVIII, fecha en la que ya poseía barrio de pescadores, llamado el Raval del Mar. Dato curioso y reseñable es que en el siglo XIX aprovechaban la nieve de la sierra Aitana para conservar el pescado en su viaje hacia el interior. La construcción naval también tiene solera para los alteans, que aún hoy se afanan en la construcción de barcas de pesca y deportivas. A sus industrias conserveras y fábricas de materiales de construcción, se une una fuerte corriente turística que ha dado pie a la instalación de numerosos hoteles, complejos residenciales y gran número de comercios que hacen frente a la avalancha de turistas en la época estival.

Los asentamientos íberos de estas tierras alicantinas perduraron hasta bien entrada la romanización e incluso pervivieron hasta la llegada de los musulmanes. Se han encontrado restos cerámicos de esta primitiva civilización en Cap Negret, en el Castellet de l'Ama, en la Cova dels Coloms, en la Pila y en el Tossal de la Vila. Los romanos dejaron su huella en Altea la Vella, donde además existe un manantial de aguas con propiedades diuréticas, y aún quedan en pie los vestigios de un acueducto, popularmente conocido por Els Arcs. Cuando los árabes se instalaron en nuestro suelo, Altea perteneció a la taifa de Denia, y de ellos heredará su afición por los dulces y los azulejos. En 1244 Jaime I el Conquistador la gana para la causa cristiana y procede a su poblamiento con familias catalanas. Según el Fuero de Valencia, su hijo Pedro III el Grande le concedió carta–puebla en 1279, aunque en el siglo XVI fue repoblada por tercera vez de la mano de Francisco Palafox. Durante esta época histórica padeció en sus carnes ataques constantes por parte de los temibles piratas berberiscos que asolaron la región, y por esta razón siempre estuvo abrazada por sólidas murallas, de las que hoy no queda rastro alguno. En la guerra de Sucesión los habitantes de la ciudad se pusieron de parte del archiduque Carlos de Austria, pero los partidarios de los borbones saldrían triunfantes del conflicto y tomarían más tarde durísimas represalias.

La plaza de la iglesia por la mañana, cuando todavía no han llegado los turistas.

Las flores adornan la mayoría de las estrechas y luminosas calles de Altea.

Altea dedica sus fiestas a San Blas, patrón de la villa, a San Pedro Apóstol, alma de los pescadores y al Cristo del Sagrario. Además, siente predilección por las romerías que celebra en torno a las múltiples ermitas que emergen en sus cercanías como auténticas apariciones. En Capblanc se entrega a la de San Antonio del 13 de junio y a la de Santiago del 25 de julio. La de Santa Ana de Altea la Vella acontece un día depués y el 10 de agosto tiene lugar la de San Lorenzo, situada en la Olla de Altea. Si en alguna de estas fechas uno coincide por esta tierras no podrá resistirse a la tentación de hacerse romero por un día. En un enclave natural de lujo, la meriendilla sabe a gloria. Amenizada al son de la dulzaina y el tambor, la ocasión la pintan calva para empaparse de las danzas tradicionales levantinas. Al llegar a la villa por la noche merece la pena colarse en cualquiera de sus restaurantes y saborear su exquisito arroz a la banda y los suculentos pescados recién cogidos, con sabor a Mediterráneo.

BIAR (Alicante)

Las bien pertrechadas huestes de Jaime I se las vieron y se las desearon para tomar la fortaleza de este pueblo del noroeste alicantino, último bastión de la resistencia árabe donde tuvo lugar la que seria su última batalla por la reconquista del Reino de Valencia. Su ubicación estratégica le situaba peligrosamente en los límites de las conquistas de Aragón y Castilla, y el tratado de Cazorla de 1179 se encargará de establecer la frontera territorial entre las dos coronas en el puerto de Biar, decisión que será confirmada en Almizra en el año 1244 con la asignación del pueblo de Villena para los castellanos y el de Biar para los aragoneses. En la encarnizada defensa que los musulmanes hicieron de este valle, a su imponente castilllo le tocó jugar el papel de baluarte inexpugnable y el Conquistador necesitó cinco meses de asedio antes de que los árabes en él atrincherados se le rindieran en el año 1245. En 1287 se transforma en villa real con voto en las Cortes valencianas, y a pesar de los pactos, su condición fronteriza la convierte en escenario perpetuo de combates y escaramuzas entre ambos reinos durante los siglos XIV y XV. En 1356 resistió estoicamente el cerco de las tropas de Pedro I de Castilla y hacia 1370 otro Pedro, pero esta vez el Ceremonioso, declara su castillo propiedad de la Corona, aragonesa claro, de la que no podrá segregarse ni venderse bajo ningún concepto. Durante la guerra de Sucesión apoyará incondicionalmente a Felipe V, rechazando como un valiente al ejército austríaco. Cuando los soldados de Napoleón irrumpen en nuestro suelo, defiende con uñas y dientes el puerto de Biar e impide el paso hacia la codiciada hoya de Castalla, librándose una encarnizada batalla en 1813 en estas tierras entre franceses e

Casona palaciega y la torre de la iglesia de la Asunción, en el centro de Biar.
En la página siguiente, diferentes vistas de calles y plazas de la villa alicantina.

ingleses, en la que vencieron los primeros. A 754 metros de altitud, la fortaleza de Biar se ajusta como una segunda piel a la irregular orografía del cerro sobre el que se asienta y parece orgullosa de su noble condición de Monumento Nacional. Este castillo almohade levantado en el siglo XII y objeto de innumerables reconstrucciones y reforzamientos por parte de los cristianos, se mantiene impecable ante el paso del tiempo con un doble recinto amurallado, guarnecido por pequeños torreones almenados en sus ángulos, en el que se destaca su imponente torre del homenaje. Desde ella se contempla una hermosa panorámica del valle de Biar, flanqueado por agrestes montañas y donde los huertos de viñas trazan caprichosos dibujos que rompen la tierra en dispares formas geométricas. La vista alcanza hasta la planicie de Villena, con la cuenca alta del río Vinalopó como decorado. Junto a él, las ramblas del Derramador y Pinar, y los barrancos de Marco, del Pujó, de la Font del Billot y de l'Estallador, riegan sus dominios de clima continental, azotados por los vientos de poniente y levante que traen las preciadas lluvias invernales. Sus escasos terrenos dedicados a cultivos de regadío están tomados por la patata, mientras que el secano se hace dueño del término con olivos, cereales y vides. Biar se tiene por cuna de la alfarería y su cerámica lleva a gala ser una de las más antiguas de toda la Península Ibérica; en la actualidad brilla con una importante industria de la loza. A

sus innegables habilidades artesanas se suman las primorosas colchas y mantelerías en las que se afanan sus mujeres con verdadero arte. La fabricación de muebles y la juguetería también despuntan entre sus quehaceres, junto con una destacada apicultura que le da fama y renombre, y sus deliciosos turrones y dulces, a los que sus reposteros imprimen un sello propio que conquista paladares exigentes.

La pintoresca villa se alza a los pies del cerro que corona su castillo con una amalgama variopinta de formas y colores, que se apiñan y trepan desordenadamente hacia la fortaleza en busca de su protección. Sus calles estrechas salvan las empinadas cuestas con escalones de guijarros y cemento. Sus fachadas son multicolores, con el blanco, el ocre y el salmón como protagonistas en perfecta armonia. Algunas casas blasonadas nos remiten a la Edad Media, y en uno de sus innumerables y entrañables rincones descansa una curiosa fuente bajo una imagen santoral de azulejería. En el hermoso barrio de San Roque, que albergó antaño la morería, quedan restos de las murallas musulmanas que ceñían a la población. Su iglesia de la Virgen de la Asunción eleva su delicada torre–campanario hacia el cielo, en un intento de hacerse notar frente a la monumentalidad del castillo. Su portada plateresca, terminada en 1519, llama poderosamente la atención del curioso y logra cautivarle. En las cercanía de la villa merece la pena visitar detenidamente las ermitas góticas del Rosario, Santa Lucía y Santos de Piedra, y al Pozo de las Nieves del siglo XVIII.

De este mismo siglo, la venerada ermita de Nuestra Señora de Gracia monopoliza la atención de los biaruts del 10 al 13 de mayo, con sus afamadas fiestas a la Mare de Déu de Gracia. Se trata de unos festejos de Moros y Cristianos muy particulares que giran en torno a un totem que denominan *La Mahoma*. En la plaza de la iglesia levantan un castillo que ha sido tomado por los moros y en él se alza esta *Mahoma,* un gigante–marioneta que luce un turbante a la cabeza confeccionado con las cuatro barras de Aragón. *Les espies a la Mahoma* son unas peculiares danzas que el pueblo entero de Biar ofrenda a su enorme cabezota de cartón con feroces ojos azabache; en su honor pero

como voto a la Virgen de Gracia. Todos bailan y cantan desde la Plaza del Arrabal a la Plaza Mayor, rememorando el heroismo de aquellos nobles que entregaron su vida a la defensa de la villa, con batalla incluida y la consabida victoria cristiana. Se trata de una curiosa coreografía monorrítmica con marcadas pausas en las que los danzantes permanecen inmóviles en la posición en que les sorprenda. El plato típico de este

A la izquierda, torre y ábside de la iglesia de la Virgen de la Asunción. Arriba, el reformado castillo almohade del siglo XII, con doble recinto amurallado.

sarao es la *Fasegura,* una masa hecha a base de pan rayado, magro, carne, peregil y huevo. El postre estrella es el *rollet de la Mahoma,* un dulce exquisito hecho con anís, y las tradiconales *coquetes.* Hay que degustar, también, el delicioso gazpacho de coca con conejo.

Desde hace ya mucho tiempo y todos los años, los de Biar dejan *La Mahoma* a los de Villena para que celebren su festejos, y por este préstamo (que antaño llegaba a su destino en un carro engalanado y hoy en un triste camión), se pagaba antiguamente un tributo. Después la fiesta se guardaba en la bodega del marqués de Biar. Pero tal costumbre origina en ocasiones un serio conflicto entre los vecinos de ambos pueblos: los vigerrenses acostumbran a devolverla hecha un desatre, lo que ha dado lugar ya muchas veces a la cólera de los biaruts.

CALP (Alicante)

De súbito, el Ifach salía de las aguas como si el día iluminase por primera vez sus hermosuras. Suelto, desgajado de la costa, solo en el mar. Peñas de lumbres, de iris húmedos. A lo lejos el Ifach desprendido, solo, encantado. Dentro de las colinas y del batido profundo del mar se sumergen, se tuercen, se doblan y encogen los rosas, los granas, los verdes, los morados, todos los colores tiernos y viejos del Ifach». Gabriel Miró escribió estas letras sobre el Peñón de Ifach que brota del Mediterráneo para dar fama y renombre al pueblo de Calp que frente a él se asienta. Con 328 metros de altura se yergue sobre la Costa Blanca alicantina, dejando al norte las bellas playas de la Fossa y la Caleta, y al sur la ensenada de Calp, que se extiende hasta el *Morro de Toix,* una prolongación de la sierra de Bernia que penetra en el mar y en cuyo extremo da vida a la recoleta caleta de Gasparet. Esta enorme masa de roca inexpugnable, observatorio marino de lujo para íberos, romanos y árabes, se une a la tierra a la altura de Calp mediante un pequeño istmo, cuyo inestimable valor ecológico llevó a la Generalitat Valenciana a declararlo Parque Natural en 1987. En sus 45 hectáreas de extensión da cobijo a más de 300 especies vegetales, algunas de ellas únicas en el mundo. En lo más alto crece matorral de sabina negra, palmito y uva de mar, mientras que bajo las aguas se dan cita el coral rojo, la esponja y el castaño de mar, compartiendo espacio con langostas, lapas, congrejos morunos y bígaros enanos. Por si fuera poco, es hotel predilecto de numerosas aves, contabilizándose hasta cincuenta especies, con el halcón de Eleonor como protagonista y el halcón peregrino de actor secundario. Además, en esta gran roca constru-

El famosísimo Peñón de Ifach preside el turístico paisaje de la playa de Calp.

El desmochado torreón de la Peça, en lo alto de una villa de variada oferta turística.

yen sus nidos especies nada comunes, como la gaviota patiamarilla y el vencejo pálido.

Los innumerables restos arqueológicos hallados en el Peñón de Ifach hacen suponer a los entendidos que el primitivo emplazamiento de la villa de Calp se estableció en la mole un milenio antes de nuestra era. Los fenicios y los cartagineses poblaron el municipio hasta la llegada de los romanos y éstos dejaron para asombro de la Humanidad los famosos Baños de la Reina, donde descansan las ruinas de un anfiteatro y los vestigios de una muralla de la que fuera resplandeciente factoría romana. Después de cinco siglos de ocupación musulmana y tras la conquista de Valencia en 1238, Jaime I obligará a retirarse a Denia a árabes díscolos que no quisieron acatar el dominio cristiano, y muchos de ellos se agruparán en Calp para dar vida a una poderosa colonia, con lo que el soberano aragonés se vio obligado a tomarla de una vez por todas en el año 1254. El Conquistador otorgó su plaza y castillo a un tal Pedro Eiximén Carróç, pasando a depender poco después del almirante Roger de Lauria, y en 1323 del condado de Denia. En su poder se mantuvo la villa en calidad de feudo hasta que Alfonso V el Magnánimo la gana para la Corona en el siglo XV. Dada su posición estratégica dentro del lito-

ral mediterráneo, los piratas berberiscos se ensañaron con ella una y mil veces a lo largo de todo el siglo XVI, aunque sus habitantes siempre les hicieron frente con su habitual gallardía.

Calp se asienta sobre una suave loma muy cercana al mar, y aún conserva restos de su antigua muralla. Entre la villa y el Peñón blanquean sus antiguas salinas, explotadas a todo trapo ya en el siglo XIII. Su iglesia de la Virgen de las Nieves, gótica y con elementos mudéjares, se destaca sobre el caserío en competencia con el desmochado Torreón de la Peça. Guarda celosamente en su interior una imagen del Cristo del Sudor donada por el patriarca Juan de Ribera, y que los calpins veneran como su patrón, agasajándole con sus coloristas fiestas del 21 al 24 de octubre, mientras que para su adorada Virgen de las Nieves se resevan los primeros días de agosto. Y la fiesta va por todo lo alto.

Los restos de su fortaleza descansan en un pico conocido con el nombre de El Castellet, situado entre el monte Mascarat y el *Morro de Toix*. En constraste con sus callejas medievales inundadas de maceteros, la localidad engalana las fachadas de sus modernos edificios con dibujos llenos de fuerza y color que otorgan un pintoreco aspecto en su conjunto. Sus gentes, pescadores y labriegos, se afanan en sus tierras de secano con el cultivo de almendros, cereales, algarrobos y vides, cuyos frutos sirven para la obtención de sabrosas pasas. Los mayores aún se asombran de cómo el turismo ha irrumpido en este lugar: crecen los coches, hoteles, apartamentos, chalets y comercios. Al menos, dicen, han traido grandes avenidas con palmeras.

La playa en temporada baja (arriba), y un rincón del centro de Calp, con restos de la antigua muralla.

ELX (Alicante)

Cuenta la leyenda que en la noche del 28 al 29 de diciembre del año 1370, estando de guardia en la atalaya de Tamarit un soldado llamado Frances Cantó, vio como se acercaba a la orilla lo que resultó ser un gran arcón en cuya tapa estaba escrito: *Soc per a Elig*. Las autoridades abrieron el obsequio marino y allí estaba la imagen de una virgen envuelta en humildes paños, y a sus pies un cuaderno con las instrucciones precisas para la celebración de su fiesta litúrgica. Desde entonces, en la iglesia de Santa María y durante los días 14 y 15 de agosto una representación teatral alusiva a María, en la que participan exclusivamente como actores hombres y niños, encarna el famosísimo *Misteri d'Elx,* único drama litúrgico que se representa en el interior de un templo al compás de guitarras, laudes, arpa y órgano. *La Festa,* como gustan llamarla los habitantes de Elx, se inaugura la noche de la víspera con *La Gran Cohetá,* un gigantesco derroche de fuegos de artificio en el que cada vecino quema en su azotea la cantidad de pólvora que le permite su bolsillo. El estruendo finaliza a medianoche, cuando el Ayuntamiento prende una gran palmera que ilumina toda el pueblo, un acto seguido de un silencio estremecedor y de un posterior murmullo de plegarias que inunda el cielo. Transcurrido este momento, y para alivio de las gargantas resecas, el cabeza de familia corta en trozos una sandía púrpura y fresca, y la reparte entre su gente.

Tierra adentro y al sur de la provincia de Alicante, El Palmeral imprime en la localidad de Elx un sello especialísimo a su fisonomía. Este vasto bosque de esbeltas palmeras situado al este de la villa por el que corren las aguas del río Vinalopó, se supone que fue plantado por los feni-

Elx, villa de palmeras. Arriba, la entrada al bello Parque Municipal de la ciudad.

cios. Además de las connotaciones estéticas que aporta, se aprovechan sus deliciosos dátiles y sobre todo las palmas blancas, aderezo indispensable en las celebraciones de Semana Santa. Rodea con su exhuberancia el casco antiguo de la monumental Elx, que dormita en la margen izquierda del río que la surca, y en la que perviven los restos de la muralla que la abrazaba desde antiguo, los vestigios de la morería y su barrio judío. Su hermosa basílica de Santa María, construida sobre un mezquita

Dos rincones del Parque Municipal de Elx y la hermosa portada barroca de la basílica de Santa María en un día de boda.

El Palacio–fortaleza de Altamira, del siglo XV (arriba), y dos ventanas con celosías en la Puerta de Calahorra, que formó parte de las murallas árabes.

musulmana, se alza ante nuestros ojos con sus seis puertas. Fue levantada en la segunda mitad del siglo XVII y su espléndida entrada principal de estilo barroco es obra de Nicolás de Busi. Cerca de este templo se encuentra la puerta de Calahorra, parte integrante del recinto amurallado de su pasado musulmán. Hacia el norte nos sorprende la fortaleza–palacio de Altamira del siglo XV, antigua residencia regia y más tarde de los condes titulares. El Ayuntamiento preside su amplia plaza Mayor, ocupando un bello edificio de los siglos XVII y XVIII, que engloba la torre del Consell, construida en el XV. Sobre su fachada brilla con luz propia un curioso reloj del siglo XVI, que marca las horas con dos muñecos o *jaquemards,* llamados por el pueblo *Calendura* y *Calendureta.* El color verde corre a cargo de su tropical Parque Municipal y del exquisito Huerto del Cura. En la orilla derecha del Vinalopó descansa el antiguo barrio de Santa Teresa, cargado de colorismo, que se comunicaba con la villa a través de un hermoso puente gótico del siglo XVI que lleva su nombre. Otros dos puentes más, el de Altamira y el de Canalejas, ennoblecen la estampa de Elx, engalanada con diez iglesias y numerosas ermitas, como la de San Sebastián, que hace de camerino para los actores de *La Festa.* El antiguo convento de Santa Lucía del siglo XVI, hoy regentado por clarisas, guarda a cal y canto los antiguos baños musulmanes, mientras el hospital ocupa el primitivo convento de franciscanos de San José, con su entrañable iglesia del siglo XVII abierta al culto.
Esta floreciente villa, que ronda las 200.000 almas, es capital de una rica comarca agrícola

que produce alcachofas, guisantes y patatas tempranas, pimientos, cereales, agrios, granados y almendros. Su frenética industria está capitaneada por el calzado, junto con los textiles, el papel y el cartón, la cordelería y las químicas. Su artesanía sigue presente en la fabricación de alpargatas, objetos de palma, encajes y bordados. En nuestros días el pueblo extiende sus calles y barriadas nuevas en dirección al este, hacia donde ha crecido la villa más reciente, y el oeste, hacia el otro lado del río, donde las plazas son amplias y de moderno trazado y abundan los jardines y fuentes.

Hubo aquí asentamientos de población en épocas prehistóricas, pero fue en Alcudia, cuna de la Dama de Elx, donde floreció una importante ciudad íbera en el siglo IV a. de C. En el año 203 a. de C. los romanos la bautizaron con el nombre de *Illice,* y gozó de derecho Itálico. Poseyó un anfiteatro, baños públicos y una importante red de alcantarillado. Más tarde los visigodos habitaron la ciudad hasta que los musulmanes hacen su aparición. Serían éstos quienes, hacia el año 743, levantarían la actual Elx. Con los cristianos pertenecerá al rey de Murcia, aunque sometido en vasallaje a la corona de Castilla. Pero tras la sublevación en masa de este reino contra Alfonso X, en 1265 la villa de Elx se entrega sumisa al irresistible Jaime I, que procede a su población con gentes venidas de Cataluña y Aragón. Por el llamado tratado de Almizra vuelve Castilla y en 1304 se incorpora definitivamente a la corona aragonesa, aunque para disgusto de los de Elx, los Reyes Católicos se la entregan a un noble castellano, Gutierre de Cárdenas, quien tras encarnizados pleitos la toma en posesión en 1480. Población claramente agermanada, el hijo de éste se la entrega a Carlos I y el monarca la eleva a marquesado. En el año 1552 el famoso pirata Barbarroja saquea el arrabal del Salvado. Durante la guerra de Sucesión Elx apuesta por el archiduque Carlos, y en la de la Independencia sufre el ataque del general Monbrun en 1812. Por estas fechas consigue la ansiada liberación del insoportable peso feudal que tanto la molestó y por la que luchó a lo largo de su historia. Fue elevada al rango de ciudad por Amadeo de Saboya en el año 1871.

El edificio del Ayuntamiento, que preside la Plaza Mayor (arriba) es de los siglos XVII y XVIII. Debajo, un puesto callejero de flores artificiales.

GUADALEST (Alicante)

Guadalest, uno de los lugares más pintorescos de toda la costa alicantina.

Tras atravesar el Guadalest moderno ubicado extramuros, bajo el Peñón, y siguiendo en ascenso el tortuoso sendero de la Costera del Portal, el viejo Castell de Guadalest recibe al visitante con una peculiar entrada esculpida en piedra, engalanada a la mediterránea con arcos de medio punto y un muro enjalbegado presidido por un ventanuco y un farolillo. Junto a ella, la recoleta iglesia dedicada a la Asunción de la Virgen también empotra sus blancos muros y una escalinata de cuento en la roca viva, a corta distancia de su singular campanario que resplandece junto a ella cual garita coronando una elevada peña. El túnel da paso a un recinto fortificado donde se esconde el pueblo viejo, que se asienta a la altura del acantilado aprovechando este refugio natural de grandes masas de piedra, de donde parte el resto de la muralla. En lo más alto y contiguo al cementerio local al que se accede por un vía crucis, los maltrechos restos de su antiguo castillo–fortaleza atestiguan un tumultuoso pasado, pero hoy descansan en paz dominando con un golpe de vista las agrestes cimas de Purot y Morro Blanc, el exuberante valle con el embalse al fondo y el níveo caserío atestado de plantas y flores que sucumbe a sus pies con alguna que otra palmera como estandarte. Su entrañable y diminuta Casa Consistorial encalada es todo un balcón, y el hermoso palacio del marqués de Orduña se suma a los encantos de un lugar que sus apenas doscientos habitantes miman con celo, y donde los turistas que residen en las cercanas villas de Benidorm y Altea acaban por descubrir con asombro no sólo el paisaje sobrecogedor donde se sitúa, sino las peculiares características de la personalidad de esta pequeña y blanquísima localidad levantina.

La entrada al recinto del llamado Castell de Guadalest, que fue el conjunto urbano original, con el campanario de la Asunción sobre un risco.

Las calles de Guadalest vistas desde el cementerio, situado en lo más alto del pueblo. Al fondo, el pantano.

Este pintoresco pueblo del norte de la provincia nos sorprende encaramado sobre un peñasco, absorto ante la impresionante panorámica que le brinda el valle de Guadalest en la comarca de la Marina Baja. Las sierras de Aitana, la Serrella y la Xortá flanquean sus contornos con su fiera estampa, donde irrumpen por sorpresa espectaculares barrancos, gargantas estrechas y escarpados acantilados que delatan la cercana pero invisible presencia del mar. Pinos y monte bajo amueblan su intrincada orografía, y aunque el secano monopoliza su escasa agricultura con almendros, olivos, algarrobos y cereales, numerosos caseríos y alquerías dispersas salpican el paisaje con un testarudo empeño por conquistar terreno a las laderas de las montañas con pequeños huertos de hortalizas y árboles frutales. El río Guadalest abandona justo aquí su temperamento torrencial. Cuando sorprende a la villa por el norte se ensancha y apaciagua su caudal para dar con sus aguas en un embalse azul intenso repleto de algunos buenos ejemplares de peces de agua dulce que hacen las delicias de los pescadores de la zona.

El origen de Castell de Guadalest se remonta al periodo histórico protagonizado por los musulmanes en nuestro suelo. Tras la conquista cristiana, Jaime I entrega la villa a Vidal de Sarriá, cuyos descendientes se perpetuarán en el señorío durante casi dos siglos. No obstante, en 1276 Arnaldo de Mataró fue nombrado alcalde vitalicio de Guadalest. En el último cuarto del siglo XIII, una preocupación constante por el castillo y sus defensas se apodera de Pedro I el Grande y Alfonso I el Liberal, obsesionados por mantenerlo siempre listo ante cualquier asalto. Jaime II confirma en sus posesiones a Bernardo de Sarriá, pero éste debía andar mal de caudales y se lo vende al infante Pedro de Aragón, quien reserva para su mujer y de por vida el castillo de Aguilar que él mismo mandó construir. Al tanto de las desavenencias surgidas en torno a la sucesión de Alfonso IV el Benigno, el tal Sarriá hizo pleito homenaje de Guadalest a la reina Leonor. Pero de nada servirá este gesto tan caballeroso porque Pedro el Ceremonioso se apodera del castillo y confisca el feudo, otorgándoselo posteriormente a su tío el infante

Pedro, para pasar luego a manos de los duques de Gandía y condes de Denia. Cuando el segundo duque de Gandía abandona este mundo sin dejar descendencia sus estados pasaron a la Corona y años más tarde al infante Juan, quien luego sería rey de Navarra. Pero Juana de Aragón, hermana del fallecido duque y esposa de Juan Folc de Cardona, conseguirá para ella y sus descendientes el disfrute de Guadalest. En 1543 Carlos I concede el título de marqués a un valeroso y gran almirante de Aragón llamado Sancho Folc de Cardona i Ruiz de Lihory, atribución nobiliaria que años más tarde se emparentará con la de Ariza.

La familia Orduña permaneció desde siempre vinculada al castillo de Guadalest, ya fuere como alcaides, gobernadores o justicias mayores. Su poder y jurisdicción proyectaba su sombra sobre una veintena de poblados, muchos de los cuales quedaron despoblados tras el famosos decreto de expulsión de los moriscos de 1609. Esta medida desencadenó una ruina económica en toda la comarca de la que le costará muchos años recuperarse. Sobre esta

población marginal descansaba todo el peso de las labores agrícolas y muchos municipios desaparecieron como tales, sobreviviendo tan sólo cinco villas del feudo: Benifato, Beniarda, Binemantell, Confrides y el propio Guadalest. Al quedar el valle despoblado y sin mano de obra, el mismísimo rey se vio obligado a indemnizar al marqués de Guadalest con la donación de casas y tierras en otros lugares del reino.

La naturaleza y el hombre son culpables del lamentado estado en que se encuentra la forta-

El pequeño y encalado edificio del Ayuntamiento y un rincón del pueblo.

Panorámica de la espectacular entrada a la villa vieja o Castell.

leza en otro tiempo inexpugnable y de que Castell de Guadalest no haga honor a su nombre. En 1644 un devastador terremoto lo destrozó parcialmente y, para colmo de males, durante la guerra de Sucesión sufrió daños irreparables por la voladura de una mina. A un inteligente vecino de la villa se le ocurrió la brillante idea de volar la fortaleza cuando el enemigo estaba dentro. De hecho acabó con su rival pero también con los malogrados restos que había dejado en pie el corrimiento de tierras. Guadalest celebra a bombo y platillo sus fiestas patronales, dedicadas la Asunción de la Virgen, San Gregorio y San Roque, del día 15 al 17 de agosto de cada año. Es durante estos días cuando uno puede regocijarse con su primorosa artesanía de punto, los delicados bordados que ejecutan las mujeres del lugar, el vidrio y la cerámica. Para conquistar el paladar y el estómago de cualquiera que se preste, su oferta gastronómica da vida a tres exquisitas especialidades:conejo al *al i oli*, *olleta* y pimientos rellenos.

ORIHUELA (Alicante)

La patria chica del poeta Miguel Hernández vino a nacer con los romanos al sur de la inmensa llanura que forma el valle del río Segura, protegiéndose las espaldas con la sierra de Orihuela u Oriola. La primitiva población romana, para algunos *Orcelis,* echó raíces en el rellano del monte de l'Oriolet, justo donde en el año 1743 fue levantado el majestuoso Seminario Conciliar que hoy domina la villa. Los visigodos la denominaron *Aurariola* y en tiempos de Teodomiro ostentaba la sede del ducado de Orospeda. En su castillo, que emergía imponente sobre la extensa planicie y del que partían las murallas que abrazaban el caserío, buscó refugio el último duque godo tras una encarnizada defensa ante las tropas musulmanas de *Abd-al-Azís* que duró veinte meses. Corría el año de 713 y Teodomiro conseguirá un tratado por el que será respetada como un pequeño estado cristiano llamado *Tudmir* o *Todmir,* aunque sujeto al vasallaje de los emires. Conservó esta cierta independencia hasta el despuntar del siglo IX, fecha en la que el fiero Abderramán se la usurpa. Con los árabes la villa se despliega ladera abajo, entre la sierra y la margen izquierda del río, y de nuevo adquiere una posición dominante como capital de la Cora musulmana. Pero cuando Abderramán II funda la ciudad de Murcia en el siglo IX y traslada allí la capitalidad de la Cora de Tudmir, su prestigio e importancia perderán muchos puntos.

En 1242 los castellanos se apoderan de su fortaleza, pero pronto es nuevamente presa de la sublevación musulmana. Jaime I la recobra en 1266 y se la entrega con otras poblaciones murcianas a Alfonso X el Sabio. Finalmente en el año 1304 se incorpora al Reino de Valencia, despuntando como cabeza de la *Governació*

Orihuela, patria chica del poeta Miguel Hernández.

general de la ciutat d"Oriola y regne de Valencia. Gozó de voto en las Cortes Valencianas, y en su villa florecieron morería y judería a la par. Con las guerras que enzarzaron a Pedro el Ceremonioso de Valencia y Pedro el Cruel de Castilla en la segunda mitad del siglo XIV, volverá al poder castellano desde 1365 hasta 1375. En 1488 el rey Fernando el Católico remata en esta villa unas cortes iniciadas en Valencia, honrándola con su presencia y la de su esposa Isabel de Castilla. Durante el siglo XVI batalla como agermanada y en 1564 el Papa Pío IV da vida al obispado de Oriola. La guerra de Sucesión la decantará en un principio contra el archiduque Carlos de Austria y más tarde luchará a su lado, con un saldo que le costará su castillo, aquel que lucía siete muros sin la barbacana y 112 torreones terraplenes con doce puertas. Ocupado entonces por las tropas francesas que luchaban en suelo español por Felipe de Anjou, la mala suerte quiso que un rayo hiciera blanco en un almacen de pólvora. De sus viejas glorias hoy sólo quedan ruinas y una de las puertas de la muralla. Ya sin fortaleza, las huestes de Napoleón la ocuparon y durante la guerra carlista Oriola, que después sería Orihuela, proclamó bien alto al pretendiente Carlos V.

De la paradisíaca huerta del río Segura antaño repleta de cáñamo, brotan hoy legumbres, tomates, melones, alcachofas, berenjenas, pimiento, pimentón y alfalfa. Los agrios, y en especial los naranjos, rodean la villa, que también es depositaria de un palmeral de renombre, el segundo de España después del de Elx. Orihuela se vanagloria de poseer anchas calles y avenidas, espaciosas plazas, bellos paseos y

De arriba a abajo, un bello balcón de un edificio restaurado, el claustro de la Catedral, abierto a las calles del pueblo, y un portal renacentista.

modernos edificios, pero sobre todo se enorgullece del legado de su noble pasado. Y es que es villa monumental. De entre las innumerables iglesias que se dan cita en este bello pueblo alicantino, entre las que se reparten numerosas imágenes de Salzillo, la Catedral es Monumento Nacional. Sus obras se inauguran en el siglo XIV y hoy acoge a todos los estilos con dos puertas góticas y una plateresca, campanario rómanico e interior ojival. Llaman la atención sus delicadas y primorosas verjas y el pequeño claustro rómanico adjunto, que da a una de las plazas del pueblo. En su Museo de Arte Sacro guarda un tesoro en pinturas, esculturas y orfebrería. También Monumento Nacional, la hermosa iglesia de Santiago, levantada sobre una mezquita en el siglo XV, armoniza nave y bóvedas ojivales, altar mayor renacentista, portada principal del gótico florido y lateral barroca. El templo ojival de las Santas Justa y Rufina, patronas de la villa, se distingue sobre el caserío con su esbelta torre gótica llena de filigranas. El Colegio de Santo Domingo, en otro tiempo Universidad Literaria, se levanta en los siglos XVI y XVII con traza herrerariana, estilo renacentista y tres puertas afiligranadas. Alberga dos claustros a cual más bello, y una hermosa iglesia barroca. Los nobles edificios salpican la villa con sus pétreos blasones, entre los que destacan los palacios del marqués de Rafal, del duque de Pinohermoso o el de los barones de la Linde. Otro Monumento Nacional es la Casa de Teodomiro, donde se hallan el Museo de la Ciudad y una valiosa biblioteca. La Casa Consistorial ocupa un noble edificio del siglo XIX, que compite en belleza y armonía con el Palacio Epsicopal del siglo XVIII.

El carácter bullicioso y jaranero de los oriolanos se proyecta en sus numerosas fiestas. La Semana Santa es famosa, con severos cultos y suntuosos desfiles procesionales en los que se esmeran sus numerosas cofradías y hermandades, y durante la Pascua de Resurección se celebra la pintoresca Fiesta del Azahar. En verano se conmemora la conquista de la ciudad por los fieles entre comparsas de moros y cristianos, y del 12 al 15 de agosto se celebra su afamada feria, con corrida de toros incluida.

El pórtico gótico de la Catedral, del siglo XV, y una elevada torre en un convento.

LA VILA JOIOSA (Alicante)

Hace años que el turismo se tomó licencia para transformar la estética urbana de este primitivo pueblecito agrario y marinero, válvula de escape de la cercana y bulliciosa Benidorm. La Vila Joiosa exhibe su rostro de ciudad asomada a la Costa Blanca, en el centro de una ensenada que acoge la desembocadura del río Amadoiro, que llega de vacío después de dar vida a la huerta y se deja adornar con adelfas y chumberas a su paso por la villa. Desde tierra adentro, las sierras de Aitana, la Grana y Cabesso de l'Or se prolongan hacia sus costas, esculpiendo pequeños acantilados habitados por recoletas calas, como las de Bon Nou y la Caleta, y alguna que otra playa de cantos rodados. Su puerto, remodelado en 1953, se extiende desde el Tossal d'Alcocó hasta la Punta de Moxó. Un paseo de esbeltas palmeras proyecta su sombra sobre sus peculiares fachadas de colorines, con balcones, ventanas y puertas perfiladas en blanco. Añiles, verdes, ocres, teja y hasta malvas, se dejan invadir por la cegadora luz mediterránea, en contraste con los sillares pétreos de la antigua muralla que dejaron como herencia los musulmanes. Espaciosas plazas y plazoletas inundadas de color conviven con las callecitas empedradas de su barrio antiguo, engalanadas con santos en hornacinas y repletas de geranios, con tramos aportalados de rancio sabor. Las famosas casas colgantes son las que brindan sus galerías al Amadoiro en un alarde de temeridad arquitectónica. El templo parroquial de la Asunción, un ejemplar del siglo XVI guarda un bello retablo y luce estampa de iglesia fortaleza; junto con las ermitas de la Virgen de la Salud, San Blas y San Antonio, completa la oferta religiosa de esta localidad alicantina de la marina Baja.

La Vila Joiosa hace honor a su nombre con los alegres colores con que adorna las fachadas de sus edificios.

Una figurilla de bronce de un lancero desnudo hallada en la playa de Els Plans, y una cabeza de toro de la Edad de Bronce hacen pensar que fue una de las primeras poblaciones de Alicante. Algunos autores achacan su fundación a una colonia de griegos focenses, que la bautizaron *Jona* en honor a su patria, Jonia, con lo que Joiosa sería una derivación de su primitivo nombre. El sepulcro romano atribuido a Sertorio, conocido popularmente como la Torre de Hércules y los restos de un puente sobre el río Amadoiro, dan fe de su elevado rango como ciudad romana. En 1215 la causa cristiana la hace suya, pero tras el alzamiento y derrota del caudillo musulmán Al Azraq queda despoblada en 1257. Tres años más tarde accede a carta puebla, y en 1452 ostenta la categoría de villa real. En un principio toma partido por los agermanados, aunque luego devuelve su obediencia al rey y éste recompensa a sus habitantes con la confirmación de sus privilegios. Hacia el año 1533 se le concede la feria de San Miguel, y el título de Ciudad le llega en 1911 de la mano de Alfonso XIII.

Como por arte de magia, La Vila Joiosa ha visto multiplicarse su población con la afluencia masiva de turistas, a quienes enamora con su deliciosa calderera y jugosos pescados recientes. Los jonenses siguen afanándose en su huerta de hortalizas y en las tierras de secano, donde triunfan el almendro, el olivo y los cereales de invierno. Desde el siglo XVI hasta los años cuarenta del presente siglo se distinguió por su actividad pesquera, pero aquello pertenece al pasado y la mayor parte de su escasa flota faena hoy en aguas del Atlántico, practicando la pesca de

Tres coloristas rincones del centro de la ciudad, con el pasadizo del Ayuntamiento.

Una de las viejas ermitas construidas sobre los cimientos de antiguas mezquitas, con una avenida de grandes palmeras.

altura. La industria del chocolate, importada por los navegantes llegados de América, es tradicional en la villa, lo mismo que la fabricación de hilos y redes, antaño de cáñamo y hoy de plástico, y el trabajo de los astilleros.

La Vila Joiosa ejercía un especial atractivo para los dedicados en cuerpo y alma al bandidaje. Felipe II encarga la construcción de una poderosa defensa al ingeniero Juan Bautista Antonelli, pero la obra no disuadió a los corsarios turcos, que el 29 de julio de 1538 arribaron en su costa con 4 galeras y 30 galeotes. La tradición cuenta que los vilers invocaron el santo del día, que resultó ser Santa Marta, la virgen morena que desencadenó una tempestad en la que naufragó la flota enemiga anclada en la desembocadura del Amadoiro. Del 28 al 29 de julio, La Vila conmemora este asalto con sus afamadas fiestas de Moros y Cristianos, en las que se simula el desembarco de la piratería. En un despliege multicolor de arcabucería, tiene lugar la batalla fluvial entre las naves que enarbolan la bandera blanca y la de la media luna. Tras la lucha a muerte, los dos ejércitos se postran ante Santa Marta y entonan una Salve y los gozos. La música se apodera de un ambiente regado con abundante *nardo* vilero, sabrosísimo cóctel de café granizado y absenta. Desde el río Amadoiro hasta El Arenal discurre la feria, donde niños y mayores disfrutan de la noria, el carrusel, los coches de choque y las tómbolas, enardecidos con la victoria cristiana.

VILLENA (Alicante)

Por su estratégica ubicación dentro del pasillo natural que conecta el interior de la Península con la costa alicantina, a Villena le tocó en suerte hacer de puente entre tierras manchegas y valencianas, y este carácter fronterizo ha marcado su historia. Su imponente castillo, al que no sin razón llaman La Atalaya y es Conjunto Histórico Artístico desde 1931, se yergue cual gigante en la cima del cerro de San Cristóbal. En el ángulo suroeste de esta fortaleza de origen árabe se levanta majestuosa la torre del Homenaje, desafiando al tiempo con su planta cuadrada y sus cuatro cuerpos. Los dos primeros son de argamasa y fueron construidos por los musulmanes con la peculiar técnica de hormigón hecho a cajas, mientras que los dos superiores se deben al insigne marqués de Villena Juan Pacheco, quien dirigió sus obras a mediados del siglo XV y esculpió en sus sillares los blasones que le honraban. El doble recinto amurallado que le ciñe también data del período musulmán, aunque más tarde sería reforzado con torreones circulares.

En la falda meridional de este montículo tan noblemente coronado se extiende la villa, con sus tonos ocres, terrosos y añiles por bandera en las fachadas que se apiñan en sus calles, estrechas y escalonadas, en su ascenso hacia el poder. Dentro del casco medieval se destacan sobre el conjunto las torres de sus dos Iglesias. La de Santiago, estrella del gótico en el País Valenciano, es de finales del siglo XV. Su estampa exterior es la de un cuadrilátero perfecto, mientras que el interior parece estar inspirado en la Seu de Manresa, con hermosas columnas helicoidales de aristas vivas que recuerdan a la Lonja de Palma. La bella iglesia de Santa María es una obra del siglo XVI que añade a su estilo

Villena, villa fronteriza entre Castilla y Alicante. Arriba, una de las viejas puertas de la ciudad, con la Atalaya o torre del Homenaje al fondo.

Abside y campanario de la iglesia de Santa María, del siglo XVI. A la derecha, el balcón del Ayuntamiento.

gótico una portada barroca. Muy cerca, nadie diría que la extrema sobriedad del exterior del edificio del Ayuntamiento esconde un delicado patio interior labrado en piedra.

En el oeste alicantino, Villena se erige en cabeza comarcal de la cuenca alta del río Vinalopó, una altiplanicie flanqueada por abruptas sierras. La escasez de lluvias contrasta con su riqueza acuífera, y los vigerrenses taladran sus tierras con infinitos pozos. La huerta y la vid han capitaneado tradicionalmente su agricultura, con una cosecha de caldos y aguardientes que ya en el siglo XVIII se vendían en Madrid y Murcia, siendo embarcados en Cartagena y Alicante con destino a Francia y América, lo que dió pie a que en la villa brotaran como hongos bodegas y alcoholeras. Dentro del secano, los cereales llevan la voz cantante, seguidos del olivo y el almendro. Desde hace más dos décadas manzanos y melocotoneros comparten regadío con patatas, cebollas, maíz y alfalfa. A su riqueza agrícola se suma una floreciente industria basada en el calzado, heredera de su afamada alpargatería, los muebles de madera, los textiles y las artes gráficas. En cuanto respecta a las riquezas de la gastronomía, Villena se distingue por sus patatas a la mondonga, el potaje de garbanzos y la gachamiga. Del 4 al 9 de sep-

tiembre celebra feria y fiesta en hornor de su patrona con comparsas de Moros y Cristianos. En la Edad de Bronce los hombres prehistóricos de esta comarca se afanaban en la fabricación de joyas de oro, y en 1963 saldrían a la luz para asombro de propios y extraños con el descubrimiento del célebre Tesoro de Villena, lo más preciado de su legado histórico, que se exhibe en el Museo Arqueológico. Con los musulmanes, la villa empieza a tomar cuerpo a la sombra del castillo, cuya extraordinaria capacidad defensiva explica el estrepitoso fracaso de las tropas aragonesas en sus dos intentonas de 1238 y 1240. Los árabes hacen saber a los cristianos que únicamente pactarán la rendición si al frente del ataque se alza el brazo invicto de Jaime I. Y así fue. En cumplimiento del tratado de Almizra, el Conquistador se la entrega al Reino de Castilla, y Villena y su fortaleza pasan al infante don Manuel, hermano del mismísimo Alfonso X, quien la erige en capital de un poderoso estado feudal que jugará importantes bazas en la Baja Edad Media. De infante a infante, la hereda más tarde don Juan Manuel, a quien Alfonso II de Aragón concede el título de Príncipe de Villena en 1333. Este destacado personaje de las letras castellanas no pudo impedir que volviera a manos de la Corona, a manos de su tocaya la reina Juana, cuando se desposa con Enrique II de Trastámara. En el año 1366 el de Trátamara es ya rey de Castilla y cede el señorío a la familia Gandía en calidad de marquesado, el más antiguo de la corona castellana, por su apoyo incondicional frente a Pedro el Cruel. Un siglo más tarde, en 1445 Juan II de Castilla entrega el marquesado de Villena a Juan Pacheco, pero al ser investido Maestre de Santiago en 1467 se lo cede a su hijo Diego. Con la llegada de los Reyes Católicos, obsesionados con la centralización del poder, sucumben numerosos estados nobiliarios y el de los Pacheco, como la mayoría, no podía ser menos; con la remodelación administrativa el cargo de Maestre de Santiago recaerá en la figura del rey Fernando I, y la Corona se reservará la villa. Desde el año 1836, las posesiones del antiguo marquesado de Villena se incorporan a la actual provincia de Alicante.

La gran torre del Homenaje, del siglo XV, en el ángulo suroeste de la fortaleza.

XÁBIA (Alicante)

La torre de la iglesia gótica de San Bartolomé preside el centro de la villa de Xábia.

El mar y la montaña se dan cita entre los cabos de la Nao y San Antonio para empapar de belleza a la villa de Xábia, que seduce a los turistas hasta el punto de que la mayoría acaban por tomarla como residencia. Frente al Mediterráneo, se recuesta a los pies del Montgó, la última estribación bética de la Península que discurre paralela a la costa y emerge grandiosa sobre la llanura. Desde este mirador privilegiado, los xábiencs oteaban el horizonte marino ante los posibles ataques berberiscos que insistentemente asolaban la Costa Blanca. Cuando en 1904 se descubre entre Xábia y Benitachell un tesoro de joyas de oro en el interior de una olla de barro con rasgos fenicios y griegos, se empieza a barajar la idea de su posible fundación en torno a los siglos III y II a. de C. Los estudiosos no se ponen de acuerdo en relación con su nombre, y mientras que para unos es la primitiva *Hemeroscopeon,* para otros se trata de *Alonis,* y hasta se la llega a identificar con *Setabisula.* De lo que no cabe duda es que fue plaza fuerte con Sertorio y escenario de las disputas que enfrentaron a Leovigildo y su hijo Hermenegildo.

En el siglo XIII y tras la conquista cristiana llegaron a estas tierras pobladores procedentes de la cercana Denia, con lo que su vida entre los fieles se inaugura como una triste alquería de ésta. Pero desde un principio la soberbia Xábia tratará de emanciparse, lo que consigue en 1397, fecha en la que accede a término propio. A partir de 1431 queda bajo el dominio de la familia Sandoval, hasta que esta dinastía se agota sin descendencia masculina y pasa al ducado de Medinaceli. El ansiado título de villa le llega a principios del siglo XVII. En la guerra de Sucesión Xábia apuesta por Felipe V, quien

la agasaja con la flor de lis que luce en su escudo tras su valerosa defensa ante los partidarios del Archiduque Carlos de Austria, que la toman en 1707. Durante la de la Independencia se resistirá a la invasión desde la torre de su iglesia, pero las tropas francesas la ocupan y la saquean sin miramientos.

Calles estrechas, entrecruces laberínticos y blancas fachadas configuran su fisonomía urbanística, con ese peculiar estilo local en sus fachadas de piedra tosca, material que brota de sus tierras e imprime una tonalidad ocre al conjunto. Junto a la iglesia y el mercado descansa la zona antigua, inmersa en un silencio sobrecogedor. Un retablo de azulejería conmemora la prédica que hizo San Vicente Ferrer desde su balcón en 1410. Los nobles edificios lucen portales arqueados y ventanales góticos, aderezados con primorosas rejas y balcones de hierro forjado. La casa de Felipe Bañuls, un palacete del siglo XVII que alberga el Museo Arqueológico Municipal, da buena cuenta de este toque señorial. Su iglesia fortaleza de San Bartolomé, monumento nacional, atrae todas las miradas. De estilo gótico, fue concebida a mitad de camino entre lo religioso y lo militar para hacer frente a los piratas berberiscos. Sobre el tejado se alza una terraza circundada por una barbacana con saeteras y parapetos, y sus dos puer-

El pórtico sur de la iglesia gótica de San Bartolomé, del siglo XV. Debajo, el Ayuntamiento y el edificio del Mercado Municipal.

Un pescador repara las redes deterioradas en el puerto pesquero de Xábia.
A la derecha, el muelle.

tas del gótico florido desafiaban al enemigo con matacanes. Aunque su ábside pertenece al siglo XIII, el edificio fue construido en 1513 por Domingo de Urteaga. En contraste con este templo, la moderna iglesia de Aduanas se inauguró en 1967 en honor de Santa María de Loreto. Su espaciosa planta oval simula el casco de un barco y el hormigón es el elemento básico. En las cercanías del cabo de San Antonio, y para dar fe de las vueltas que da la vida, se encuentra el monasterio de Santa María de los Ángeles, ubicado en el mismo lugar que ocupó un convento de jerónimos en el siglo XIV, a quienes el duque de Gandía y el conde de Denia cedieron los terrenos. En 1386 la pirateria lo saquea e incendia, llevándose consigo a la mayor parte de los monjes. El piadoso duque de Gandía les auxilia pagando su rescate, y les instala en la huerta de Gandía, en el monasterio de San Jerónimo de Cobalta. Muchos siglos más tarde se encontró un lienzo impecable de la Virgen de los Ángeles en las ruinas del primer cenobio y se levantó una ermita. A partir de los cimientos de ésta, en el año 1956 se erigió un nuevo monasterio que de nuevo aloja, en nuestros días, a una comunidad de frailes jerónimos. Xábia cultiva en su huerta cítricos, hortalizas y alfalfa, aunque el secano es mayoritario con cereales, vid, algarrobos y olivos. Como singularidad destaca el cultivo de la uva moscatel para pasas, que se seca en unas construcciones especiales llamadas *riu–raus* en las que muchos extranjeros han puesto sus ojos como vivienda. La apicultura también se hace notar, y en el puerto de Aduanas del Mar desembarcan sardinas, jureles, pescadilla, bonito y mariscos. Sin embargo, el turismo es hoy su fuente de riqueza. Los visitantes llegan en avalanchas para emborracharse de sol y mar en la inmensa playa que se extiende entre los cabos de San Martín y San Antonio, y en las calas que salpican el resto de su costa abrupta, donde florece el hinojo marino, la siempreviva y la herradura valenciana y se dan cita la gaviota patiamarilla, el charrán patinegro y la gaviota de Audouin. Xábia celebra a sus patrones, a Jesús Nazareno el día 3 de mayo con ofrenda floral, *despertás* y pasacalles, y a la Virgen de Loreto entre el 2 y el 8 de septiembre por todo lo alto. Pero sobre todo se distingue por *Els focs de Sant Joan,* con su ofrenda de *raims i bacores* y el desfile del Raïm para ofrecer las uvas primerizas al santo. Por la noche los jóvenes son los protagonistas. Coronan sus alocadas cabezas con hiedra florida y cogidos de la mano por parejas saltan el fuego con la firme creencia de que les traerá suerte y prosperidad, y especialmente porque despertará el amor en sus tiernos corazones.

ÍNDICE

GIRONA

MALLORCA

MENORCA

IBIZA

Coleccion Pueblos de España

Volumen I GALICIA, ASTURIAS, CANTABRIA

Volumen II LA RIOJA, PAÍS VASCO, NAVARRA, ARAGON

Volumen III CATALUÑA, ISLAS BALEARES, COMUNIDAD VALENCIANA

Volumen IV CASTILLA Y LEÓN, COMUNIDAD DE MADRID

Volumen V EXTREMADURA, CASTILLA LA MANCHA, MURCIA

Volumen VI ANDALUCÍA, COMUNIDAD CANARIA

Otros títulos de la colección PATRIMONIO CULTURAL DE ESPAÑA

Castillos de España

Catedrales de España

La España Patrimonio de la Humanidad

Jardines de España

Monasterios de España

Murallas de España

Palacios y Alcazares de España

Plazas Mayores de España

FOTÓGRAFOS Y FOTOGRAFÍAS

© ALBERTO CAÑAGUERAL:
Páginas 8 a 28; 32 a 48; 53 a 64; 70 a 72; 84 a 92; 97 a 99; 104 a 110; 116 a 126; 132 a 144; 150 a 152; 161 a 169; 240 y 241; 242 a 270.

© FEDERICO PUIGDEVALL:
Fotografías de la portada (Guadalest) y de la Contraportada (Cadaqués). Páginas 29 a 31; 49 a 52; 65 a 69; 73 a 83; 93 a 96; 100 a 103; 111 a 115; 127 a 131; 145 a 149; 153 a 160; 170 a 239; 271 a 337.

Este tercer volumen de la colección
Pueblos de España, dedicado a Catalunya, Islas Baleares y
Comunidad Valenciana, se terminó de imprimir en Madrid
durante el año 2001